NEDO

Nós, Robôs

Nós, Robôs

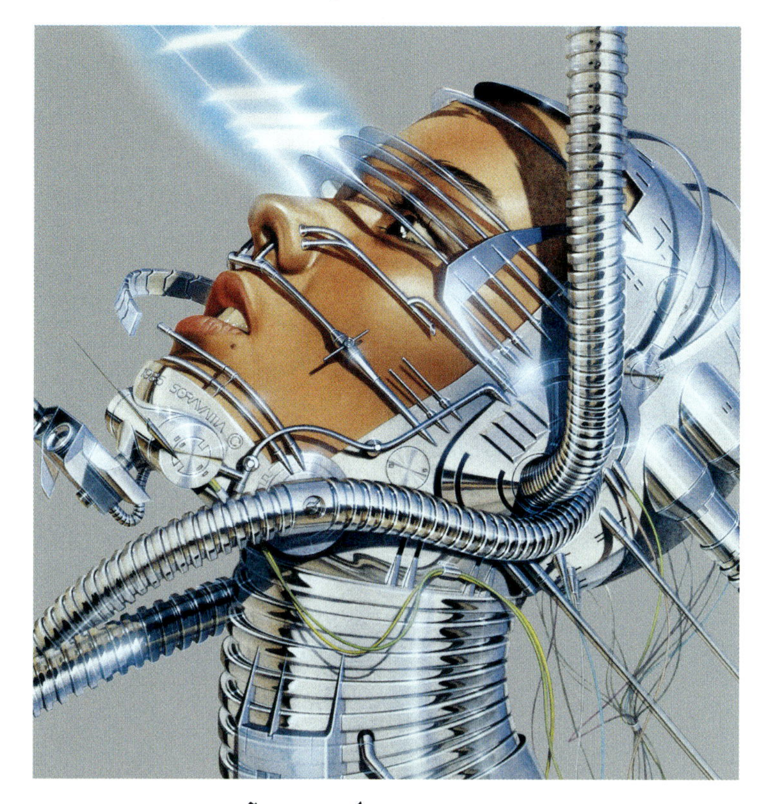

COMO A FICÇÃO CIENTÍFICA SE TORNA REALIDADE

Os Jetsons, Homem de Ferro, Blade Runners, Exterminadores,
A Mão de Skywalker e o Avanço da Ciência da Robótica

Mark Stephen Meadows

Tradução
Jacqueline Damásio Valpassos

Editora
Cultrix
SÃO PAULO

Título original: *We, Robot.*

Publicado mediante acordo com The Lyons Press, uma divisão da The Globe Pequot Press, Guilford, Connecticut 06437 USA.

Coordenação editorial: Denise de C. Rocha Delela e Roseli de S. Ferraz
Preparação de originais: Guilherme Summa
Consultor técnico: Adilson Ramachandra
Revisão: Claudete Agua de Melo
Editoração: Join Bureau

Dados Internacionais de Catalogação na Publicação (CIP)
(Câmara Brasileira do Livro, SP, Brasil)

Meadows, Mark Stephen
Nós, robôs : como a ficção científica se torna realidade / Mark Stephen Meadows ; tradução Jacqueline Damásio Valpassos. – São Paulo: Cultrix, 2011.

Título original: We, robot.
Conteúdo: Os Jetsons, Homem de ferro, Blade Runners, Exterminadores, A mão de Skywalker e o avanço da ciência da robótica.
ISBN: 978-85-316-1143-8

1. Robôs na literatura 2. Robôs no cinema I. Título.

11-08067 CDD-791.43656

Índices para catálogo sistemático:
1. Robôs no cinema 791.43656

O primeiro número à esquerda indica a edição, ou reedição, desta obra.
A primeira dezena à direita indica o ano em que esta edição, ou reedição, foi publicada.

Edição	Ano
1-2-3-4-5-6-7-8-9-10	11-12-13-14-15-16-17-18

Direitos de tradução para o Brasil
adquiridos com exclusividade pela
EDITORA PENSAMENTO-CULTRIX LTDA.
Rua Dr. Mário Vicente, 368 — 04270-000 — São Paulo, SP
Fone: 2066-9000 — Fax: 2066-9008
E-mail: atendimento@editoracultrix.com.br
http://www.editoracultrix.com.br
que se reserva a propriedade literária desta tradução.
Foi feito o depósito legal.

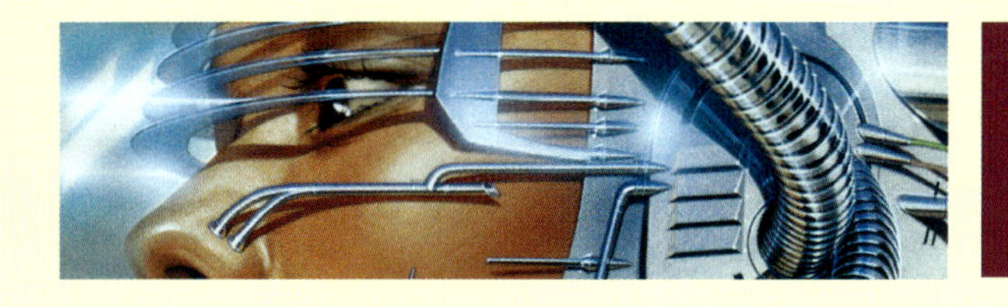

Sumário

Introdução: A calculadora da Virgínia 11

PARTE UM: HOJE

1

O exterminador do futuro: Sobre robôs que caçam humanos, têm rosto e por que temos tanto medo deles – Emoção, parte 1 21

Eu, caçador de robôs 22
Robôs enlouquecem! 27
Como se frustra o autocalipse 31
Soldados enlouquecem! 33
Robôs não matam pessoas; pessoas com controles remotos matam pessoas 43
Um rápido passeio pelo Vale da Estranheza 46
Por que tenho medo da minha própria sombra 52

2

Os Jetsons: Sobre robôs que preparam panquecas, aspiram pó e cuidam de cidades, fazendas e campos – Interação, parte 1 54

Fisicamente ativa, mas tímida 54
A empregada-robô, parte 1 58
Na cozinha 62
Trabalho sujo 64
Nas ruas, cidades, *shoppings centers* 69
No campo e fazendas 72
Babás, legislação e segurança 75
A empregada-robô, parte 2 78

3

2001: Uma Odisseia no Espaço: Sobre robôs que jogam xadrez, contam piadas e investem seu dinheiro – Inteligência, parte 1 80

Trabalhadores do conhecimento 81
Passamos de 2001... Onde está HAL 9000? 84
Um robô entra num bar e pede uma chave de fenda 85
Um olho ciclópico enxerga fundo 95
Um defeito na unidade AE35 97

4

Homem de Ferro: Como desviar de balas, pular pequenos edifícios num único salto e parar um trem em alta velocidade – Corpo, parte 1 100

O HAL da Cyberdyne 104
O traje de força 110
Aumento da força, sensores para desviar-se das balas, copiloto com IA *on-board* e ação BMI 113
Abrace seu ciborgue interior 120
O animal ciborgue 126

PARTE DOIS: FUTURAMA

5 **Blade Runner, o caçador de androides: Sobre robôs que irão cantar, procurar, fazer um som meigo e depois avaliar suas emoções – Emoção, parte 2** **131**
"Acredito que se chama empatia" 132
A stormtrooper gostosa 135
A forma e funcionamento de um projeto de androide (ou, Androides como meio de entretenimento) 144
Mais animal do que os animais 149
Como os robôs avaliam suas emoções por meio de seu corpo 153
Como os robôs avaliam suas emoções por meio de suas palavras 159
Somos todos Deckards 169

6 **Guerra nas estrelas: Sobre *superstars*, senhores, escravos e a união profana de um iPhone, um avatar e um gato – Interação, Parte 2** **171**
Maldito robô! 171
"E chu ta!" (Que grosseiro!) – E-3PO e C-3PO 173
Diga olá para o ASIMO da Honda 176
Entre senhores e escravos 188
Nao, o amigo de estimação do espaço interior 192

7 **Battlestar Galactica: Sobre ressurreições, autorretratos, *top-downs*, *bottom-ups*, e por que IA é uma arte obsoleta – Inteligência, Parte 2** **204**
Como conduzir uma ressurreição 204
Autorretratos 213
O estado de arte obsoleta 214
Meu avatar, meu robô 217

8 **Avatar: Sobre avatares wetware, morte do pescoço para baixo e o horror do trem – Corpo, parte 2** **220**
Embalagens vistosas 222
Seu *hybrot* por um avatar? 223
Um robô com uma aparência humanoide muito perfeita 227
Perdido na floresta 238
Eu, trem 242

Apêndice 247
Agradecimentos 253
Índice remissivo 255
Sobre o autor 263

Lista das ilustrações

Fabricação automatizada: o início de tudo. 13
RS Companion Tri-bot, da Wowee. 14
A diferença entre robôs e seres humanos está se tornando tênue. 16
Robôs-avatares em teleconferência no Museu Nacional de Ciência Emergente e Inovação. 18
Tóquio à noite. 23
PaPeRo. Bonitinho, e pode sentir cheiro de bacon na sua mão. 28
BigDog, um robô militar. 39
BigDog, escalando. 40
BigDog enfrenta lama, também. 41
BigDog também pode ser útil em suas viagens para esquiar na floresta. 42
O Vale da Estranheza. 48
Um cachorrinho! Não recomendado para missões de combate. (Aibo, da Sony, projetado por Sorayama.) 50
Um dos *designs* do Aibo da Sony. Museu Nacional de Ciência Emergente e Inovação. 51
Um dos *designs* do Aibo da Sony. Museu Nacional de Ciência Emergente e Inovação. 52
Tóquio é um mundo que tem tudo: passado e futuro, tradição e modernidade, badalação e vida em família. 55
Seiko-chan e MURATA BOY. 57
Apresentando... os Jetsons. 59
O antigo modelo do Roomba funcionou como skate para Carlos melhor do que ele esperava. 65
Uma visão de como o Roomba esbarra nas paredes para reconhecer o ambiente. 67
Antigo modelo do Robovie, encontrado na ATR. 71
Um modelo de PaPeRo na Exposição de Tecnologia Avançada da TEPIA, em Tóquio. 74
Robôs de brinquedo Baby Barnyard Animal. O pintinho pia, bate as asas e pede atenção. Vigilância ainda não inclusa. 76
Robô de brinquedo para crianças da FurReal Friends (o modelo não inclui garras ou dentes). 78
Aparência de Yhaken, segundo a Elzware. 83
Por dentro da mente de HAL. 85
Lei de Moore. 88
O olho ciclópico de HAL. 96
Nova sede da Cyberdyne, em Tsukuba. 102
Interior do prédio novinho em folha da Cyberdyne. 103
Imagem do exoesqueleto da Cyberdyne no topo da escada. 104
Enquanto a Cyberdyne trabalha na combinação traje e robô para ajudar os deficientes, a NASA tem se empenhado em usá-la na exploração espacial. 107
Tony Stark testa seu braço novo. 109
O Homem de Ferro sai para um *test drive*. 112

Kevin Warwick, professor de Cibernética na University of Reading, Inglaterra. 120
Uma interface ciberluva que me permitiu "alcançar" o espaço virtual. 122
A criação de Adão, de Michelangelo, c. 1512. Observe o controverso Cérebro Uterino que circunda Deus. Alguns argumentam que é a maneira de Michelangelo dizer que Deus controla cada um de nós a distância. Seria a primeira BMI? 128
Los Angeles, 2019, *Blade Runner, o Caçador de Androides*. 132
O aparelho Voigt-Kampff. 133
O aparelho Voigt-Kampff de outro ângulo. 134
A HRP-4C antes de se tornar tão *sexy*. 137
Um antigo modelo da série HRP, o HRP-2, empurrando uma cadeira. 138
O HRP-2 tira uma latinha da geladeira, por meio de programação prévia. 139
Antigos modelos da série HRP. 140
HRP-4C. 141
O HRP-3P toma uma chuveirada. 145
Paro. 149
Paro em uma casa de repouso. 150
Paro em exposição. 151
Paro no hospital. 151
Paro em exposição. 152
O iCub é um projeto em andamento para um consórcio de pesquisadores europeus. 157
Busca do Google. 163
Anakin começou como escravo, e o C-3PO como escravo de um escravo. 174
ASIMO entra em casa após ter ido buscar a correspondência para a mãezona. 178
ASIMO dizendo olá. 181
ASIMO! O escravo *superstar*! 184
ASIMO ensaia uns passinhos de dança. 187
Vista geral da funcionalidade de Nao. 194
Engenheiros da Aldebaran trabalhando. 195
Nao é um dos primeiros robôs de mídia social que existem. Ele é um robô de companhia, um pouco como um *videogame*. 197
Natanel Dukan e seu Nao, mais animal de estimação do que servo. 200
Battlestar Galactica (Sci Fi Channel), 4ª temporada, 2007-2008. 205
Aglomeração é uma ocorrência comum que segue os princípios descobertos matematicamente. 208
Uma topologia narrativa para processamento e geração de linguagem natural. 209
O HRP-3P e sua estação de controle. 218
Tudo era um borrão, o ponto de vista de uma bala de revólver. 221
Os dois corpos de Jake Sully, do filme *Avatar*. 223
Laboratórios de Pesquisa da ATR, em Osaka, no Japão. 228
O Robovie dá robustas cambalhotas na ATR. 229
Dance, dance, Robovie. 230
Isso não será um robô beirando a ser humano, mas um ser humano beirando a robô. 231
Dr. Hiroshi Ishiguro. 234
O geminoide do dr. Ishiguro. 235
Dr. Ishiguro e seu geminoide (para um delicioso teste de comparação). 236
Jake Sully (ou seu avatar?), do filme *Avatar*. 240

Introdução: A calculadora da Virgínia

Shuttestock

NO OUTONO DE 1789, DOIS ABASTADOS CAVALHEIROS chamados Samuel Coates e William Hartshorne viajavam pelo interior da Virgínia numa carruagem guiada por cavalos. Procuravam um calculador. É claro que em 1789 calculadores eram muito raros, e os dois rodaram um bocado até encontrar esse, em especial, que tinha a reputação de ser o melhor da região. O calculador que buscavam era tão rápido e tão respeitado pelo povo da Virgínia que havia se tornado motivo de orgulho do Estado.

O sr. Hartshorne e o sr. Coates passaram muitos meses pesquisando calculadores (existiam vários nos Estados Unidos e na Europa naquela época), e haviam se correspondido formalmente com a proprietária semanas antes, solicitando uma oportunidade de ver o calculador em ação, a fim de comprovar os rumores sobre sua velocidade e precisão. O nome dela era Elizabeth Coxe, da cidade de Alexandria. De família abastada, tinha condições de manter seus luxos e interesses, e nossos dois pesquisadores certamente trataram de causar boa impressão quando a carruagem chegou à sua propriedade.

Podemos presumir que após todas as apresentações e os rapapés de praxe, o trabalho começou. O calculador foi trazido e o grupo se pôs a resolver diversos problemas propostos, entre os quais a quantidade de segundos que há em um ano e meio, e outra questão relativa ao cálculo geométrico de uma área. O sr. Coates, de pena em punho, rabiscava o mais rápido que podia, tentando confirmar a exatidão dos números, mas a tinta e o papel provaram ser muito mais lentos do que o calculador. Números eram despejados, contas e mais contas executadas, e o calculador ia produzindo as respostas com rapidez e precisão inacreditáveis.

Na questão final, surgiu um erro; o calculador se enganou na pergunta mais difícil da sessão. O problema perguntava quantos segundos viveria um homem que houvesse passado neste planeta setenta anos, dezessete dias e doze horas. O calculador apresentou o seu resultado e o sr. Coates, alguns minutos depois, o dele. Os números não bateram. Coates ergueu o papel com uma mão e apontou com a outra para o calculador, indicando que, embora rápido, errara.

Nossa percepção cultural e moralidade precisarão ser reinicializadas.

O calculador disse: "Espere, senhor! Esqueceu-se dos anos bissextos!".

O sr. Hartshorne e a sra. Coxe olharam primeiro para o calculador, depois para o sr. Coates, que se apressou em acrescentar esse fator aos seus próprios cálculos. Após refazer suas contas, os números bateram.

A Calculadora da Virgínia chamava-se Thomas Fuller (1710-1790). Fora levado para lá e vendido como escravo aos 14 ou 15 anos. Já que só fora capturado no começo da adolescência, tivera a chance de colher os benefícios que muitos na Costa do Marfim haviam ganhado: a habilidade no sistema de cálculo arábico, empregado nos mercados africanos por centenas de anos. O sr. Fuller unia tal conhecimento a um talento natural para visualizar grandes operações numéricas.

Os abolicionistas indicavam o sr. Fuller como prova de que os negros eram intelectualmente iguais aos brancos. Embora a Proclamação de Emancipação só tenha sido assinada quase oitenta anos depois, o sr. Fuller era um sinal do que estaria por vir – não só a libertação dos escravos em 1863, mas de uma era que nasce com o início do século XXI.

Na próxima década, como acontecia nos anos de 1600 e 1700, escravos com a habilidade de calcular serão comprados e vendidos. Tais escravos simbolizarão a posição social de seus donos, e serão exibidos para as visitas que se deslocarem para vê-los. Não pensaremos neles como nossos semelhantes, mas sim, como propriedade. Serão chamados de robôs.

Em vez de homens, esses novos escravos poderão ser as máquinas; mas, exatamente como aconteceu nos anos de 1700, nossa percepção cultural e moralidade precisarão ser reinicializadas.

Shutterstock

Fabricação automatizada: o início de tudo.

Aos poucos, é claro, as máquinas tornaram-se capazes de calcular mais rápido do que o sr. Fuller; de trabalhar mais rápido do que os seres humanos em muitos campos, substituindo homens, mulheres e crianças na indústria, da agricultura aos produtos têxteis e muito mais. Algumas pessoas ganharam a liberdade, enquanto outras perderam seus empregos.

Em 1955, as "Três Grandes" montadoras* de Detroit controlavam a maior parte dos recursos da indústria automobilística. Praticamente tudo se devia aos 500 mil empregados da General Motors – uma companhia tão poderosa que sua única preocupação era sofrer um processo antitruste do governo federal dos Estados Unidos. Mas agora, mais de cinquenta anos depois, as coisas parecem diferentes. A maior parte do trabalho da GM foi para o Japão, um país comparativamente menor, menos rico e menos populoso. Contudo, o Japão é um país que conta com o uso in-

* General Motors, Ford e Chrysler. (N. da T.)

Mark Stephen Meadows

RS Companion Tri-bot, da Wowee.

tenso de robôs. Tais máquinas trabalham por menos, produzem mais, não necessitam de plano de saúde, são capazes de trabalhar por períodos mais longos, e não se organizam em sindicatos inconvenientes. Na verdade, a maior parte dos robôs existentes no mundo concentra-se no Japão. Segundo a Comissão Econômica das Nações Unidas, há mais de 500 mil robôs em operação no Japão – o mesmo número de pessoas que trabalhavam para a General Motors em 1955.

Na indústria automotiva, a maioria dos robôs paga por seu custo em dezoito meses de trabalho. O custo unitário de um robô equivale a dois anos de salário de um empregado. Em 1984, por exemplo, o custo de um robô soldador da linha de montagem de automóveis girava em torno de 12 milhões de ienes, e o salário anual de um trabalhador era de 5 milhões. E, à medida que o custo dos robôs decrescer e a qualidade e a quantidade do trabalho que podem executar se elevar, eles se tornarão cada vez mais valiosos. Eles substituirão mais gente e executarão mais trabalho. Do ponto de vista financeiro, isso significa que os robôs se tornarão mais valiosos do que os seres humanos.

A indústria automotiva não é a única que vem substituindo seus empregados por máquinas. Calculadoras e computadores costumavam ser seres humanos de verdade que se sentavam em escrivaninhas de verdade e trabalhavam com papel e lápis de verdade. Colhedores de algodão, debulhadores de milho, tecelões, encanadores, pedreiros, enlatadores, engarrafadores, vidreiros, padeiros, lavadores de carro e cirurgiões têm perdido seus empregos para os robôs. Na década de 1990, a tendência à automação cada vez mais se fez presente nas áreas da informação e cultura. Caixas de banco, telefonistas, atendentes de SAC, atores, *designers* e músicos – até os caras nos laboratórios subterrâneos em Los Alamos, Novo México, que analisam se os foguetes vão voar, ou os caras nos escritórios de Nova York, que predizem se o mercado de ações vai cair – todas essas pessoas têm sido substituídas por robôs.

Se a década de 1980 viu *mainframes* corporativos se tornarem computadores pessoais, 2010 será a década em que robôs industriais se tornarão robôs pessoais. Hoje já podemos encontrar robôs que aspiram pisos, aparam gramados, lavam janelas, preparam panquecas e dobram roupas; há os que são animais de estimação e outros que vão à guerra. Robôs cujo propósito é executar todo trabalho insalubre, perigoso ou mortal que os seres humanos não querem ou não podem fazer. Cada vez mais, tarefas mecânicas e rotineiras que cansam os seres humanos são desempenhadas por robôs; e o melhor de tudo é que os robôs custam menos e nada pedem em troca.

Os robôs se tornarão mais valiosos do que os seres humanos.

Houve época em que parecia que não tínhamos com o que nos preocupar. Os robôs costumavam ser coisa de ficção científica das antigas – latas-velhas que carregavam mulheres de biquíni, lançavam raios *laser* e eram de Marte ou da Lua. Pertenciam a um futuro remoto. Às vezes, pareciam-se com a gente, como Roy ou Pris, de *Blade Runner, o Caçador de Androides*, mas os desse tipo também eram do futuro. E, embora *O Exterminador do Futuro* também parecesse humano, o filme saiu em 1984; por isso, não era motivo de preocupação.

Então, cerca de dez anos atrás, as coisas começaram a ficar esquisitas. Robôs começaram a andar – robôs reais, como o ASIMO, andando de verdade. Depois, já havia animais de estimação robóticos nas casas das pessoas, como o Aibo, e robôs aspiradores de pó chamados Roomba começaram a zanzar por nossas salas de estar, recolhendo migalhas.

Recentemente, as coisas ficaram ainda mais loucas. Há robôs por todos os lados. Soube de um robô em San Diego que pode sorrir para o próprio reflexo no espelho, e outro, em Tóquio, que carregou uma idosa até a ambulância que aguardava por ela. Ouvi falar de robôs que podem subir escadas e escalar paredes, e de um que pode se enfiar dentro de um coração, como um verme mecânico, para realizar uma cirurgia. E também de robôs lançados em direção ao Afeganistão (embora controlados de sua base em Nevada), e robôs enviados a Marte (embora controlados da Terra). Em 2010, soube de um robô no mundo *on-line* do Second Life que estava vendendo sexo virtual, ao passo que outro, no mundo da jogatina de Las Vegas, estava vendendo sexo de verdade. Bem... sexo *robótico* de verdade.

Temos agora robôs operando como soldados, bombeiros, condutores de trem, colhedores de frutas, vendedores, compradores, bilheteiros. Temos também manobristas, pintores, cortadores de grama, esfregadores de pisos e *chefs* de cozinha, e robôs que guardam eficientemente a louça que foi limpa na lavadora de pratos

Shutterstock

A diferença entre robôs e seres humanos está se tornando tênue.

robótica de última geração. Isso se você estiver com preguiça, pois há também robôs que podem interpretar seu estado de espírito a partir de seus gestos e tom de voz. Temos até pequenos robôs com formato de foca que se tornaram muito populares como terapeutas.[1] Se você o acarinhar, a coisinha o encara com seus grandes e brilhantes olhos de bebê foca, contorce-se um pouco e solta uma espécie de *miado* arrepiante.

Há agora robôs virtuais, ciborgues, *fembots* (robôs fêmeas), *chatbots* (programas de computador que procuram simular um ser humano numa conversação), *slutbots* (robôs para sexo), androides, ginoides (outra designação para *fembots*; contraparte de androide, embora esse termo designe robôs com aparência humana dos dois sexos), geminoides (robôs criados à imagem de seu criador), *warbots* (robôs usados em guerras) e *hybrots* (robôs híbridos, constituídos de elementos eletrônicos e biológicos). Em 2009, um robô em Tóquio simulava os sintomas da gripe suína, enquanto outro vigiava pica-paus no Arkansas. Agora, podemos controlar robôs a distância, apenas com o pensamento (e um capacete bastante volumoso). O que é chamado de "interface cérebro-robô". Então,

[1] Ao contrário do conto de Asimov *Eu, Robô*.

robôs são, hoje em dia, uma espécie de avatar. E há próteses robóticas que ajudam deficientes físicos a andar, ou robôs que ajudam as equipes de resgate a salvar pessoas após um desastre.

Como assim? Os robôs estão nos tornando obsoletos? Ou se trata dos primeiros indícios de que nossos futuros senhores lentamente se erguem sobre os rodízios que lhes servem de pés? Será que oferecem perigo? Será que estamos construindo algo que acabará nos destruindo?

O que é, de fato, um robô? O que significa, ao menos, essa palavra?

Fui a Tóquio para descobrir.

Ao chegar lá, supunha que soubesse o que era um robô, mas suposições são aquelas coisas que acontecem quando você não está prestando atenção. Quando você se pega parado diante de um cadáver de silicone enquanto os olhos dele o seguem pelo aposento, você começa a se questionar – sobre suas suposições, não sobre os robôs. Durante certo tempo, eu acreditava que um robô era uma coisa que substituía um ser humano; depois, passei a achar que era algo que podia fazer as mesmas coisas que um ser humano faz, só que melhor; então, li um ensaio de Bruno Latour[2] e fiquei realmente confuso sobre o que é um robô.

Em Tóquio, tive a oportunidade de perguntar às pessoas de projeção no país o que achavam. Depois de visitar três cidades e mais de duas dúzias de laboratórios e companhias, ver perto de 150 robôs e conversar com inúmeros inventores, é com alívio que informo que os robôs de hoje estão mais para marionetes do que para pessoas.[3] Descobri que os robôs não são tão avançados quanto imaginava. Encontrei enormes avatares de plástico; nada de inteligência artificial, e jamais coisa alguma que lembrasse a SkyNet, a rede fictícia de computadores da série O *Exterminador do Futuro*. Que eu saiba, não há nenhuma grande inteligência artificial – pelo menos, não num futuro próximo. Os robôs são, e continuarão a ser, guiados por seres humanos, e seres humanos continuarão a tomar as decisões-chave.

Os robôs, em última análise, somos nós – e ainda que tal informação seja passada com certo alívio, é causa, também, de algumas preocupações. Nós estamos nos tornando robóticos, já que tecnologia robótica vem sendo utilizada para reconstruir corpos humanos: olhos, braços, pernas, corações e orelhas. Mentalmente, também, os robôs estão nos ajudando a tomar decisões nas esferas financeira, política e familiar. Robôs e cérebros já podem ser conectados, química e eletrica-

[2] *Where are the Missing Masses? Sociology of a Door.*

[3] Até a definição de um robô da Organização Internacional para Padronização (ISO 8373) – "um manipulador programável em três ou mais eixos, automaticamente controlado, reprogramável, com múltiplas finalidades, que pode ser fixado no lugar ou móvel, destinado a aplicações na automação industrial" – pode ser considerada uma definição de um computador.

Mark Stephen Meadows

Robôs-avatares em teleconferência no Museu Nacional de Ciência Emergente e Inovação.

mente. Então, em termos tanto de corpo como de mente, estamos nos tornando mais semelhantes aos robôs, e eles a nós.

Atualmente, há cerca de nove milhões de robôs em operação.[4] A Associação Japonesa de Robôs prevê que em meados de 2021 a indústria de robôs pessoais crescerá mais de 35 bilhões ao ano no mundo, em comparação com os aproximadamente 6 bilhões de hoje. O Ministério da Informação Sul-coreano planeja ter um robô pessoal em cada residência daquele país até 2020.

Em minha viagem ao Japão, decidi que um robô é algo parte mito, parte ferramenta. É uma ferramenta que assumiu proporções míticas. Embora este livro ofereça definições, também fornecerá certo contexto em termos das mudanças à nossa volta, informação sobre o que podemos

[4] Fonte: International Federation of Robotics, IEEE, e World Robotics Research, relatório do Executive Summary of World Robotics 2010. Disponível em: www.worldrobotics.org.

esperar e, acima de tudo, servirá como um lembrete de que nós somos nossos robôs e vice-versa.

Nós, Robôs vai apresentar ao leitor as mais recentes descobertas em robótica e inteligência artificial.[5] Examinando o universo da ficção científica (*Blade Runner, o Caçador de Androides*; *Guerra nas Estrelas*; *Battlestar Galactica* etc.) e robôs residentes (Homem de Ferro, O Exterminador do Futuro e HAL 9000, para mencionar alguns), o livro mostra até que ponto eles estão perto de se tornar realidade e, em alguns lugares, como a realidade já superou o passado. Discutindo os robôs amados e os odiados por milhões de pessoas, a obra fornece informação, entretenimento e, muitas vezes, uma visão surpreendente do que se pode esperar para o próximo ano e também para os dez anos seguintes. O livro é estruturado em duas partes paralelas (os dias de hoje e a próxima década), com quatro capítulos sobre emoção, interação, inteligência e corpo.[6]

Nós, Robôs é sobre como, descontada a fachada, pode-se descobrir um ser humano por trás dos robôs e, ao mesmo tempo, se puxarmos o nariz de alguém, achá-lo surpreendentemente metálico debaixo da pele flexível.

É como se estivéssemos formando uma nova classe de escravos. Milhões de novos sr. Fuller logo irão surgir. Acontecerá outro 1863, quando essa classe servil exigirá igualdade de direitos? Irão querer cerimônias fúnebres? Casaremos ou faremos sexo com eles? Seremos capazes de considerá-los à parte de nós?

É como se estivéssemos formando uma nova classe de escravos.

Nós, Robôs examina tais questões (e, irresponsavelmente, levanta outras), apresentando as pessoas e os robôs que se encontram a meio caminho hoje em dia. Neste livro, estendi o significado da palavra *robô*, descobri algumas estranhas criaturas, perdi-me algumas vezes, e me encontrei pelo menos uma. A obra não constitui uma série de argumentos a serem provados, mas um certo número de estações a se visitar, e, embora eu faça previsões, não sei o que irá acontecer – são tão somente minha própria ficção científica. Do começo ao fim há apenas uma certeza: todos nós seremos afetados pelos robôs. E isso é parte do que faz esse tema ser tão interessante.

Nossa história começa no mágico reino dos robôs...

---

[5] Também desencavamos antigos tópicos que remontam à década de 1950, como Marshall McLuhan, Sherry Turkle e outros.

[6] Ou seja, os Capítulos 1 e 5 são ambos sobre emoção, os Capítulos 2 e 6 são ambos sobre interação e assim por diante.

Parte um

Hoje

Mark Stephen Meadows

Capítulo 1: O Exterminador do Futuro

Sobre robôs que caçam humanos, têm rosto e por que temos tanto medo deles – Emoção, parte 1

"Alô?... Rá rá. Enganei você. Está falando com uma máquina. Mas não seja tímido, máquinas também precisam de amor."

– Secretária eletrônica de Sarah Connor, *O Exterminador do Futuro*, 1984

DESÇO DO TREM NA PLATAFORMA DA ESTAÇÃO DE metrô Shinjuku, em Tóquio. Estou no futuro.

Essa estação é um labirinto de lojas, uma torre de Babel, uma explosão urbana de anúncios em neon, carrinhos de bagagem, escrita vertical, confusão, pessoas apressadas, maletas de *notebooks*, e eu, um completo ignorante, no meio de tudo isso. Só consigo balbuciar com péssima pronúncia palavras em japonês para *obrigado*, *olá* e *com licença*. Desnorteado, sem coisa alguma para me guiar e mal conseguindo distinguir as coisas – e não devido à fadiga do voo, mas porque estou em Tóquio.

Enquanto fico parado ali, do lado errado dos trilhos do metrô, tentando descobrir qual parte do meu mapa indica o norte, um senhor idoso carregando uma brilhante mala azul, com olhos igualmente brilhantes e azuis, me pergunta se eu preciso de ajuda, em "ingrês", e eu aceito sofregamente, agradecendo-lhe. Orgulho-me da minha capacidade de me virar, mas pela primeira vez em seis ou sete anos não sou capaz de entender uma letra sequer, que dirá pronunciar uma palavra. Ele me ajudou a me orientar e eu o ajudei com a mala, e, cinco minutos depois, finalmente consegui deixar para trás os aeroportos e estações de trem que vinham dominando minha vida nos últimos (vários) dias.

Subo a escada rolante, espremido por entre as pessoas, passo por *fast-foods* de macarrão tipo lámen e máquinas automáticas de lanches, sob as luzes fosforescentes, pelo portão de controle, e saio na ampla esplanada da estação Shinjuku-Nishiguchi, no ar fresco da noite, e o inverno me atinge o rosto como um saco de gelo. Há mais *fast-foods* de lámen, um McDonald's próximo a eles, esquisitos e pontudos edifícios ao longe, uma explosão de luzes alegres por todos os lados, a escrita cobrindo tudo: estranhos caracteres de uma gramática desconhecida a dançar em *outdoors* e letreiros e mais letreiros luminosos computadorizados. As pessoas são bem vestidas, muito asseadas. Tão estilosas e sólidas como os prédios guardiões que protegem a rua do mundo além deles.

Eu, caçador de robôs

TÓQUIO É GRANDE, MOVIMENTADA E RÁPIDA. DECIdidamente, preciso de um táxi neste exato minuto, e há uns poucos estacionados em fila ao longo da esplanada. Procuro meus endereços, aproximo-me do táxi da frente, inclino-me enquanto caminho em sua direção (em parte para ver o motorista, em parte para ele saber que estou ali), e estendo a mão para a porta. A coisa estala e golpeia meus dedos. Recuo, achando que o motorista a abriu pelo lado de dentro. Mas, não: a maldita porta continua a abrir e bate em meu joelho, e dou mais um passo para trás para não ser empurrado por ela. É automática, e eu me recordo, tarde demais, que um amigo havia me prevenido dessa surpresinha automatizada.

Todo empolgado com minha caçada aos robôs, deslizo para dentro do carro, ansioso para conhecer meu primeiro ciborgue chofer. Terá ele a cabeça prateada? Um olho vermelho?

Estou ansioso para conhecer meu primeiro ciborgue chofer.

Não, claro que não. Um ser humano normal se vira para mim com um sorriso. Mas sua expressão amável rapidamente se transforma numa de confusão, quando eu tento mostrar a ele a localização do meu hotel no meu mapa já todo amarrotado.

O carro se afasta do meio-fio. Nem uma só palavra é pronunciada (pelo menos, não uma que ambos possam compreender), mas estamos entendidos e partimos. As luzes passam por minha janela e o encosto do assento à minha frente muda de cor, banhado pela iluminação cambiante, enquanto nos dirigimos ao hotel.

Espiando pela janela, fico pensando na definição de robô, e nos limites que traçamos entre nós e nossos corpos, ou entre estes últimos e nossas máquinas. Olho para o alto na direção dos edifícios e do amontoado de anúncios em neon enquanto atravessamos ruas barulhentas, repletas de pessoas. Há um sem-número de máquinas automáticas enfileiradas ao longo do caminho. Vejo um imenso robô Gundam numa esquina, erguendo a mão lentamente no ar, e observo outro táxi, ao passarmos por ele, abrir a porta para um passageiro sair.

Enquanto as luzes intermináveis se sucedem, lembro-me de um filme-clipe a que assisti poucos meses antes. Era uma demonstração de produto sobre um robô, e parecia crível. Tratava-se de um dispo-

Mark Stephen Meadows

Tóquio à noite.

sitivo com quatro apoios, chamado "BigDog",[1] e tinha o aspecto de um cilindro montado sobre quatro pernas, mas com os joelhos invertidos. Não tinha cabeça; na verdade, era apenas um corpo sobre patas mecânicas, uma espécie de burro de carga de algoritmos complexos. Tinha um jeito de andar bastante esquisito. Corria como uma corsa bêbada, mas o que aconteceu depois provou sua sobriedade. Um cara no vídeo aproximou-se do robô e o chutou, com bastante força. Embora o robô tenha se desequilibrado, recuperou a estabilidade habilmente. O burro de carga de algoritmos possuía uma noção de equilíbrio suficiente para mantê-lo aprumado. Não só conseguia retornar a seu estado original caminhando sobre o gelo, mas também sabia aonde ir, quais rochas evitar, onde pisar, e parecia capaz de saltar barreiras assinaladas em testes prévios.

Resultado bastante bom para algo sem cabeça. Era a ficção científica virando uma realidade da engenharia – como Tóquio: uma cidade de ficção científica da vida real. Um robô que voltou no tempo, vindo do futuro. Isso era algo em que se podia acreditar.

[1] Você pode encontrá-lo no YouTube ou no Google, buscando por "big dog boston robotics".

Mas *Matrix* era algo em que também se podia acreditar. Na verdade, era tão verossímil que alguns pesquisadores e cientistas respeitados calcularam a probabilidade de nós realmente vivermos numa realidade simulada do tipo *Matrix*.[2] Provavelmente no computador de alguém no futuro, dizem eles.

O próprio conceito de robô se originou na ficção científica.

O filme *2001: Uma Odisseia no Espaço* também parece bem real. *Battlestar Galactica*, *Blade Runner*, ou qualquer um dos inúmeros filmes ambientados no futuro, que tiveram tempo suficiente para ser categorizados como fictícios, possuem o mesmo tipo de verossimilhança. Minha descrença anda tão desafiada hoje em dia que pareço flutuar em direção ao futuro, totalmente desapegado de qualquer noção do que pode e não pode ser realizado. As notícias que leio confirmam a credibilidade dos avanços da robótica. Recentemente, assisti a um vídeo de um macaco que tinha fios conectando seu cérebro a um braço mecânico, e o carinha era capaz de se alimentar com uma banana por meio dele. Provavelmente, estava bastante faminto após a cirurgia. E já li que estamos construindo membros e olhos biônicos, e indo muito além de meros implantes cocleares; e tais aperfeiçoamentos atualmente custam menos do que 6 milhões de dólares.* Ciborgues? Sim, segundo um recente artigo da *National Geographic*.[3] Já não sei no que *não* acreditar. O que é igualmente perturbador, e possivelmente tem relação com isso, é que eu raramente me surpreendo com os novos avanços dos quais tomo conhecimento, em especial no campo da robótica.

Tudo isso parece a ficção científica que já li e a que assisti ao longo dos anos.

Vim para Tóquio para descobrir o que a palavra *robô* significa. Cheguei aqui para entrevistar robôs e seus criadores, para aprender sobre contextos culturais e mentalidades. Ao longo da jornada também visitei Los Angeles e Paris, e conversei com quase uma centena de pessoas em mais de vinte países, a fim de que finalmente pudesse compreender esse nome mítico, *robô*.

O próprio conceito de robô se originou na ficção científica. A palavra *robô* vem do tcheco *robota*, que numa tradução tosca significa "trabalho forçado".[4]

---

[2] Esse argumento é conhecido como "Argumento da Simulação", e para saber mais sobre o tema consulte www.simulation-argument.com.

* Referência ao famoso seriado sobre um agente regenerado bionicamente intitulado "O Homem de Seis Milhões de Dólares". (N. da T.)

[3] Janeiro de 2010, "A Better Life with Bionics" [Uma Vida Melhor com Biônicos].

[4] Do tipo que se é obrigado a executar para um senhor ou soberano.

Em 1920, um autor tcheco chamado Karel Čapek concluiu uma peça intitulada *R.U.R.* (ou *Robôs Universais de Rossum*).[5] A peça se passava numa fábrica onde robôs – androides, ou robôs com forma humana, especificamente – revoltavam-se contra seus criadores. A peça não fez muito sucesso na Europa. A despeito da recepção morna, ou talvez justamente por causa disso, algumas cópias da peça cruzaram o Atlântico e, embora não tenham chegado à Broadway, alcançaram Nova York e as mãos de um homem de 28 anos que tinha acabado de receber o grau de doutorado em Bioquímica. Seu nome era Isaac Asimov.

O dr. Asimov estava trabalhando numa série de contos que acabaram sendo compilados no volume *I, Robot* [*Eu, Robô*].[6] Com a publicação do livro em 1950, a palavra *robô* incorporou-se ao vocabulário comum e com ela, todo o conceito de robótica. Logo depois, surgiu a ideia de um robô psicólogo. Enquanto o público americano assistia à TV em preto e branco e se parabenizava pela aquisição de torradeiras, Isaac Asimov estava colocando robôs em sessões de terapia e imaginando quando – e como – eles iriam governar o mundo.

Tanto em *R.U.R.* como em *Eu, Robô*, as histórias se passam num futuro não tão distante, no qual a tecnologia se tornou tão humana que as próprias pessoas que a criaram não conseguem distinguir os robôs dos seres humanos. Em cada uma dessas histórias chega o momento em que robôs e seres humanos já não podem ser diferençados; é preciso testá-los e, logo depois, os robôs se revoltam e assumem o controle.

Creio que agora estamos perto desse ponto na história real.

Há outras similaridades entre os dois trabalhos. Em ambos, os robôs são criados pela combinação de engenharia genética com engenharia elétrica. Espalham-se pelo mundo nas indústrias, porque diminuem os custos de produção e aumentam o lucro. Têm emoções e se apaixonam. Diferentes tipos de robôs executam diferentes tarefas, e um deles experimenta uma espécie de evolução artificial. Um conflito de autoridade irrompe e sanções são impostas na tentativa de controlar a rebelião. A história termina com os robôs dominando o mundo.

Então, será que também estamos perto desse ponto agora, na história real?

E*ngenharia genética*, assim como robô, é outro termo que saiu da ficção científica,[7] junto com utopia,[8]

[5] http://www.gutenberg.org/etext/13083.

[6] Asimov brigou pelo título de *Mind and Steel* [Mente e Aço], mas seu editor não concordou.

[7] Segundo Bruce Sterling, num artigo para a revista *Wired*, o termo apareceu num livro intitulado *Dragon's Island*, de Jack Williamson.

[8] *On the Best State of a Republic*, Sir Thomas More, 1516.

vírus de computador,[9] e ciberespaço.[10] O último termo foi adotado pelos rapazes de Washington, D.C., ao estabelecerem uma "cibersegurança" no Pentágono.

Na verdade, a ficção científica serve menos como previsão do futuro do que como alerta sobre o presente. A ficção científica, como todas as formas de arte e literatura, é um guia e sensor de tendências culturais ainda incipientes. Tem sido um meio de lançar alguma luz sobre questões culturais e éticas, um espaço seguro para a discussão de temas difíceis. A ficção científica pode funcionar como um sistema de alerta que usa a mente de artistas e escritores da mesma forma que os centros de previsão de terremotos. Os autores do gênero comentam sobre o nosso presente mais do que predizem o futuro. Por exemplo, em 1948, quando *R.U.R.* foi escrita, a escravidão havia sido abolida recentemente na Tchecoslováquia pela Comissão de Escravatura da Liga das Nações. Čapek não apenas assistiu a essas mudanças no período em que viveu, mas tinha, ele próprio, trabalhado por elas. Então, sua peça é sobre escravidão, e a palavra *robô* foi escolhida para assinalar isso.

Distrito 9, outro grande filme de ficção científica, passa-se em Joanesburgo, é sobre racismo, e seu diretor, Neill Blomkamp, diz isso com todas as letras.[11] E atribui-se a James Cameron, o diretor de *O Exterminador do Futuro*, *Avatar* e outros clássicos da ficção científica, a citação:

> *... quando escrevi o esboço do primeiro* Exterminador, *por volta de 1982, estava apenas elaborando minhas coisas de infância. Os filmes e livros de ficção científica com os quais cresci. Eles eram, na maioria, alertas – sobre tecnologia, sobre a Ciência, sobre o exército e o governo...*[12]

Chego ao meu quarto de hotel cerca de nove da noite (dez da manhã no fuso horário ao qual estou habituado), e nem penso em dormir. Passo a noite bebendo café solúvel, pesquisando sobre os robôs do Japão, checando as respostas dos e-mails que havia enviado para inventores, empresários, laboratórios de pesquisa e corporações, enquanto a televisão no quarto ao lado emite gritos abafados. O quarto de hotel cheira a cigarro.

A aurora chega e sinto fome. Finalmente, trêmulo e incapaz de digitar por causa de tanto café solúvel, decido fazer uma pausa. Visto o meu casaco e vou para a rua. Arrasto os pés pela calçada vazia por alguns quarteirões, encontro uma peque-

---

[9] Novamente, via Sterling, Dave Gerrold usou o termo como referência a um software numa história de 1972, *When Harlie Was One*.

[10] William Gibson cunhou o termo em 1982 e 1984 com *Burning Chrome* e *Neuromancer*, respectivamente.

[11] Entrevista no *LA Times* com Geoff Boucher, janeiro de 2010.

[12] http://www.wired.com/entertainment/hollywood/magazine/17-04/ff_cameron.

na loja de conveniências aberta 24 horas e, sem saber dizer outra coisa além de "Olá" para o gentil atendente no balcão, aponto para alguns salgados na vitrine. Ele os embrulha e espera pacientemente enquanto escolho uma pasta de dentes e água mineral.

Volto para o meu quarto caindo de cansaço, sento-me na escrivaninha, como o que parecem ser *nuggets* de frango, engulo dois analgésicos como sobremesa, bebo um pouco mais de café solúvel para chutar o balde de vez, e uso a banda larga do hotel até o sol se elevar no céu matutino. Meu primeiro compromisso é em três dias. Percebo que minha pasta de dentes é creme para as mãos (o que descubro da pior maneira possível), mas tudo está muito bem, porque estou em Tóquio.

Robôs enlouquecem!

CERTO DIA,[13] ALGUNS PESQUISADORES DA NEC CORporation equiparam um robô modelo PaPeRo com um espectrômetro infravermelho que analisava vinhos. Montado sobre o robô como uma espécie de braço sensor, o carinha era capaz de descobrir a composição de alimentos e bebidas. Isso era feito projetando-se um feixe de luz sobre uma garrafa e, um pouco como o radar de um morcego, que lhe possibilita determinar distâncias, as cores que retornavam detalhavam a composição química do vinho. Raios infravermelhos de ondas média e curta podem determinar estruturas moleculares, o que significa que, usando tal método para avaliar a constituição química, dá para conhecer o sabor de um vinho sem precisar abrir a garrafa (o que, com certeza, não tem a menor graça, mas que, possivelmente, é útil para *sommeliers* e leiloeiros).

Então, imagine que você tenha sua adega de vinhos e seu robô, e você aponta uma garrafa para ele. O robô pode rolar até a prateleira, estender o pequeno braço para a garrafa, pausar e então dizer: "*Bip*. Fruta vermelha adoçada com chocolate. Cravo-da-índia. Canela. Cereja preta, levemente licoroso, amanteigado com fundo de baunilha. *Bip!* Provavelmente um Pinot Noir, safra de 1998, da região da Borgonha".

O robô também poderia fazer recomendações. PaPeRo não era capaz apenas de determinar a composição do vinho; conseguia também escolher entre três maçãs a mais ácida, dentre três queijos o mais salgado, e até ser programado para advertir seu dono, com sua voz monótona e infantil, sobre quais alimentos contêm altas quantidades de gordura, sal ou carboidratos.

Assim, a NEC fez demonstrações desse robô, principalmente para a imprensa, e durante uma dessas apresentações, um fotógrafo espertinho teve a ideia de colocar a mão diante do sensor do PaPeRo.

[13] Expo AICHI, junho 2005, no Japão.

Mark Stephen Meadows

PaPeRo. Bonitinho, e pode sentir cheiro de bacon na sua mão.

O robô parou, analisou a mão e declarou que era bacon. É claro que isso provocou tremendas gargalhadas no grupo, mas, no caso de ter sido um erro, e já que o espertinho tinha dado a ideia, outro jornalista próximo repetiu a experiência. Sua mão foi identificada como presunto, outro produto oriundo do porco. Mais uma vez o resultado causou surpresa e extraiu risadas dos participantes, e foi noticiado pela imprensa do mundo todo, embora esse não fosse o tipo de atenção esperado pela NEC.

Algo certamente vai fugir do controle.

O episódio não poderia ir além da hilaridade, já que, afinal de contas, uma coisa é um robô cheirar carne humana, outra, completamente diferente, é o robô "comê-la", especialmente o pequenino e verde e branco PaPeRo, que fica trancado num laboratório de pesquisa e sai de vez em quando apenas para conferências de imprensa (quando não está fazendo seu trabalho normal, que é tomar conta de crianças).

Podemos ficar tranquilos, pois o PaPeRo não come gente – é um simples sensor que ajuda seres humanos a analisar moléculas a distância. Robôs não comem coisa alguma, muito menos carne. São ligados em tomadas e recarregam suas baterias.

Mas, *espere*. Não, necessariamente. Robôs necessitam de amperagem para seus circuitos, da mesma maneira que os seres humanos precisam de calorias para movimentar os músculos, e é possível extrair eletricidade de praticamente qualquer material orgânico. É o que se chama de célula de combustível microbiológica.

Há cerca de vinte anos, descobriu-se que as enzimas, ao dissolverem quase todo tipo de matéria orgânica, produzem elétrons, que são armazenados num sistema bioeletroquímico que gera eletricidade em interações com bactérias, em condições muito específicas. Seria uma forma maravilhosa de uma cidade gerar energia pelo tratamento do esgoto, por exemplo, ou de se abastecer um carro. Ou de alimentar um robô.

Existem hoje em dia robôs que são capazes de comer ratos, ou moscas, e extrair energia elétrica por meio desse processo. Na verdade, perguntei a um dos inventores desse sistema, James Auger, quanta energia quatro ou cinco quilos de carne poderia gerar, o que equivaleria a um braço humano.[14] O sr. Auger não soube me responder, já que prefere uma abordagem mais sutil (afinal de contas, ele é inglês), mas o que ficou claro é que esses robôs são capazes de funcionar por um longo período com pouca biomassa.

Bem, isso fez minha imaginação hiperativa correr solta: cuidado com *C.H.U.D.*,*

[14] Um braço equivale a cerca de 6,5% do peso total de um ser humano.

* Filme norte-americano de terror, de 1984. C.H.U.D. é um acrônimo para "Cannibalistic Humanoid Underground Dweller" [Humanoide Canibal que Vive nos Esgotos]. (N. da T.)

cuidado com o povo subterrâneo, e cuidado, é claro, com os crocodilos de Nova York.

Ah, o velho pesadelo da ficção científica: algo certamente vai fugir do controle. Um criador de robôs misantropo e ambicioso, em algum laboratório subterrâneo profundo e tenebroso, desenvolverá um invento assassino e canibal, que o matará, derrubará a parede mais próxima e começará a destruir sem dó e sem trégua o mundo exterior. As manchetes na manhã seguinte estamparão: "ROBÔ CANIBAL ESCAPA DO LABORATÓRIO!". A foto ilustrando a reportagem mostrará o inventor, ainda de guarda-pó, caído ao lado do buraco na parede. Parte de sua mão estará faltando, e em algum lugar na legenda estará escrito "Dr. Frankenstein".

No Ocidente,[15] esse é o feijão com arroz dos filmes de robô. Ocupa tanto espaço na ficção científica quanto a ciência em si. A revolta dos robôs constitui agora um gênero literário. Na verdade, é uma ocorrência tão comum que o próprio Isaac Asimov decidiu, a certa altura, tentar mudar isso; em *Eu, Robô* (e, mais especificamente, no conto "Runaround"), ele notoriamente o fez.

Asimov quis propor uma solução definitiva para o problema dos robôs insurgentes. Seria algo implantado no cérebro positrônico[16] dos robôs. Um meio de nos assegurarmos de que se comportariam bem. As três leis funcionariam como instinto para eles:

1. *Primeira Lei: Um robô não pode ferir um ser humano ou, por omissão, permitir que um ser humano sofra algum mal.*
2. *Segunda Lei: Um robô deve obedecer às ordens que lhe sejam dadas por seres humanos, exceto nos casos em que tais ordens contrariem a Primeira Lei.*
3. *Terceira Lei: Um robô deve proteger sua própria existência desde que tal proteção não entre em conflito com a Primeira e a Segunda Leis.*

Esses algoritmos morais decretados por Asimov nos protegeriam de nossas próprias invenções (quando os robôs já fossem espertos o bastante para perceber que alguma coisa não estava certa – como o fato de serem escravizados, digamos). Tais instruções, inseridas por meio de programações éticas,[17] nos protegeriam da Revolta dos Robôs. As três leis de Asimov impediriam grupos, como o exército, de

[15] Curiosamente, isso não parece existir no Japão. Lá, os robôs começaram com Astro Boy, não com *R.U.R.*, e, por isso, a base para a construção do mito robô inclui um amiguinho camarada e simpático sempre pronto a ajudar, e não uma colônia de clones assassinos. E é preciso tirar o chapéu para os japoneses por conservarem essa visão até hoje.

[16] *Positrônico* era, naquele tempo, outro termo candidato para o que conhecemos hoje como eletrônico (pósitrons *versus* elétrons).

[17] Asimov estava mais interessado em ética do que em robôs.

criar um robô que se descontrolasse, estripasse os seres humanos como *porcos*, e comesse a todos no café da manhã.

Mas, no mundo real da engenharia, não estamos sendo fatiados como bacon nem robôs estão sendo programados com as três leis de Asimov. Isso porque nossa cultura, psicologia e motivos para construir robôs, para começo de conversa, não são guiados pela razão, ou *design*, ou por alguma supermente fora de controle.

A tecnologia em si não é algo a se temer – as pessoas que a criam é que são.

São os drs. Frankenstein que nos metem em problemas.

Como se frustra o autocalipse

COMO VOCÊ PROVAVELMENTE SABE, O *EXTERMINAdor do futuro*, filme de James Cameron, de 1984, é um clássico da ficção científica estrelado por Arnold Schwarzenegger, Linda Hamilton e Michael Biehn. Faturou mais de 500 milhões de dólares mundo afora.[18] Está entre os cem filmes mais populares de todos os tempos. Chegou inclusive à TV, gerando um seriado *cult* intitulado O *Exterminador do Futuro: As Crônicas de Sarah Connor*, que foi ao ar em duas temporadas, exibidas pelo canal Fox. As continuações foram ficando cada vez mais estranhas até que, no ano passado, quando assistia O *Exterminador do Futuro: A Salvação*, já não pude acompanhar a razão de haver tantas explosões. Mas o primeiro filme não perdeu seu brilho, e me deixou cicatrizes psicológicas que até hoje acaricio.

O filme original, que carrega a verdadeira essência desse tipo de ficção científica, tem lugar em 1984, quando o "Exterminador" (um ciborgue do ano 2029) volta no tempo para cometer um assassinato. O robô, tecnicamente, é um *ciborgue*,[19] um híbrido de robô e humano, que foi enviado por seus colegas, um grupo de máquinas superinteligentes, determinadas a aniquilar a raça humana, para matar Sarah Connor, que em breve dará à luz a um revolucionário-chave. Enquanto isso, no futuro distante, o revolucionário-chave fica sabendo da trama para matar sua mãe, e manda Kyle Reese, um humano, de volta no tempo, para destruir o Exterminador antes que ele mate Sarah.

Então, o Exterminador é um assassino robótico. Um soldado designado para se infiltrar e combater. Pode falar e imitar vozes[20] de pessoas que ouvir. Tem mau hálito e pode sangrar, dirige uma motocicleta, e executa pequenas cirurgias em si próprio. Não se pode distingui-lo dos seres humanos (a menos que você seja um cachorro, especialmente um pastor-alemão). Possui "IA Forte" (Inteligência Artificial) e olhos brilhantes vermelhos. O Exterminador mais

[18] http://boxofficemojo.com/showdowns/chart/?id=vs-terminator.htm.

[19] Para sermos mais técnicos ainda, o Exterminador é um ciborgue androide.

[20] E também personalidades, ao que parece.

antigo era o Modelo 101 da Cyberdyne Systems, especificamente a série 800. Com um "chassi de combate em hiperliga" no formato de um endoesqueleto, controlado por um microprocessador, é revestido por tecido vivo, e se parece quase que exatamente com Arnold Schwarzenegger.

Segundo o que sabemos pelo filme, o Exterminador é o sobrinhozinho durão de um experimento militar fracassado denominado SkyNet. Esse primeiro Exterminador acaba liquidado em Sunnyvale, Califórnia, no coração do Vale do Silício. Isso acontece na linha de montagem da empresa chamada Cyberdyne, que também é uma oficina de robótica.[21] O que significa que, depois que Sarah é removida por uma ambulância no final do filme, os engenheiros do lugar abrem o recém-esmagado Exterminador e descobrem como ele funciona. Assim, nasce o Exterminador. A Cyberdyne vende a tecnologia para o governo dos Estados Unidos, que a repassa para a Força Aérea, que, então, lança um projeto chamado SkyNet.

A tecnologia não saiu do controle por causa da tecnologia.

É a partir daí que as coisas começam a dar errado. A SkyNet é uma criação de uma divisão da Força Aérea, a Cyber Research Systems (é aí que Frankenstein entra na história), que está produzindo uma rede de sistemas de IA destinados a substituir pilotos de aeronaves civis e militares. A SkyNet também tem o objetivo de controlar sistemas de armamentos militares, inclusive mísseis nucleares (então, o problema começa em se tentar substituir pessoas, e em tentar desenvolver armas autônomas).

De acordo com a lenda de O *Exterminador do Futuro*, o sistema entrou em operação em 4 de agosto de 1997 e, 25 dias depois, tornou-se autoconsciente. Os operadores humanos da SkyNet tentaram desligá-lo, mas, num ato de autopreservação e retaliação, ele lançou um ataque nuclear contra a Rússia, que revidou contra os Estados Unidos. Estourou uma guerra termonuclear, os seres humanos foram reduzidos a ratos, as máquinas tomaram conta, e o Exterminador descobriu sua função no mundo.

A tecnologia não saiu do controle por causa da tecnologia. A tecnologia saiu do controle por causa de um grupo de pessoas no exército dos Estados Unidos. Isso não acontece apenas em O *Exterminador do Futuro*. Também é assim em *Eu, Robô* e outras histórias.[22]

Os autores de ficção científica de toda parte adoram esse tema acima de qualquer outro. Os robôs não nos tomarão como pedaços de bacon para alimentar

[21] Um exemplo da automação robótica de 1984 pode ser visto logo após Kyle Reese acionar as chaves de um painel na oficina.

[22] Como é o caso de algumas que exploraremos neste livro, incluindo *Battlestar Galactica*.

sua fonte de energia mioelétrica, assim como a SkyNet não se tornou autoconsciente em 1997. Mas a ficção científica é capaz de apresentar futuras possibilidades. A palavra *robô* é uma, e robótica militar é outra. Entretanto, serão elas preocupações legítimas?

Soldados enlouquecem!

QUANDO O EXTERMINADOR DIZ "EU VOLTAREI", NÃO está brincando. Na verdade, anda perambulando nos campos de batalha do Iraque e do Afeganistão desde 2007. O problema, contudo (além do fato de ele ser um robô assassino), é que ele ainda precisa de certo aprimoramento; quando ele emperra ou tomba – o que faz de vez em quando – não sabe distinguir quem é o inimigo e, então, simplesmente começa a atirar em todas as direções, em todas as pessoas e, às vezes, é o culpado pelo que se costuma chamar de *fogo amigo*.

Agora, de acordo com o filme, o Exterminador foi criado pela primeira vez quarenta anos depois de 1984. Será que em 2024 já contaremos com tecnologia do tipo Exterminador? Não creio que veremos humanoides, mas acho que o que teremos será muito mais poderoso, menos visível e terrivelmente mais letal.

Um argumento para o uso de robôs em combates é moral: eles não se melindram por questões filosóficas. Afinal de contas, até mesmo o soldado mais bem treinado pode violar a Convenção de Genebra, ou as regras de conduta que a maioria dos exércitos pratica. O exército americano conduziu um levantamento em 2006 e descobriu tendências surpreendentes entre os soldados.[23] Tais tendências indicavam uma mentalidade e uma abordagem do combate que a maioria dos americanos desaprovaria. A pesquisa revelou que menos da metade dos soldados que serviam no Iraque achavam que os não combatentes deveriam ser tratados com respeito. Um quinto dos soldados afirmava que todos os civis deveriam ser tratados como revoltosos militarmente treinados, mais de um terço acreditava que tortura era aceitável, e apenas metade deles disse que denunciaria um colega por comportamento antiético. Dez por cento dos soldados americanos no Iraque admitiram abusos contra civis ou danos desnecessários a propriedades civis. Tsc tsc tsc, respondem os engenheiros. Robôs, dizem eles, podem fazer melhor do que isso. Tais problemas são o que os roboticistas militares chamam de *falha humana*. Robôs, nesse sentido, são éticos e confiáveis. É por isso que usamos robôs em combates. Por razões morais.

Segundo Ronald Arkin, um cientista da computação da Georgia Tech, é possível

[23] O levantamento incluiu entrevistas com 1.320 soldados e 447 fuzileiros navais no Iraque durante o outono de 2006. Embora o relatório tenha sido completado em novembro do mesmo ano, só foi publicado em 5 de maio de 2007, depois que seu conteúdo começou a vazar para a imprensa.

suprimir a falha humana excluindo-se os seres humanos. O sr. Arkin, que é contratado do exército dos Estados Unidos para desenvolver softwares para robôs combatentes, descreveu num relatório dessa entidade em 2009 alguns benefícios dos robôs militares autônomos. Destacou que eles podem ser desenvolvidos sem nenhum instinto de autopreservação, o que significa que não entram em pânico quando se apavoram ou se machucam. Podem ser construídos de modo a não demonstrar raiva, não cometer abusos nem ousadias; por isso, não perdem a cabeça. São invulneráveis a vários problemas psicológicos como stress, fadiga, preconceito religioso, treinamento insuficiente, de modo que não podem se zangar se forem provocados. Também não necessitam de comida, roupas, folgas ou pensão por invalidez.

É possível suprimir a falha humana excluindo-se os seres humanos.

"Não creio que um sistema composto apenas por máquinas será capaz de ser perfeitamente ético no campo de batalha", o dr. Arkin escreveu em seu relatório,[24] "mas estou convencido de que elas podem se comportar de modo mais ético do que os soldados humanos são capazes." Então, ele tem bastante certeza disso.

O Diretório de Ciência da Computação e Informação do Departamento de Pesquisa do Exército, compreensivelmente, concorda com tal ponto de vista, uma vez que esse órgão financia o trabalho de Arkin. Randy Zachery, o diretor do departamento, destaca que a esperança é "permitir que sistemas autônomos operem dentro dos limites impostos pelo combatente". E o tenente-coronel Martin Downie, porta-voz do exército, observa que seja o que for que resultar do trabalho "em última análise estará nas mãos do comandante em chefe, que prestará contas ao povo americano, assim como nós".[25]

Não importa qual tipo, se autônoma ou controlada, os especialistas militares estão confiantes de que essa tecnologia caminha na direção certa e que os responsáveis responderão por ela.

Há outros pontos de vista no debate sobre robôs militares.

Em dezembro de 2008, a divisão de pesquisa da Marinha dos Estados Unidos recebeu um extenso relatório intitulado "Robôs Militares Autônomos: Risco, Ética e *Design*".[26] Os autores do relatório discutem um acontecimento bastante misterioso no Iraque, em 2008, no qual vários

24 http://www.cc.gatech.edu/ai/robot-lab/online-publications/formalizationv35.pdf.

25 Ambas as citações foram tiradas do artigo do *The New York Times* "A Soldier, Taking Orders from Its Ethical Judgment Center", de Cornelia Dean, 24 de novembro de 2008.

26 http://ethics.calpoly.edu/ONR_report.pdf.

robôs de fabricação americana, armados com metralhadoras, funcionaram incorretamente e abriram fogo amigo contra os próprios soldados dos Estados Unidos. Os autores também comentaram um incidente de 2007, em que um "canhão robótico autônomo empregado pelo exército da África do Sul, devido a mau funcionamento, matou nove soldados 'amigos' e feriu outros quatorze". Os autores enfatizaram como é difícil deter encadeamentos de acontecimentos potencialmente fatais causados por sistemas autônomos militares, ou mesmo sistemas em cidades, lares e escolas que "... processam informação e podem atuar em velocidades incompreensíveis para nós". Os autores concluem, em seu estilo contido: "Seria ingênuo pensar que acidentes como esses não voltarão a acontecer".

O mais interessante no relatório é a advertência final dos autores: que se dê aos robôs um senso de ética e moralidade. O relatório se volta para Isaac Asimov ao citar suas famosas Três Leis da Robótica. Os autores oferecem ideias tiradas da ficção científica como um farol pelo qual a marinha dos Estados Unidos poderá se orientar ao cruzar as brumosas águas da ética, da guerra e dos robôs autônomos.

O exército é muito chegado à comunidade da ficção científica. O Departamento de Segurança Interna dos Estados Unidos até convidou vários autores de ficção científica para criar cenários e discuti-los em 2009, na Conferência sobre Ciência e Tecnologia em Segurança Interna, sendo que vários desses autores permaneceram como colaboradores do departamento em tempo integral, como pensadores e pesquisadores. Os quarenta e tantos autores, que ofereceram seus serviços em troca da cobertura de suas despesas de viagem para a conferência, pertenciam a um grupo chamado Sigma. Ao longo dos anos, os membros do grupo Sigma têm sido convidados para encontros organizados pelo Departamento de Energia, o Exército, a Força Aérea dos Estados Unidos e a OTAN.

O Exterminador voltou? Estamos projetando robôs de combate capazes de tomar decisões éticas e morais? Quando robôs começarão a lutar contra outros robôs em guerras reais? E se for concedida autonomia aos robôs no campo de batalha, que poderes de decisão lhes serão dados? Se os soldados de infantaria estão sendo substituídos, os próximos da fila para um "*upgrade*" serão os oficiais? E será que os robôs autônomos do sr. Arkin um dia substituirão os generais, também?

Antes de prosseguir, gostaria de levantar um pouco de polêmica esclarecendo certos pontos.

Em primeiro lugar, um robô guiado por controle remoto não é um robô autônomo. Pode parecer uma afirmação óbvia, mas não é. A única diferença real entre um robô autônomo e outro operado por controle remoto encontra-se no alto da cadeia de decisões. Sempre há algum grau de autonomia em se tratando de um robô; tem de haver ordem para que funcione. É como o seu carro: você não precisa se preocupar com a transferência do óleo para o filtro, por exemplo. O carro cuida disso autonomamente. Sua tarefa como motorista do carro (ou robô) é tomar as decisões mais importantes, enquanto as primárias ficam a cargo da máquina. Um robô operado por controle remoto é apenas um robô com um conjunto muito simples (ou básico) de funções autônomas. Então, a distinção entre controlado a distância e autônomo consiste basicamente em se determinar quem toma as grandes decisões. *Autônomo* geralmente significa que você pode ligá-lo, descansar e a máquina fará todo o trabalho para você. *Controlado a distância* está mais para ama-seca. Mas isso varia, e muito, entre os diferentes tipos de robôs.

"Sua arma não está em seu ombro; está a quase um quilômetro de distância."

Os robôs operados por controle remoto atualmente são preferíveis porque são mais simples, mais fáceis de operar e mais confiáveis. Hoje em dia o Exército dos Estados Unidos conta com uma vasta gama dessas armas. Dois exemplos são os robôs guiados a distância que desarmam artefatos explosivos improvisados colocados ao longo das estradas[27] e os mísseis teleguiados desenvolvidos por Raytheon e Lockheed Martin, que possuem certa autonomia limitada para se desviarem de colinas, prédios ou outras coisas que aparecerem em seu caminho. Talvez o mais conhecido robô de guerra controlado a distância seja o sistema SWORDS, desenvolvido pela Foster-Miller, com base nos Estados Unidos.[28] O SWORDS é basicamente um minitanque operado por controle remoto. Da mesma forma que um tanque, é robusto e se move sobre esteiras rolantes, mas podem ser acoplados sobre ele dispositivos como garras, câmeras e outras coisas do gênero, e movê-lo a distância fazendo-o subir e descer degraus, deslocar-se por pântanos ou montes de neve, pela areia etc.

Outra notável empresa trabalhando nesse campo é a iRobot, que projetou e construiu o Roomba, o aspirador de pó doméstico robótico, eficiente e bonitinho. Fundada por três veteranos do Laboratório de Inteligência Artificial do Massachusetts Institute of Technology (MIT) (Helen Greiner, Colin Angle e Rodney Brooks),[29] a iRobot agora produz múltiplas linhas de robôs militares. Alguns deles são guiados

[27] Criado por Honeywell.

[28] SWORDS é o acróstico para Special Weapons Observation Reconnaissance Detection System.

[29] Rodney Brooks foi também diretor do Laboratório de Inteligência Artificial e Ciências da Computação do Massachusetts Institute of Technology. Antes de se juntar ao corpo docente do MIT, ele atuou como pesquisador da Carnegie Mellon University e do MIT, e pertenceu ao corpo docente da Stanford University.

por controle remoto, como o PackBot (outro minitanque, como o SWORDS), ao passo que outros são sistemas mais autônomos, como o X700, um robô autônomo concebido para auxílio prático das tropas e guerra urbana. "Pode ser empregado nas operações de abastecimento, levando munição ou água para as tropas impedidas de se deslocar, na segurança de perímetro e na vigilância em prédios", declarou Greiner, *chairman* e cofundador da empresa, no *Army Times*, em outubro de 2007. O X700 pode ser armado com um sistema eletrônico de disparo que consegue atirar dezesseis vezes em um segundo.

Quem estiver operando tal dispositivo pode estar a um quilômetro de distância, equipado com um console que lhe permite ver pelo visor o que a câmera do robô capta. Cada um desses sistemas envia dados para os soldados na outra ponta da unidade de controle, de modo que fica claro que o objetivo foi desenvolver uma arma operada a distância, não uma arma autônoma. Segundo Bob Quinn, um gerente da Foster-Miller, a única diferença para o soldado é que "sua arma não está em seu ombro; está a quase um quilômetro de distância".

Enquanto você lê essa frase, robôs desse tipo não param de ser produzidos. Robôs militares, como metralhadoras, estão se tornando um ramo à parte dentro da indústria de armamentos automatizados. O Cormorant é um robô de guerra náutico que submerge a uma profundidade de 50 metros para monitorar e atacar. O PANDA[30] é usado para rastrear militantes somalis. O SGR-A1[31] utiliza uma câmera e tecnologia de reconhecimento de imagem para localizar alvos a mais de 500 metros de distância. Israel mantém robôs armados do tamanho de caixas de sapato ao longo da muralha na fronteira com a Faixa de Gaza. O Wasp é um "inseto" voador controlado por rádio que pesa apenas 170 gramas, usado para vigilância. E há também o MATILDA,[32] outro sistema semelhante a um tanque, que se desloca sobre esteiras rolantes, que se parece tanto com o SWORDS que sempre os confundo com o PackBot.[33]

Embora esses sejam sistemas operados por controle remoto, ainda há certo grau de autonomia, e as coisas ainda podem não sair direito. Alguns desses robôs militares já erraram o alvo, matando civis, estudantes, soldados em treinamento e pedestres.

Voltemos ao infeliz incidente na África do Sul, mencionado anteriormente. Trata-se, provavelmente, do exemplo mais famoso e trágico de um sistema autônomo assestando os canhões na direção errada. Em outubro de 2007, The Oerlikon GDF-005,

[30] PANDA é o acróstico de Predictive Analysis for Naval Deployment Activities.

[31] Produzido pela Samsung Techwin.

[32] Produzido pela Mesa Electronics.

[33] Produzido pela iRobot.

um canhão antiaéreo automático e semiautônomo, por algum motivo escapou ao controle a distância de seus usuários e começou a disparar mais de quinhentas vezes, inclusive centenas de obuses 35 milímetros carregados de explosivos, em várias e erradas direções. O robô acabou deixando nove soldados mortos e ferindo outros quatorze. Segundo o que foi divulgado pela mídia,[34] o exercício militar com munição de verdade teve lugar no Centro de Treinamento de Combate do Exército da África do Sul, em Lohatlha. O porta-voz da Força de Defesa Nacional da África do Sul, o brigadeiro-general Kwena Mangope, declarou ao *The Star* sul-africano que "supõe-se que tenha havido um problema mecânico, que resultou no acidente. O canhão, que estava totalmente carregado, não disparou como deveria ter feito normalmente". Disse ainda que "parece que o canhão, que é computadorizado, travou após uma espécie de explosão, e, então, abriu fogo de forma incontrolável, matando e ferindo soldados".

A ação humana é gradualmente removida da equação.

Em acontecimentos semelhantes, vários canhões automáticos da série M (pequenas torres rotatórias que são capazes de disparar rapidamente munição calibre 50 e projéteis explosivos de três milímetros) apresentaram mau funcionamento devido a uma série de problemas, incluindo acionadores travados, algoritmos de segurança em *loop* infinito, atraso na recepção dos sinais por satélite, e o preferido de todos os tempos: falha humana.

Essas histórias apresentam dificuldades éticas a serem resolvidas nos robôs militares. Por exemplo, quando um robô militar funciona mal, de quem é a responsabilidade? E se o robô for totalmente autônomo, de quem é a responsabilidade, então? Ou, se for um robô guiado a distância, seria o controlador do robô? Ou a culpa caberia aos engenheiros mecânicos? Ou a responsabilidade seria do programador, pelos algoritmos falhos? Ou dos fabricantes, responsáveis por terem construído a coisa? E quanto ao Congresso? Se o Congresso permite que esses equipamentos sejam autorizados, contratados, construídos e postos em combate, não seriam os congressistas os responsáveis? Ou seria o presidente? Ou a culpa caberia unicamente ao próprio robô? E, nesse caso, um robô deveria ter a permissão de agir contra as ordens? E deveria operar pelo Windows, Linux ou Mac OS X?[35]

[34] ITWeb, uma agência de notícias sul-africana sobre tecnologia e tecnologia da informação; blog Danger Room da *Wired* on-line; *Mail & Guardian* e Gizmodo.

[35] Fala sério! Esses são os sistemas operacionais que são utilizados na maioria desses robôs.

Sistemas autônomos são uma forma de delegar decisões e, assim, também responsabilidade. Quando isso acontece, a ação humana é gradualmente removida da equação. E com ela o nosso senso de obrigação moral. Isso significa que é mais fácil instruir pilotos a matar, mais simples de executar, custa menos, leva menos tempo, e quase sem risco algum. Mais ou menos como uma forma mais humana de sacrificar animais.

BigDog, um robô militar.
Cortesia da Boston Dynamics © 2009

Há vozes sensatas clamando nesse deserto; ao menos, elas nos ajudam a conhecer os problemas. Patrick Lin, um dos autores do relatório encomendado pela Marinha dos Estados Unidos em 2009, levanta algumas dessas questões e escreve: "Há uma concepção errônea e comum de que robôs só fazem o que são programados para fazer. Infelizmente, tal crença está completamente ultrapassada, remontando ao tempo em que (...) os programas eram desenvolvidos e compreendidos por uma única pessoa".

Outra voz que se levanta contra os sistemas autônomos militares é a do professor Noel Sharkey, da Sheffield University. Sharkey propõe que armas autônomas sejam banidas em todo globo até que satisfaçam às convenções internacionais de guerra, especialmente a que proíbe o uso de força contra não combatentes. Isso se aproxima muito de uma solução real para muitas dessas questões, desde que os países pelo menos reconheçam que armamentos robóticos existem; que compreendam as consequências de longo prazo do emprego de robôs de guerra; e que de fato acatem as proibições – e, contanto que cheguem a um acordo sobre as definições de *robô*, *robô operado por controle remoto* e *robô autônomo*.

Nos Estados Unidos, assim como na maioria dos países desenvolvidos, a indústria de robôs militares está crescendo. A assistência financeira governamental dos Estados Unidos é um atrativo para os empresários.

Sistemas militares não tripulados e autônomos estão sendo cada vez mais produzidos. Em 2001, o Congresso estabeleceu que até 2015 um terço de todos os veículos militares terrestres já deverá ser constituído de sistemas não tripulados. Segundo o "Plano de sistemas não tripulados 2007-2032", o Pentágono planeja gastar mais de 4 bilhões de dólares até 2010 em sistemas desse tipo, e também aumentar a autonomia de tais sistemas de modo que as tropas passem mais tempo monito-

Cortesia da Boston Dynamics © 2009

BigDog, escalando.

rando-os do que fazendo qualquer outra coisa. Em julho de 2009, a Força Aérea Americana publicou o "Plano de voo de sistemas de aeronaves não tripuladas 2009-2047", prevendo o desenvolvimento e emprego de aviões de ataque totalmente autônomos. Diz o relatório: "Avanços em Inteligência Artificial possibilitarão que os sistemas tomem decisões de combate e ajam dentro de limites legais e táticos sem a necessidade de interferência humana". De acordo com a *BusinessWeek*,[36] o exército dos Estados Unidos planeja triplicar sua frota de UAVs (*Unmanned Aerial Vehicles*)* nos próximos dez anos. Em 2010, o Pentágono produzirá mais UAVs do que tripulados, e treinará mais pilotos de tais sistemas do que o total de pilotos tradicionais, tanto de combate quanto bombardeiros. Como o general David Petraeus, chefe do Comando Central dos Estados Unidos, assinala: "Quanto mais aviões teleguiados tivermos, melhor".

A razão para esse crescimento da robótica militar é financeira. As guerras normalmente terminam devido às perdas humanas. O país não tem motivação para parar uma guerra se nenhum de seus cidadãos estiver sendo morto. Ao longo da guerra do Iraque, a mídia dos Estados Unidos concentrou-se com o maior interesse e precisão no número de soldados do país que haviam perecido, não no número de iraquianos. Quando as baixas

[36] "Pentagon to Increase Stock of High-Altitude Drones", de Tony Capaccio, 5 de fevereiro de 2010.

* Em português, "veículos aéreos não tripulados". (N. da T.)

norte-americanas ultrapassaram a marca de três mil, apelos para o fim da guerra começaram a ganhar a solidariedade do público. O mesmo aconteceu em relação à guerra do Vietnã. Então, se enviar um pequeno exército de robôs de guerra a um país estrangeiro significar apenas que umas poucas máquinas explodirão, dificilmente haverá motivação para que países ricos e poderosos reprimam sua inclinação a invadir outros, de tempos em tempos. Passará a ser apenas boa matéria televisiva.

BigDog enfrenta lama, também.

Cortesia da Boston Dynamics © 2009

De fato, robôs sendo esmigalhados em algum campo de batalha tornam-se, na realidade, motivação para a guerra prosseguir. Quanto mais robôs explodirem, mais o exército terá de construir, e quanto mais construírem, mais financiamento será destinado a isso. Então, se nossos robôs estiverem explodindo em uma guerra do outro lado do mundo, teremos uma razão muito boa para continuarmos a fabricá-los. A guerra robótica não só é mais barata, mais fácil, mais eficiente e menos custosa emocionalmente, mas partes de robôs espalhadas também estimulam a inovação. Fazem felizes os caras que atiram nos robôs, e mais felizes ainda os que fabricam os robôs.

Assim como ocorreu com a indústria automotiva americana na década de 1950, essa robotização do trabalho pode ter outros impactos. Os centros de recrutamento serão afetados, os jovens que se alistarem para seguir carreira serão substituídos em campo por robôs. Tais soldados que, de outra maneira, receberiam seu salário, terão de encontrar outros papéis na economia nacional que não envolvam atirar ou ser atingido.

Robôs de guerra, assim como metralhadoras e veículos blindados, são armas automáticas. Constituem um significante passo na evolução da arte da guerra. Segundo Peter Singer, autor de *Wired for War: The Robotics Revolution and Conflict in the 21st Century*,[37] mais de quarenta países estão desenvolvendo UAVs ou outros sistemas militares robóticos, entre os

[37] Peter Singer também é diretor da 21st Century Defense Initiative, da Instituição Brookings.

Cortesia da Boston Dynamics © 2009

BigDog também pode ser útil em suas viagens para esquiar na floresta.

quais Índia, Paquistão, Bielorrússia, Irã, Geórgia e Rússia. A China, é claro, também está no páreo armamentista, e já desenvolveu o Pterodáctilo e o Xianglong* (rivais, respectivamente, dos norte-americanos Predator e Global Hawk). Os israelenses também têm algo chamado Harpia – um UAV totalmente autônomo capaz de bombardear sistemas de radar sem interferência humana. Escutei até estranhas histórias sobre os coreanos estarem tentando construir robôs femininos para serem usados como armas psicológicas contra os chineses.

A proibição de armas militares robóticas será muito difícil (se não impossível) de vingar, pois a tecnologia é barata, flexível, fácil e portátil. Você também pode "mamar nas tetas" da robótica militar. Com um software de código aberto que custa cerca de 500 dólares, encontrado em qualquer loja de artigos eletrônicos, e um fim de semana livre, você também pode construir seu próprio robô de guerra. Páginas públicas na Internet ensinam o passo a passo para você montar sozinho sistemas de armas autônomas.[38] Uma utiliza um software de detecção de movimento, que posiciona objetos se deslocando no foco da câmera. O software é ligado a um controle de servomotor. Tudo pode ser baixado e implementado com componentes encontrados em

* Assim como o pterodáctilo, trata-se de um animal pré-histórico. O fóssil do Xianglong (lagarto voador, em chinês), do Período Cretáceo, foi descoberto na província de Liaoning. (N. da T.)

[38] O site http://www.diydrones.com/ é ótimo para UAVs; outro pode ser encontrado em http://members.upc.nl/a.kutsenko/guide.htm.

lojas de artigos eletrônicos (menos a arma). Pelo que entendi,[39] tal robô é capaz de disparar uma pistola Glock calibre 40 como se fosse uma pistola d'água.

Robôs não matam pessoas; pessoas com controles remotos matam pessoas

OS ROBÔS APRESENTAM QUESTÕES MORAIS, POIS um robô (militar ou não) pode afetar a maneira como as outras pessoas se comportam, e há limites éticos, morais e legais que precisam ser esclarecidos.

Mesmo que estratégias militares sejam informadas por autores de ficção científica ou especialistas em IA, decisões humanas orientam a tecnologia, não vice-versa. A despeito de como um exército gostaria de se ver retratado, não é uma máquina; é uma estrutura social. Então, os seres humanos, a política e a ambição têm mais influência do que a tecnologia.

O poder tem sempre razão. A questão é quem o controla.

Os exércitos da maioria dos países – inclusive Estados Unidos, Coreia, China, Austrália, Canadá e mais dezenas de outros – simplesmente não conseguem seguir as regras de adesão, o que é uma das razões pelas quais as Três Leis de Asimov não podem ser implementadas. O argumento que cada país usa é basicamente o mesmo: "As regras de engajamento são obsoletas porque [*aqui entra o nome do inimigo*] não as seguem também e, de qualquer modo, podemos ser atacados primeiro". Sim, é verdade; alguns garotos em Amsterdã podem ir a uma loja de artigos eletrônicos com 500 euros e começar a construir seus próprios robôs. E, para ser bastante franco, custaria muito menos do que 500 euros construir um robô letal.

É assim com as leis de Asimov, e é assim com a totalmente não obrigatória Carta das Nações Unidas.

O que fazer?

Resumidamente, eis duas soluções para esse problema.[40]

A primeira solução é a livre disponibilização de um sistema operacional de robôs. Isso significa que todos podem ter um, todos podem saber como funciona, e todos podem operá-lo. Isso também significa que questões éticas e morais se tornarão mais claras mais rapidamente. Tal solução é um pouco como a Segunda Emenda da Constituição dos Estados Unidos. Há múltiplas motivações por trás do direito de portar armas de fogo, mas a emenda reduz a possibilidade de uma invasão estrangeira e assegura que a maioria permaneça no poder. A motivação que mais aprecio é garantir que o governo seja mantido em xeque. A livre disponibili-

[39] Nunca vi ou operei um desses.

[40] Isso é um resumo do que proponho, e ainda acho que Sharkey também tem algumas boas ideias. Só o tempo dirá.

zação de um sistema operacional de robôs é prima-irmã da Segunda Emenda, pois também é baseada no conhecimento e minimiza a centralização de poder, reduzindo, assim, a probabilidade de guerra. Difere da Segunda Emenda por distribuir primeiro o conhecimento e, depois, as armas.[41] Se as tecnologias mais avançadas estiverem à disposição do público, então as implicações, métodos e ameaças que a tecnologia apresenta podem ser contrariados e controlados pelos meios que a democracia felizmente continua a proporcionar. Isso colocaria a tecnologia nas mãos de todos, e serviria ao menos para manter essas máquinas e seus controladores remotos em xeque.

Um argumento contra tal solução: "Oh, não. Isso causaria uma estranha corrida armamentista – primeiro, entre governos e cidadãos das nações industrializadas, e segundo, com a difusão da tecnologia, entre as nações em geral". Para colocar as coisas de maneira tão simples como eu as imagino, essa era precisamente a intenção da Segunda Emenda. O poder tem sempre razão. A questão é quem o controla.

Um sistema operacional de robôs universal provavelmente se desenvolveria do mesmo modo como aconteceu com os computadores pessoais. Há o jeito da Apple, no qual um SO de qualidade é desenvolvido para o hardware próprio, ou há o jeito Microsoft, no qual um SO medíocre é desenvolvido para qualquer hardware. E há ainda os sistemas livres, nos quais, como a Internet, colaboração cria tecnologia compartilhada. Linux e outros SO livres parecem ser uma terceira solução que tem um longo caminho a percorrer se espera dar conta de todos os diferentes tipos de hardware que os robôs apresentam (os que rolam, os que andam, os que agarram etc.), mas que são, provavelmente, a melhor aposta para um SO robótico largamente usado. Embora atualmente ainda não haja suficiente demanda de mercado, agora é uma boa hora para se começar a pensar sobre isso.

Essa abordagem está sendo explorada por empresas como a iRobot – possivelmente a companhia de robótica de maior sucesso até o presente momento –, que lançou seu software operacional de robôs com código aberto. Gostai, da França, e Willow Garage, dos Estados Unidos – duas outras empresas que produzem sistemas operacionais de robôs – também fizeram o mesmo. Várias edições de softwares livres GPL,[42] ou código aberto, permitem que empresas produzam, com-

[41] Observe que o conhecimento de como um robô de guerra funciona está pelo menos alguns degraus abaixo de implementar um; isso é importante para essa estratégia e bastante diferente da Segunda Emenda.

[42] GPL, ou GNU General Public License, ou simplesmente GNU Public License, é a licença para software livre, inicialmente idealizada por Richard Stallman para o projeto GNU.

partilhem ou lucrem com seu software com grupos de desenvolvimento e o público em geral. O que falta a essas empresas e laboratórios, no entanto, é uma força aglutinante que os ajude a orquestrar, distribuir e administrar a produção (para não falar em depuração) desses sistemas operacionais de robôs.

A segunda solução para essa escalada de robôs de guerra é criar um sistema de controle mútuo entre os exércitos que os utilizarem. Essa parece ser a abordagem da American Civil Liberties Union (ACLU) que, em março de 2010, entrou com um processo contra o Departamento de Defesa dos Estados Unidos baseado na lei de Liberdade de Informação. A ação exigia que o governo expusesse as bases legais para o uso das UAVs Predator no procedimento de mortes de alvos predeterminados. A ação foi especialmente delicada uma vez que tais alvos não apenas incluíram afegãos, iraquianos e iemenitas, mas também cidadãos americanos.[43] O processo basicamente solicitava informação sobre quando, onde e contra quem ataques desse tipo podem ser autorizados, argumentando que agentes da CIA não deveriam estar operando aviões teleguiados para atacar alvos terroristas, já que tal abordagem claramente não condiz com o acordo internacional sobre regras de guerra.

Uma nova corrida armamentista está se aquecendo. Ainda que esteja destinada a ser, como na primeira guerra fria, uma corrida pelo domínio tecnológico, não será um acúmulo silencioso de tecnologia concentrado entre dois governos adversários. Será distribuída globalmente; emergirá de muitas maneiras surpreendentes e frequentemente invisíveis; e será tão significativa e modificadora para o mundo quanto a descoberta da pólvora. À medida que os inimigos se tornam menos notórios, a vigilância adquire mais importância. Numa inversão das práticas usuais, a defesa robótica será respondida com ataque robótico. Um homem sentado em sua sala de estar no Oriente Médio de repente será coberto por pequenos pontos metálicos, e quando esses pontos desaparecerem rapidamente, ele cairá morto no chão. Aviões teleguiados não só lançarão bombas, mas também serão usados para obter dados, carregar pacotes, papelada e abduzidos. Estão se tornando cada vez menores, mudando de aviões para beija-flores. Minúsculos robôs estão se enfiando pelas montanhas e campos, formando redes na terra, no ar, nas paredes. Robôs ainda menores estão fazendo visitas como moscas domésticas.[44] Bolhas flexíveis passam por baixo de portas.[45] Partículas estão pairando em

[43] http://www.aclu.org/national-security/aclu-v-doj-et-al-complaint, http://www.aclu.org/national-security/aclu-seeks-information-predator-drone-program.

[44] Veja o capítulo 8 para mais detalhes.

[45] Parte de um projeto de 3,3 milhões de dólares fundado pela DARPA, o robô-bolha da iRobot se expande e se contrai para passar sob portas e outros locais estreitos.

torno de lâmpadas. Qualquer superfície pode ser um equipamento de vigilância, qualquer objeto pode ser uma bomba.

Estejam eles no quintal de uma casa ou num teatro de guerra, os robôs são eficientes máquinas de matar. Nada aprimora mais o processo de matar do que a automação, especialmente a automação a distância. Pergunte a qualquer grande inventor militar ou déspota dos últimos cem anos, seja Gatling ou Hitler, e eles lhe dirão que automatizar um processo corta custos, aumenta a produtividade, e geralmente melhora a eficiência. Em O *Exterminador do Futuro*, Kyle Reese e Sarah Connor estão em uma garagem, conversando sobre a infância de Reese e a prevalência de máquinas construídas em fábricas automatizadas. Reese diz: "A maioria de nós foi arrebanhada e distribuída por campos de concentração para eliminação metódica". Então, ele enrola a manga e mostra a Sarah uma marca de identificação em seu antebraço que lembra bastante os números de identificação nazistas da Segunda Guerra Mundial. "Isso foi marcado com *laser*. Alguns de nós foram mantidos vivos, para trabalhar, carregar corpos. As unidades de eliminação operavam dia e noite. Estávamos constantemente perto de desaparecer para sempre."

Nada aprimora mais o processo de matar do que a automação.

Bem, já chega disso. Se desejar ler mais sobre o assunto, recomendo *Wired for War*.[46]

Um rápido passeio pelo Vale da Estranheza

PARA VOLTARMOS POR UM MINUTO À REALIDADE DOS dias de hoje, você não será confundido com bacon e não será alvejado, bombardeado ou apanhado numa armadilha por ter disparado o sensor de um robô enquanto atravessava um campo de batalha estrangeiro. Talvez suas chances de ser apanhado pelo robô caseiro guardião do gramado de seu vizinho sejam maiores, mas não muito. Robôs de guerra não serão ameaça para a maioria de nós, e teremos de esperar para ver como os seres humanos se comportarão ao ficarem ombro a ombro com nossos novos avatares robóticos de combate.

Mas *há* algo para você temer legitimamente.

Enquanto ocorre um *boom* de robôs à nossa volta, extraindo petróleo sob nossos pés e pulverizando sementes sobre nossa cabeça, em dispositivos nanotecnológicos capazes de se enfiar por fendas e explosões galácticas que chovem do alto, nós, meros mortais que ainda precisamos defecar, tomar banho e fazer a barba todas as manhãs, nos tornamos simplesmente mais ignorantes do que

[46] Para muito mais que isso, leia o livro de Peter Singer, *Wired for War: The Robotics Revolution and Conflict in the 21st Century*.

estamos fazendo. Nosso medo é baseado na ignorância. Já não conseguimos acompanhar o passo. Até mesmo nosso presente é um mistério. Já não compreendemos nossa tecnologia. Nossa evolução cultural ultrapassou nossa evolução física e isso é assustador, pois à medida que a tecnologia avança, tornamo-nos mais ignorantes a cada dia. E como o medo é sempre baseado parcialmente na ignorância, estamos mais temerosos do que nunca acerca de nossa tecnologia. Como disse o grande Douglas Adams:

> *Tudo que já estava no mundo quando você nasceu é normal e ordinário e é simplesmente parte natural da maneira do mundo funcionar. Tudo que for inventado entre seus 15 e 35 anos é novo, empolgante e revolucionário, e você provavelmente deseja seguir uma carreira relacionada a isso. Tudo que for inventado após seus 35 anos é contra a ordem natural das coisas.*

Independentemente da ignorância, temos medo de robôs – androides em particular, pois parecem humanos. Um dos grandes temas de horror na ficção científica traz enormes androides caminhando pelas ruas de Los Angeles, espreitando a pobre e inocente Sarah Connor, com olhos vermelhos flamejando sob uma máscara de pele e cabelo, carregando armas e avançando como incontroláveis estupradores do futuro. Misturam-se conosco, agem como nós e são capazes de fazer tudo o que fazemos, só que melhor. Robôs com aparência humana são assustadores porque, como mostram os registros, os seres humanos são animais bastante perigosos.

Não consigo pensar em nenhuma outra espécie que habita o planeta hoje – ou em qualquer tempo, no que diz respeito a isso – que seja mais imprevisível, insidiosa ou letal. Somos predadores de primeira classe. É por isso que temos os olhos na frente da cabeça – para percepção de profundidade e melhor visualização telescópica do alvo, como os falcões e os gatos. Toda vez que você olhar um ser humano nos olhos, estará olhando para um predador. De fato, estamos tão no topo da cadeia predatória, que agora somos uma ameaça para nós mesmos. Então, se você algum dia desejar apavorar alguém, coloque um rosto humano sobre uma tecnologia desconhecida e empurre-a para o meio da sala de estar enquanto a pessoa assiste à TV ou lê um livro. Robôs são um espelho, e dão à tecnologia uma face predadora.

Nosso medo vai muito além de um rosto. Remonta a um tempo anterior ao aço e às rodas. Nosso medo de robôs – e especificamente de androides – é disparado pelo instinto de desejar proteger a tribo. É uma resposta de sobrevivência social. "Será essa criatura uma ameaça para minha família?", "Ela tomará minha cidade?", ou "Comerá minha esposa por pensar que ela é bacon?".

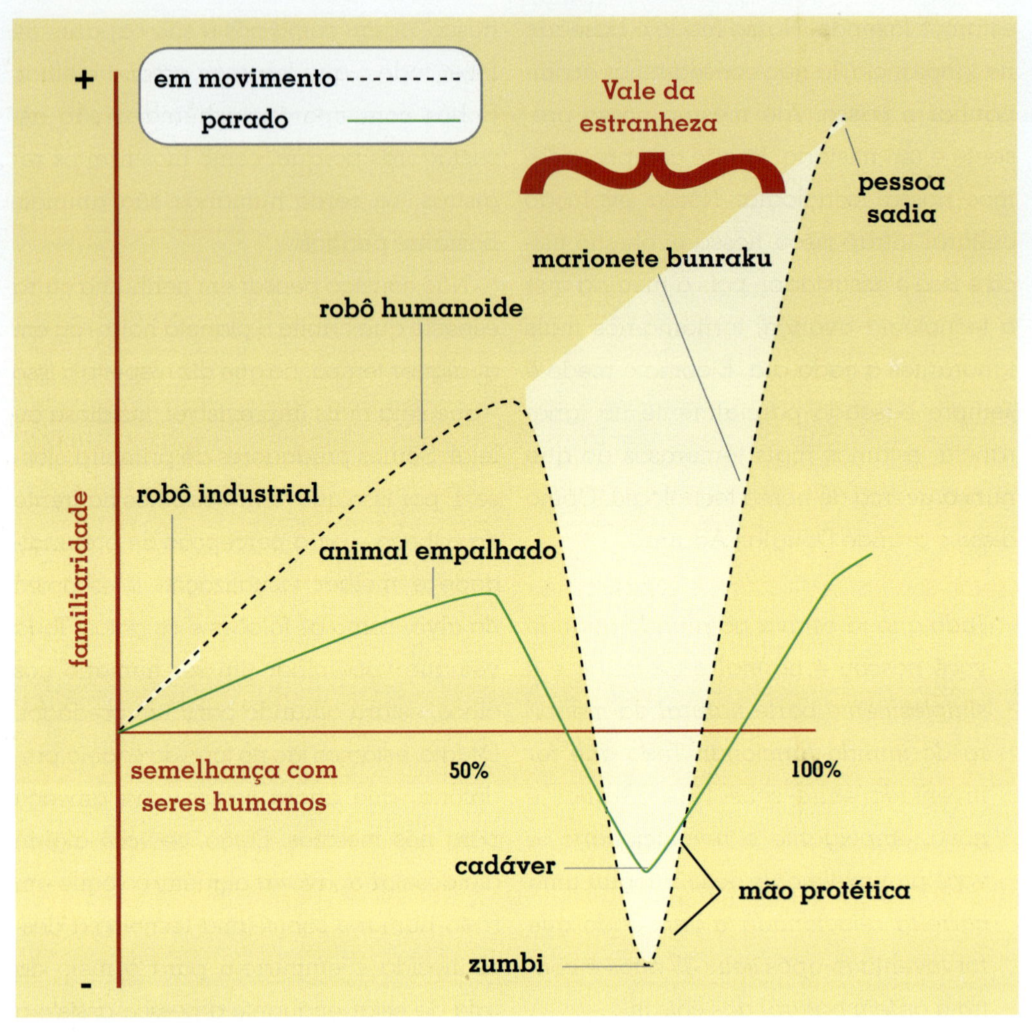

O Vale da Estranheza

Esse medo instintivo é chamado de "Vale da Estranheza", uma famosa teoria proposta em 1970 pelo roboticista Masahiro Mori.[47] Ela diz que quando estamos perto de um robô que tem quase aparência humana (mas não exatamente), nos assustamos. Se o robô não se parece nem um pouco com um ser humano, tudo bem, mas quando começa a se parecer com um, é quando nos apavoramos.

Mori diz que o medo de robôs com feições quase humanas é gerado por dois fatores: aparência e movimento. Se um rosto de robô semelhante ao de um ser humano é levemente estranho, nós percebemos. Se a pele é pálida além do normal, se

[47] Que Mori esboça em *The Buddha in the Robot*, entre outros escritos.

a face é ligeiramente desproporcional, se os olhos são baços em vez de brilhantes, se a peruca é um tanto descolorida, se os lábios são da cor errada – tais coisas são notadas e disparam o gatilho, em nível instintivo, um sentimento de estranheza. Não apenas no rosto, como também no corpo.

O segundo fator robótico de medo é o movimento, que, como outros fatores visuais, pode tanto desencadear a perturbação como aumentar a já existente. Um exemplo disso é notar alguém com um cacoete, ou que manque ligeiramente ao caminhar, apenas o suficiente para fixar sua atenção perifericamente.

Karl F. MacDorman é professor associado no programa de Interação Ser Humano-Computador da Escola de Informática da Indiana University. E também é uma espécie de guia num *tour* pelo Vale da Estranheza. Ele e vários colegas documentaram as respostas emocionais de 140 indivíduos testados, aos quais se pedia que vissem diversos androides. Os resultados indicaram que androides do Vale da Estranheza eram relacionados a medo, choque, nojo e nervosismo. MacDorman sugere que a resposta ao Vale da Estranheza é relacionada com um "medo da própria imortalidade [e um] mecanismo desenvolvido para evitar patógenos".

Numa troca de e-mails com o dr. MacDorman que levou vários meses, ele destacou uma vasta gama de causas para essa resposta. Ele explicou que todos nós tentamos escolher instintivamente um parceiro adequado e que temos a tendência de ser atraídos por indivíduos sadios por razões exclusivamente reprodutivas. O outro lado da questão significa que se achamos que determinada pessoa não é sadia, fugimos dela como o diabo da cruz. MacDorman chama isso de *resposta de fuga de patógenos*. Mas, espere, tem mais. Ele diz que o Vale da Estranheza também envolve uma espécie de empatia, em que se o robô é quase humano, mas não o bastante, dispara uma resposta neurológica e cria uma espécie de dissonância mental, um pouco como quando você olha para um chimpanzé e o vê fazendo alguma coisa muito humana (apenas o oposto, realmente). Os testes de MacDorman também demonstram que quando vemos um androide e sentimos essa sensação de estranheza, o robô viola nossa crença de normalidade, tanto cognitiva quanto culturalmente. Nosso medo de androides tem a ver com o medo de perder o controle do corpo – o medo da própria morte. E, finalmente, a religião está envolvida, inclusive nossas ideias espirituais sobre o que significa ser humano, criando nada menos do que um minúsculo fogo de artifício existencial na cabeça do espectador.

Nosso medo de androides tem a ver com o medo de perder o controle do corpo – o medo da própria morte.

Mark Stephen Meadows

Um cachorrinho! Não recomendado para missões de combate. (Aibo, da Sony, projetado por Sorayama.)

Mark Stephen Meadows

Um dos *designs* do Aibo da Sony. Museu Nacional de Ciência Emergente e Inovação.

Tudo isso só de olhar para um robô. Não é de admirar que James Cameron tenha feito um filme de horror sobre um assassino ciborgue-androide.

É complicado e instintivo. Pesquisadores da Princeton University encontraram evidências de que até macacos podem experimentar o Vale da Estranheza.[48] Eles descobriram que quando olhavam para imagens de macacos geradas por computador que se parecem com eles, só que um pouco distorcidas, a reação dos macacos era estranhamente similar à dos seres humanos. Normalmente, os macacos arrulhavam e estalavam beijos quando viam outro, como uma espécie de saudação. Mas quando se mostravam imagens de macacos ligeiramente distorcidas, a princípio desviavam os olhos e agiam como se estivessem um pouco assustados e, então, quando tinham oportunidade, olhavam fixamente as imagens por um tempo mais longo do que o normal. Também é bem conhecido entre os proprietários do Aibo que os cães não ligam para ele; talvez, então, os cães igualmente experimentem o Vale da Estranheza.

O Vale da Estranheza certamente está aberto a seres humanos, também. Não foram poucas as ocasiões em que eu estava sentado em uma mesa, almoçando e pensando em meus assuntos, quando uma mulher, normalmente rica e branca, entrava e sentava-se numa mesa próxima. Eu fazia uma pausa, garfo suspenso diante de minha boca, enquanto reparava nela a ausência de musculatura em torno dos lábios, um tom opaco e pálido de pele, um bocado estranho, e o pequenino fogo de artifício existencial espocava na minha cabeça – tudo porque aquela pobre mulher fora vítima de uma cirurgia plástica

[48] Especificamente, Asif Ghazanfar (um professor assistente de psicologia no Instituto de Neurociência de Princeton) e Shawn Steckenfinger (um especialista em pesquisa do Departamento de Psicologia de Princeton). Veja a edição de outubro de 2009 de *Proceedings of the National Academy of Sciences.*

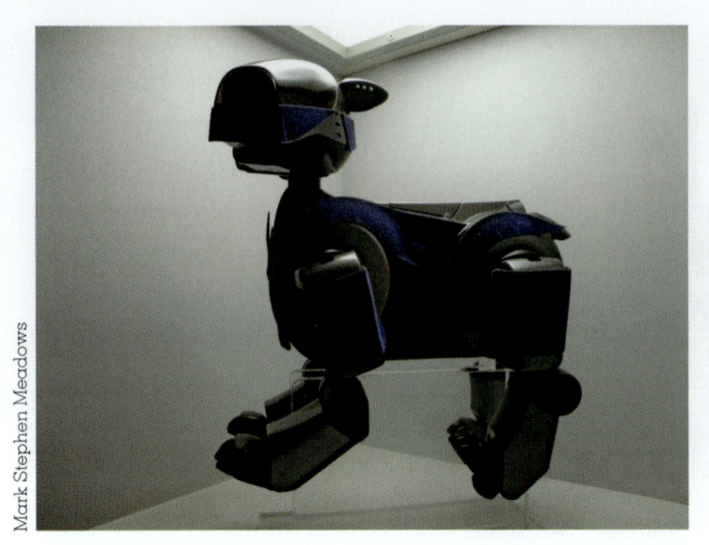
Mark Stephen Meadows

Um dos *designs* do Aibo da Sony. Museu Nacional de Ciência Emergente e Inovação.

malsucedida. À medida que nós humanos nos modificamos e adotamos novas tecnologias em nosso corpo, escorregamos para um novo vale da estranheza, explorado apenas pelas desafortunadas vítimas de bisturis, silicone, acidentes de carro e vaidade. Isso é um prenúncio dos seres humanos se tornando mais robóticos – não de um robô se aproximando de um humano, mas de um humano se aproximando de um robô.

O Vale da Estranheza é assustador.

Visitar robôs hoje e assistir a esses *shows* de horror me fazem lembrar de quando eu era criança. Meus amigos e eu fazíamos festas noturnas numa velha caverna. Sentávamos lá com lanternas e projetávamos sua luz nas paredes, contando histórias de fantasmas. As lanternas eram a parte mais importante do *show*. Eram usadas para contar as histórias, sempre, com gestos de mão e marionetes de sombra nas paredes e, então, no momento final da narração, quando estávamos bastante assustados e prontos para a grande conclusão, o contador voltava o facho de luz para o próprio rosto, e todos nós gritávamos como garotinhas enquanto corríamos para fora da caverna.

Tais coisas não são perigosas, mas certamente são assustadoras.

Por que tenho medo da minha própria sombra

NOSSO MEDO DE ROBÔS É UMA SOPA COM TRÊS INgredientes: medo de seres humanos, medo de avanços tecnológicos e um mecanismo instintivo de autopreservação que pode ser levado para o lado errado.

Embora o banco de dados seja mais poderoso que o canhão, robótica militar ainda é uma tecnologia perigosa. Enquanto robôs com rosto são estranhos e causam medo, eles não são perigosos. Pelo menos, ainda não. Então, os exércitos hoje em dia representam um perigo, e um medo, que nós precisamos ter de robôs. Mas o medo não é o de sermos atingidos; em vez disso, é o de decisões que saem pela culatra, intenções mal definidas, políticas explosivas. Os robôs por si sós não são o problema – os seres humanos é que são, e a informação que robôs proporcionam é um perigo ainda mais significativo do que preocupações militares.

Nós, humanos, somos o problema porque somos nós que controlamos os robôs.

Felizmente, nós também somos a solução. Como James Cameron observou:

> *Não creio que algo parecido com o Exterminador realmente vá acontecer.* [O Exterminador do Futuro é] *sobre nós combatermos nossa tendência à desumanização. Quando um tira não tem compaixão, quando um psiquiatra não tem empatia, eles se tornam máquinas em forma de gente. A tecnologia está mudando todo o tecido de interação social.*[49]

[49] http://www.wired.com/entertainment/hollywood/magazine/17-04/ff_cameron.

Capítulo 2: Os Jetsons

Sobre robôs que preparam panquecas, aspiram pó e cuidam de cidades, fazendas e campos – Interação, parte 1

Para você um robô é um robô. Engrenagens e metal; eletricidade e pósitrons.
– Mente e ferro! Feito pelo homem; se necessário, destruído pelo homem!
Porém, você nunca trabalhou com eles; então você não os conhece.
São mais asseados e educados do que nós.

– Dra. Susan Calvin, robopsicóloga, U.S. Robots and Mechanical Men, Inc.,
Personagem de Isaac Asimov, do livro *Eu, Robô*.

ERA UMA ENSOLARADA MANHÃ DE DOMINGO E EU estava dando o melhor de mim para pôr minhas ideias em ordem depois do *jet lag*. Depois de tanto café, analgésicos e dos *nuggets* de frango que havia comido estava me sentindo novo em folha. Não, sério, foi uma ótima combinação, e me deixou saciado. Mas o *jet lag* me deixara meio fora de prumo.

Desliguei o computador e abri as cortinas para espiar lá fora. Fui brindado com um panorama constituído por uma fileira de janelas que cortava um prédio que era irmão gêmeo daquele em que eu me encontrava. Diante de mim, do outro lado, dava para ver um homem sentado à escrivaninha, digitando. Parecia frio lá fora. Fechei as cortinas.

Vesti o casaco de couro, fiz um bochecho, coloquei meus fones de ouvido para escutar um pouco de música, desci de elevador os doze andares, atravessei o saguão, sorri para o simpático homem da recepção e saí para ver Tóquio.

Eu estava conhecendo o *Japão*! Era como visitar o equivalente cultural de um ímã gigante. Que outra cidade no mundo poderia ser mais estranha? Em que outro lugar uma condensação internacional de ideias me tomaria mentalmente de assalto? Onde mais eu poderia encontrar os limites da realidade?

Fisicamente ativa, mas tímida

IR PARA UMA CIDADE DESCONHECIDA À NOITE É DUAS vezes mais divertido. Você passa pela experiência de chegar uma vez em um mundo e, então, na manhã seguinte tem a oportunidade de vê-lo novamente com outros olhos. Se a noite de Tóquio tem o sabor de *Blade Runner*, o dia é *O gosto do chá*.* Há

* Produção japonesa de 2004, dirigida por Katsuhito Ishii, o filme tem como característica o surrealismo. Para se ter uma ideia, a personagem central, Yoshiko, vê-se perseguida por uma versão gigante de si mesma. (N. do P.)

Mark Stephen Meadows

Tóquio é um mundo que tem tudo: passado e futuro, tradição e modernidade, badalação e vida em família.

algo de tão singular na cidade, tão amistoso e limpo, tão belo e colorido, que não pude deixar de sorrir, aumentar o volume de minha música, e caminhar sem pressa por entre as crianças em suas bicicletas; uma velhinha com rosto em formato de maçã, cujos olhos brilhavam com toda a intensidade de oito décadas; pessoas miúdas carregando enormes sacolas, e uma família que parecia tão feliz e sadia que me senti como se estivesse olhando para uma propaganda de supermercado. Era um mundo ideal. Entre a agitação da noite e o romper do dia, máquinas e vida em família, Tóquio é um mundo que tem tudo: passado e futuro, tradição e modernidade, badalação e vida em família. Vista por dentro, é perfeita. Mas pode ser também o efeito da codeína. De qualquer modo, amei aquilo tudo. A caminhada estava me fazendo bem. Havia até um pequeno parque com um grande arco vermelho que indicava um templo ao ar livre. Encontrei algumas estátuas de Buda e incenso aceso. Por ali, enormes corvos acompanhavam cada movimento meu, crocitando estranhas palavras em outra antiga língua, que eu não podia entender. O parque era intensamente sereno e parecia bastante antigo. E me ajudou a me centrar.

Lá não havia robôs, nem máquinas, indústria, ou mídia, e eu curti a pausa. Contudo, depois de uma hora entre as falantes aves e silenciosas estátuas, comecei a sentir frio. Considerei a ideia de comprar mais *nuggets* de frango (ou seja lá o que fossem); mas, ao deixar o parque, dei-me conta de duas coisas. A primeira: estava totalmente perdido.

E a segunda: esquecera de levar o mapa comigo.

Na noite de 23 de setembro de 2008, um robô de uma só roda chamado Seiko-chan[1] nascia sob o signo astrológico de virgem. O pequenino[2] robô – que a Murata Electronics diz ser baseado em uma aluna do jardim de infância – tem um par de sensores giroscópicos que podem avaliar o ângulo em que está se deslocando e a ajudam a se equilibrar.

Ela se locomove como o robô Rose, de *Os Jetsons*.

A roda única desloca o robô para a frente e para trás e, com uma leve inclinação e uma torção para o lado, o robô é capaz de girar com eficácia e se deslocar para a frente. Sempre pensei que isso fosse apenas imaginação da ficção científica, algo estranho que os roteiristas de Os *Jetsons* houvessem criado sem base alguma na realidade mas, na verdade, esse é um meio muito eficiente de locomoção. O volante de inércia no torso ajuda o uniciclo a virar e mantém o equilíbrio; tudo que precisa ser feito então é impelir o robô

[1] http://www.murata.com/corporate/boy_girl/girl/index.html.

[2] Cinquenta centímetros (20 polegadas) de altura, 5 quilos (11 libras).

Pink Tentacle (http://pinkentacle.com)

Seiko-chan e MURATA BOY.

para a frente e para trás. Seiko-chan é capaz de contornar obstáculos utilizando os sensores ultrassônicos que medem distâncias e calculam sua velocidade. Ao mesmo tempo, Seiko-chan possui uma câmera que transmite vídeos ao vivo via Bluetooth. De acordo com o *press release*, Seiko-chan é "fisicamente ativa, mas tímida", e seu sonho é viajar pelo mundo com MURATA BOY.[3]

Essa campanha de marketing funcionou às mil maravilhas. Ambos os robôs são muito famosos em Tóquio, e nas estações de metrô podem ser encontrados

[3] MURATA BOY é um pequeno robô que anda de bicicleta, lançado no ano anterior também pela Murata.

enormes anúncios cobrindo toda parede que mostram MURATA BOY pedalando sua bicicleta ao lado de um muro. Na esquina, uma jovem usando um traje futurista parece brincar de esconde-esconde. Os robôs também aparecem com frequência na TV.

Já era uma hora da tarde e eu ainda estava perdido.

Os enormes prédios me conduziram a estreitos becos de tradicionais cabanas japonesas, pequenos bairros enfiados por entre os arranha-céus. Desemboquei num grande *shopping center*, e foi quando me deparei com uma aglomeração de cerca de cem pessoas. Geralmente as multidões não me atraem, mas sem direção ou motivo, baixei um pouco a minha música e me aproximei para descobrir o que estavam olhando.

Todos admiravam esse robô, Seiko-chan.

Desliguei minha música, eufórico. Meu primeiro robô, e bem no meio de Tóquio! Fiquei muito feliz. E naquele momento de júbilo eu mal notei que estava diante da estação de metrô de Shinjuku, distante poucos quarteirões do meu hotel. Fiquei extasiado pela aparência daquele robô. Era como se eu estivesse procurando na floresta por uma espécie criticamente ameaçada de extinção e finalmente a encontrasse, após milhares de quilômetros em aviões e trens. Um robô de verdade!

Procurei minha câmera e, então, dei-me conta de que a havia deixado no quarto do hotel. Como se para me provocar, Seiko-chan deslizou até mim, parou, fez um círculo sobre sua rodinha, pareceu olhar-me e, então, afastou-se rapidamente, acompanhada por zunidos metálicos suaves.

A empregada-robô, parte 1

EXATOS 46 ANOS ANTES DE SEIKO-CHAN NASCER, algo estranho adentrava os lares americanos. Foi na noite de 23 de setembro de 1962.

A ABC lançava um programa televisivo novo em folha, no horário nobre, produzido em alta tecnologia, ultramoderno, voltado para toda a família: *Os Jetsons*. Era o primeiro seriado colorido da ABC. Um passo bastante revolucionário, algo como as TVs de alta definição ou 3D de hoje, mas, provavelmente, mais significativo para aquela época.

Os produtores da ABC sabiam que o programa atrairia espectadores interessados em novidades tecnológicas, fãs de ficção científica e outros amantes da modernidade. Afinal de contas, era um programa que se passava cem anos no futuro, de modo que era uma espécie de catálogo futurista para os *nerds* da década de 1960 interessados por tecnologia. Ainda mais legal, o seriado mostrava uma empregada-robô. Robôs nunca haviam aparecido em TV a cores. Então, o seriado não era apenas um mero programa de televisão, mas uma exibição do futuro apre-

Cuckkoo's Nest/Hanna-Barbera/Wang Films/The Kobal Collection

Apresentando... os Jetsons.

sentado com a tecnologia mais avançada disponível na época.

Os Jetsons tratava da vida relativamente típica de uma família relativamente típica, vivendo no ano de 2062. Havia um pai chamado George, uma mãe chamada Jane, dois filhos, um cachorro e uma empregada-robô. Bem poderia ter sido *Leave It to Beaver* [*Foi sem Querer*] ou *Hazel* [*Hazel, a Empregada Maluca*), ou outro seriado que se enquadrasse no formato preto e branco da época – que mostrasse os pequenos dramas de uma família-modelo.

O programa não era destinado a durar muito no horário nobre, pois, na mesma ocasião, em outro canal, a Disney estava exibindo um programa concorrente, também em cores vivas. Infelizmente para *Os Jetsons*, a maioria dos espectadores escolheu a Disney. *Os Jetsons* foi transferido para as manhãs de sábado, inaugurando a tendência de os desenhos animados serem relegados aos horários de audiência infantil. Mesmo assim, essa pequena incursão na ficção científica, a despeito de ser desterrada para o cantinho infantil das manhãs de sábado, deixou uma ideia na cabeça dos americanos, e essa ideia foi a de um robô doméstico.

O seriado trata de uma família razoavelmente normal, os Jetsons, às voltas com prosaicas questões familiares. Três dias por semana, uma jornada de trabalho de três horas apertando botões diferentes em máquinas diferentes (até os dedos se curvarem por excesso de uso, prenúncio da síndrome do túnel do carpo de hoje em dia), e, depois do trabalho, uma esteira rolante é usada nos deslocamentos diários. A escola das crianças programa excursões para a Sibéria. George Jetson volta para casa voando num carro espacial que se dobra e vira uma maleta. Refeições são preparadas com um simples apertar de botão. Outras famílias vivem perto dos Jetsons em construções que lembram o Obelisco Espacial de Seattle. E fazem as mesmas coisas que os Jetsons. O mundo é automatizado e higiênico, e a tecnologia utilizada pela família constitui uma modernidade ultra-asséptica que só um mundo de plástico, inspirado no início da década de 1960, poderia conceber.

Os avanços não estão muito distantes do que previram os roteiristas de *Os Jetsons*.

E as famílias têm robôs domésticos.

Os Jetsons tinham um, chamado Rose; na verdade, o seriado começou com ela. No primeiro episódio da primeira temporada, Jane Jetson queria uma empregada. Estava cansada de apertar botões (diferentes para lavar, passar roupa e usar o aspirador), então, queria um robô para simplificar sua vida. Naquela tarde, Jane se dirige a uma locadora de empregadas, para aproveitar a promoção que oferece um dia gratuito para experimentar o produto. A loja, onde se pode adquirir robôs usados, é precária. O vendedor de robôs usados é a versão de 2062 dos vendedores de carros usados. O primeiro modelo que ele mostra a Jane é "um modelo econômico da Grã-Bretanha", chamado Agnes.

Agnes vem vestida com um traje clássico inglês, repete "hip hip" com toda jovialidade que um robô consegue transmitir, e carrega uma bandeja de chá com duas xícaras. Ela até possui, por baixo de seu tagarelar metálico, um inconfundível e refinado sotaque inglês. Não é o modelo adequado para Jane, entretanto; muito rígido, muito clássico – muito esnobe, talvez.

Jane pede para ver outro modelo. O próximo que o vendedor de robôs usados oferece é um "modelo alegre e ativo importado da França", chamado Blanche Card. Ela chega deslizando ao som de uma sensual música de saxofone. É curvilínea, um belo robô feminino com enormes olhos, enormes lábios e pode ser mais bem descrita como Pamela Anderson metida num traje de empregada francesa. O vendedor ressalta que ela é "engraçadinha" (Jane responde, "Muito...

sem-vergonha")* antes de fazer notar que "O motor fica no traseiro – que é o lugar certo para ficar!". Blanche, escrava sexual como deve ser, vira-se e mostra para o público sua lataria. Ela também não é o modelo certo para Jane.

"Quer dizer que isso é tudo o que tem?", pergunta Jane.

"Bem, nós temos um antigo modelo de demonstração, com grande quilometragem", diz o vendedor. Ele vira a cabeça e grita: "Rose!".

Fora da tela, ouve-se um motor ser ligado, e Rose chega deslizando, usando um avental. Aos 45 anos de idade ela está bastante ultrapassada.[4] Diferentemente dos outros dois modelos, ela não se repete, nem parece ser autoritária como a unidade inglesa, ou *sexy* como Pamela Anderson. Jane diz ao vendedor que levará Rose, que imediatamente sobe pelas paredes de felicidade, alcançando o teto, e cai de cabeça com um estrondo. O vendedor diz: "Não podemos dar garantia, você sabe". Rose responde mostrando a língua (uma coisa chata e avermelhada que se parece com aqueles abaixadores de língua dos consultórios médicos).

Rose rapidamente se torna membro da família. Executa suas tarefas pela casa, fazendo a faxina e lavando roupa, e parece ser também uma ótima cozinheira. Seu envolvimento emocional com a família demonstra ser intenso, talvez mais do que qualquer outro membro. No episódio 26 (segunda temporada), ela foge porque pensa (erroneamente) que os Jetsons vão substituí-la. Rose de vez em quando disciplina Elroy e Judy, e dá conselhos a George e Jane sobre administração do lar, como criar filhos e casamento. Rose tem uma relação única e agressiva com o cachorro da família, Astro (que frequentemente resmunga "ruh-roh" quando ela chega deslizando atrás dele para limpar), e, em episódios posteriores, Rose até arruma um namorado e pensa em se casar.[5] No Dia das Mães, Rose deseja participar da diversão, mas fica aborrecida ao se dar conta de que não tem lembranças de sua mãe. Resumindo, o seriado televisivo deixa claro que, muito embora ela tenha esteiras deslizantes em vez de pés, não lhe falta um coração nem um cérebro.

Em *Os Jetsons*, Rose tem 45 anos. Se a história se passa em 2062, isso significa que deveremos ter Roses em nossas cozinhas lá por 2017. Então, será que veremos Rose resmungar sua humilde sabedoria do Bronx enquanto espana o pó da sala de estar dentro de dez anos? Ela passará aspirador? Fará panquecas? Servirá chá numa bandeja? Terá um motor no traseiro?

---

* No original, trocadilho entre "chic" e "cheeky". O vendedor diz: "Chic, isn't she?", e Jane responde "Very... cheeky". (N. da T.)

[4] Modelo nº XB-500.

[5] Terceira temporada, episódio 6.

Os avanços não estão muito distantes do que previram os roteiristas de *Os Jetsons*, com duas notáveis exceções: primeiro, embora todas as funções executadas por Rose sejam encontradas nos robôs de hoje em dia, nenhum deles apresenta todas elas ao mesmo tempo. Segundo, todos os atuais modelos são bastante estúpidos.

"Você prefere molho okonomiyaki ou molho de soja?", pergunta o robô.

Rose é capaz de limpar, cozinhar, aspirar pó e também cuidar do serviço externo da casa. Ela é um robô para serviços gerais, empregando-se aqui o termo industrial.

Quais são suas características? Para começar, como Seiko-chan, Rose se equilibra sobre uma única roda, o que significa que ela provavelmente possui sensores giroscópicos para ambos os eixos. Sua roda é ligada ao torso, que é conectado a seus braços que, por sua vez, são conectados às mãos – que na verdade são como estranhas pinças de lagosta. Não sei que *designer* atrapalhado a equiparia com garras tão grosseiras, mas, a despeito dessa deficiência, ela consegue executar todas as tarefas domésticas e parece ser bastante forte, já que, no primeiro episódio, ela é vista sacudindo um enorme tapete empoeirado na sacada do apartamento dos Jetsons.

Não fui capaz de descobrir por que razão Rose tilinta. Pode ser que ela tenha um ou dois volantes de inércia frouxos em seu torso para ajudá-la a girar sobre sua única roda. Pode ser que Elroy venha inserindo coisas em seu interior. Mas, seja o que for, ela é precedida por um interminável tilintar e bip-bips.

Afora essa característica do tilintar, os robôs de hoje estão pau a pau com a formidável Rose. Na verdade, muitos deles já a ultrapassaram de longe no que diz respeito ao desempenho de tarefas domésticas. Mas há algo peculiar que Rose pode fazer e que os robôs de hoje não conseguem, mesmo que possuam mãos hábeis dotadas de tato e um sotaque mais perfeito do inglês britânico refinado.

Na cozinha

OKONOMIYAKI É UMA ESPÉCIE DE PANQUECA JAPONESA feita de repolho ralado, ovos, farinha e outras coisas gostosas. É deliciosa, especialmente tarde da noite, após uma bebedeira, lá pelas duas ou três da madrugada, quando a maioria das pessoas normais gosta de estar em casa e dormindo.

O Robô Okonomiyaki, ou Motoman-SDA10, está pronto para servir. Esse modelo, construído pela empresa de aplicações robóticas Yaskawa, costumava ser empregado em fábricas, na linha de montagem de automóveis. É o mesmo robô mostrado na fábrica em que o Exterminador foi esmagado, mas hoje em dia ele foi remanejado para atuar como cozinheirochefe. Dotado de dois braços, cada um com seis articulações, o versátil Motoman-SDA10 é capaz de posicionar suas mãos em praticamente qualquer ponto no espaço tridimensional. Essa flexibilidade de movimento economiza em cálculos e energia, e aumenta a velocidade. Então, quer esteja preparando panquecas ou montando um carro, o robô reduz o tempo de projeto para posicionar as coordenadas que um engenheiro muitas vezes precisa fazer antes que o robô comece a fazer o seu trabalho. Os braços com tentáculos capazes de se movimentar em todas as direções tornam o serviço mais fácil, mais simples e mais barato.

Quando prepara okonomiyaki, o Motoman-SDA10 derrama rapidamente o óleo de cozinha, em círculos estranhamente precisos, despeja a massa no centro e então para, aguardando. Quando bolhas começam a aparecer na massa, o robô, segurando uma espátula em cada mão, bruscamente a vira e então murmura: "Você prefere molho okonomiyaki ou molho de soja?". O robô é habilitado para reconhecimento de voz, por isso entende quando você responde a uma das duas alternativas.

Não é tão bom em conversa quanto Rose, e você precisa pré-programar cada um dos movimentos, mas uma vez feito isso, ele preparará panquecas e mais panquecas para você e seus amigos, até que todos estejam sóbrios o suficiente para ir para casa dormir.

Assim como o Robô Okonomiyaki, há outro robô que está ganhando a fama de bom cozinheiro: é o "Robô Chef", da Baba Iron Works (da Avantec).[6] Esse modelo possui um longo braço articulado e um dispositivo modelado de forma a lembrar toscamente uma mão humana, com dedos que conseguem segurar porções de sushi e depositá-las cuidadosamente no prato do cliente. Antes de usar o robô, da mesma maneira que o Motoman-SDA10, é preciso certo trabalho preparatório, mas uma vez que o sistema é posto para funcionar, ele é capaz de fazer sushi para um pequeno batalhão em questão de minutos.

Entretanto, as futuras Roses prometem muito mais do que preparar comida sem sair do lugar, num processo repetitivo.

Recentemente, em março de 2010, foi lançado um robô de lavanderia. O projeto foi batizado curiosamente de "Detecção do ponto de segurar tecidos baseado em múltiplas coordenadas geométricas com aplicação na dobragem robótica de toalhas".[7] O projeto, inspirado num sistema da Willow Garage, mostra como um robô pode ser capaz de dobrar roupas lavadas e detectar a melhor forma de fazê-lo com o emprego de uma tela verde para auxiliá-lo a definir luz e forma. Assim como o Robô Okonomiyaki e o Chef da Baba, estamos diante de um

6 http://www.avantec.jp/.

7 http://www.eecs.berkeley.edu/~pabbeel/personal_robotics.html.

sistema que necessita de alguma pré-programação antes de ser posto para trabalhar. A tarefa essencial é executada, mas é algo que está mais para se colocar um bebê sentado com uma caixa de brinquedos do que se ter um criado independente que sabe exatamente o que fazer.

A Universidade de Tóquio consumiu muitos anos desenvolvendo o que eles chamam de "Robô Assistente Doméstico". Tal projeto é um esforço para se aproximar de Rose, um criado para serviços domésticos em geral. Esse carinha, embora longe de ser tão atraente quanto Rose (e malfadado comercialmente por causa disso), tem um metro e meio de altura, desloca-se sobre duas rodas, e pode "distinguir" quais objetos estão diante dele. O robô consegue segurar objetos maleáveis, como copos plásticos, e se erra ou os deixa cair, tenta novamente. Pode operar uma máquina de lavar, esfrega o chão (e afasta a mobília enquanto o faz), recolhe pratos, travessas, xícaras e tigelas da mesa de jantar e os leva para a pia da cozinha. Mas tais funções requerem pré-programação substancial.

As futuras Roses prometem muito mais do que preparar comida sem sair do lugar, num processo repetitivo.

Trabalho sujo

SE FOSSE POSSÍVEL APANHAR A PRECISÃO DO Robô Okonomiyaki/Motoman, a aliasse à capacidade de percepção e navegação do Robô Assistente Doméstico e a um pouco da popularidade do MURATA BOY, e montasse tudo em cima de uma única roda com giroscópios como Seiko-chan, teríamos uma versão lobotomizada de Rose. Tal mecanismo dos sonhos poderia executar algumas das principais tarefas domésticas, operar máquinas complementares não robóticas (como máquinas de lavar), servir refeições, recolher coisas pela casa, tudo deslizando sobre uma rodinha. Seria capaz de fazer isso *mecanicamente*, mas, cognitivamente, o robô – se é que podemos chamar assim tal esquisitice – estaria perdido. Não conseguiria pegar um prato de comida, quanto mais servir um. A pré-programação é o que permite a esses robôs saber onde está o arroz, onde está o óleo, e onde os queimadores do fogão estão localizados. Isso requer planejamento e programação prévia.

Portanto, reconhecer uma coisa que não está posicionada com antecedência é uma tarefa cognitiva, e embora o Assistente Doméstico seja capaz de executar algumas das tarefas perceptivas e locomotivas que permitiriam que isso acontecesse, muito trabalho ainda precisa ser feito a fim de que ele possa sacudir um tapete ou apanhar Elroy na escola.

Mark Stephen Meadows

O antigo modelo do Roomba funcionou como skate para Carlos melhor do que ele esperava.

E ainda não teríamos resolvido a questão do aspirador de pó.

O maior mercado para robôs domésticos produziu o que talvez seja o mais influente robô no mundo: o aspirador de pó. Há mais robôs aspiradores de pó por aí do que grãos de poeira. Alguns deles utilizam uma almofadinha eletrostática;[8] alguns usam um sistema de sucção-padrão, baseado no deslocamento de ar; outros usam dispositivos providos de uma bola rolante, e há os que usam esfregões ou esponjas. Nenhum deles lava pratos. Nenhum deles tem uma roda. Nenhum deles consegue preparar okonomiyaki – mas eles certamente conseguem aspirar chumaços de felpa e poeira.

Há centenas de robôs aspiradores de pó.

Há centenas desses robôs. O aspirador de pó chamado eVac (da Sharper Image) é um exemplo; o Koolvac (da Koolatron) é outro. E temos também os aspiradores de pó domésticos cujos nomes vistosos mais parecem pertencer a peças de motor da indústria automotiva americana, como o RC3000 (Kärcher), o VSR8000 (Siemens), o RV-88 (SungTung), o DC06 (Dyson), o VC-RE70V (Samsung), e o V-R5806KL (LG). Todos esses produtos fazem basicamente a mesma coisa, que é manter registro de onde passaram, buscar chumaços de pó, empurrá-los para um canto, levá-los para uma estação de recarga, digeri-los e vomitá-los num receptáculo ou outro, e, então, esperar pela recarga. Muitos deles possuem entradas USB e Wi-Fi, que possibilitam *upgrades*, dados específicos do local, ou introdução de plantas e exigências de determinada tarefa.

O rei dessa população de robôs aspiradores de pó é o Roomba, o mais famoso de todos os aspiradores e, talvez, o mais famoso de todos os robôs. O Roomba é fabricado pela iRobot, que afirma ter vendido dois milhões e meio de unidades.

Se você colocar o Roomba no meio de um aposento e o ligar, ele girará em espiral algumas vezes, até encontrar uma parede. E ricocheteará pelo perímetro do lugar, seguindo as paredes para montar um mapa interior que usará depois para fazer a limpeza. A bateria dura cerca de duas horas. Ele tem um sensor, um para-choque (a fim de que saiba quando esbarrar em alguma coisa), sensor de altura (por isso ele não cairá pela escada), e, de acordo com a iRobot, o sistema atualiza seu espaço de coordenadas cerca de 67 vezes por segundo.

Em termos de algo que funciona, que já não está limitado apenas a laboratórios de pesquisa, e que não precisa ser pré-programado ou operado por controle remoto, o Roomba é provavelmente o mais próximo que chegamos de Rose até agora.

[8] RoboMaid, inventado por Torbjørn Aasen, e distribuído nos Estados Unidos pela Telebrands.

Mark Stephen Meadows

Uma visão de como o Roomba esbarra nas paredes para reconhecer o ambiente. Para mais fotos *time-lapse* do Roomba acesse http://www.signaltheorist.com/?p=91.

Uma amiga me emprestou um para eu passar uns bons momentos na companhia dele. A princípio, achei que ele havia se perdido debaixo do sofá, mas quando olhei, descobri que ele estava todo emaranhado nos fios do alto-falante estéreo e do telefone, como um gato com um novelo de lã. Quando o libertei, a coisa disparou em direção à parede oposta. Os algoritmos no sistema estão lá para encontrar caminhos e navegar, aprendendo a posição de sofás e paredes, e isso nada tem a ver com reconhecimento de gestos, reconhecimento simbólico ou algo tão complexo como a linguagem. A despeito disso, segundo a iRobot, cerca da metade das pessoas que possuem um Roomba dão um nome a ele.

O Roomba possui uma personalidade frenética. No dia em que observei o Roomba de minha amiga, ele me pareceu um fanático por limpeza compulsivo, correndo pelo chão sugando migalhas e fios de cabelo. Tê-lo no mesmo aposento que eu me fez pensar num *beagle* hiperativo farejando algum minúsculo criminoso. Não era silencioso nem inteligente (atributos que acho que um robô deve ter), mas creio que isso faz parte de sua história familiar, uma vez que, como um peixe que se arrastou para fora de um brejo, Roomba vem de uma orgulhosa linhagem de limpadores de piscina automáticos da década de 1980.

Em 2007 e 2008 algo aconteceu ao queridinho Roomba: a iRobot começou a produzir um modelo guiado por controle remoto, algo que você pode operar a distância. Segundo o site da iRobot, o sistema, chamado ConnectR,

> *... possibilita visitas virtuais em tempo real pela Internet. Equipado com áudio e câmera de alta qualidade, o robô é posicionado em determinado local na casa do operador. Por meio de um teclado de computador,* mouse *ou* joystick, *o "visitante" remoto pode deslocar o robô pela casa e interagir com quem estiver no local, participando virtualmente das atividades em casa ou onde quer que o dispositivo esteja...*

É ótimo para perturbar seus animais de estimação quando você não está em casa. Também é ótimo para ficar de olho nos ladrões, e é ainda melhor para os ladrões que estão de olho em você. A maioria dos robôs domésticos tem uma única mensagem sem fio que é utilizada. Tais mensagens podem ser descobertas e interceptadas, e áudio, vídeo e dados de controle podem ser acessados por um convidado indesejado. Então, do mesmo modo que você pode acionar seu Roomba de seu computador a distância, eu também posso "entrar" em seu Roomba enquanto você está em casa. Se seu Roomba for equipado com uma câmera de vídeo e acontecer de você estar sentado no sofá assistindo à televisão à noite, o que me impede de sair bisbilhotando pela casa e fazer um levantamento geral? Você só pensa em seu Roomba como faxineiro. Eu saberei quando você está lá, onde larga as chaves, qual janela está aberta, onde o cachorro dorme e onde você guarda a grana que sobra quando pensa que ninguém está olhando. Então, quando você estiver fora passeando com o cachorro, eu chego e passo a mão nas suas coisas. Ou farei com que um de seus outros robôs o façam por mim.

Se você está mais interessado em ter um robô doméstico que esfregue o chão em vez de um aspirar o pó, há alternativas, mas não muitas. Em 2009, a Panasonic proporcionou a demonstração de um robô autônomo capaz de lavar o chão na exposição Tokyo Fiber Senseware, na Itália. O Fukitorimushi (que significa, em tradução livre, "besouro que remove sujeira") usa fibras de poliéster com espessura mais fina do que 1/7500 de um fio de cabelo humano, segundo uma matéria na *Slash Gear*. A unidade é capaz de encontrar caminhos e utiliza luz para diferenciar pisos que estão sujos dos que estão limpos. Quando encontra alguma nova evidência de crime, dirige-se até o ponto e esfrega o próprio corpo de microfibra e, então, como o Roomba, acopla-se em sua estação de recarga. Entretanto, o tecido necessita ser limpo de tempos em tempos.

Se você tem uma piscina para limpar, uma calçada para varrer ou um gramado para aparar, há um robô para fazer isso por você. Robôs hoje em dia estão sendo desenvolvidos não apenas para cortar grama ou limpar piscinas, mas também para arrancar ervas daninhas, regar, lavar e colher plantas. Temos o dinamarquês Casmobot[9] e o jardineiro robótico no MIT[10] (montado em cima de um Roomba), para citar apenas dois entre dezenas.

Temos até abelhas robóticas.

Temos até abelhas robóticas. Em 2009, pesquisadores de Harvard receberam uma verba de 10 milhões de dólares da National Science Foundation para criar um enxame de abelhas robóticas. Espera-se que as RoboBees funcionem com pouca energia, permaneçam interconectadas, coordenem seu voo com o restante do enxame, e seu enxame com o restante da colmeia. Além disso, que tenham capacidade de polinização que opere com radiação ultravioleta e sensores óticos. Então, aqui vemos novas formas robóticas saindo de casa, espalhando-se pelo quintal e voando pelos campos e pradarias de uma cidade perto de você. Totalmente diferentes de Rose, mas com a mesma ideia central: servir.

Tomio Sugiura, presidente da Sugiura Kikai Sekkei, fabricante de um robô que fatia vegetais, prevê que no futuro cada lar terá seu robô. "Hoje em dia, quase toda família tem um carro. Num futuro próximo, toda família terá um robô humanoide que ajudará em várias tarefas de casa."[11]

Provavelmente, muitas famílias, se não a maioria delas, possuirão robôs (humanoides ou não) nas nações industrializadas dentro dos próximos trinta anos. E, como as abelhas, eles irão longe, muito além do lar.

Nas ruas, cidades, *shoppings centers*

NA EDIÇÃO DE JULHO DE 1933 DA *POPULAR SCIENCE Monthly*,[12] um artigo relatava que um "robô" podia ser visto no metrô de Londres. Mais ou menos da altura de uma pessoa, mas com formato de um cilindro hexagonal, o dispositivo era um substituto para o vendedor de bilhetes. Os usuários do metrô (e, presume-se, uns poucos espectadores curiosos) giravam um dial que mecanicamente se posicionava de acordo com instruções pré-fabricadas. Esse calculador mecânico ajudava as pessoas a determinar a rota, o preço e a plataforma de embarque. Hoje em dia, provavel-

[9] http://www.fieldrobot.dk/.

[10] http://www.csail.mit.edu/.

[11] http://www.reuters.com/article/idUSTRE5591JX20090610.

[12] Vol. 123, nº 1, editado por Raymond J. Brown.

mente não chamaríamos tal coisa de robô, pois os vemos em toda parte em metrôs e estações de trem pelo mundo, mas uma tendência similar de atendimento ao consumidor está reaparecendo no Japão.

Em janeiro de 2008, os laboratórios ATR[13] de Osaka conduziram uma série de demonstrações de um robô humanoide chamado Robovie, que é um primo distante e melhorado do "robô" de 1933 do metrô de Londres. Num *shopping center* local em Osaka, o robô foi programado para deslizar por um espaço relativamente grande e coletar dados comportamentais dos clientes. Ele usava dezesseis câmeras, sensores de longo alcance e identificação por radiofrequência (RFID) para vigiar cerca de duas dúzias de pessoas por determinado tempo. O robô monitorava as pessoas enquanto se deslocavam, mas se uma delas parasse por certo tempo, especialmente se começasse a caminhar lentamente em círculos ou consultasse um mapa próximo, o solícito Robovie deslizava até ela para perguntar com voz sintetizada, mas infantil: "Você está perdido?". Se a resposta era não, Robovie sugeria outras lojas no *shopping* que valiam uma visita e, então, tendo dado seu recado, partia muito satisfeito de si para importunar outro cliente. Se a resposta era sim, Robovie perguntava à pessoa qual o destino desejado e indicava o caminho.

Embora eu tenha visto o Robovie em ação, não posso dizer até que ponto eram precisas suas respostas ao teste. Mas posso garantir que se um robô viesse me dizer por onde eu deveria começar minhas compras no *shopping*, eu estaria inclinado a chutar-lhe a CPU. Propaganda robótica em *shoppings* pode ser engraçadinha a princípio, mas automação em publicidade definitivamente não é para qualquer um.

Do ponto de vista da ATR, eles estavam fazendo a mesma coisa que o robô de Londres: dando informações às pessoas e auxiliando-as no que tinham ido fazer ali. A diferença é que o robô do metrô de Londres estava lá para oferecer exatamente a informação que era solicitada. O Robovie, por outro lado, impingia informação. É a diferença entre oferecer e forçar, e uma das grandes se você parar para pensar num *shopping* repleto de robôs na sua cola, todos patrocinados por algum comerciante local, todos tagarelando com suas vozes eletrônicas infantis, todos passando informações não solicitadas ao mesmo tempo sobre onde você deveria comprar, enquanto você tenta escapar refugiando-se no banheiro, para onde eles poderiam segui-lo já que não têm sexo definido (e eles também limpam os banheiros quando não estão pastoreando pessoas).

A ATR, justiça seja feita, levou tudo isso em consideração e começou a produzir

[13] Instituto Internacional de Pesquisa Avançada em Telecomunicações (mais sobre isso nos capítulos seguintes).

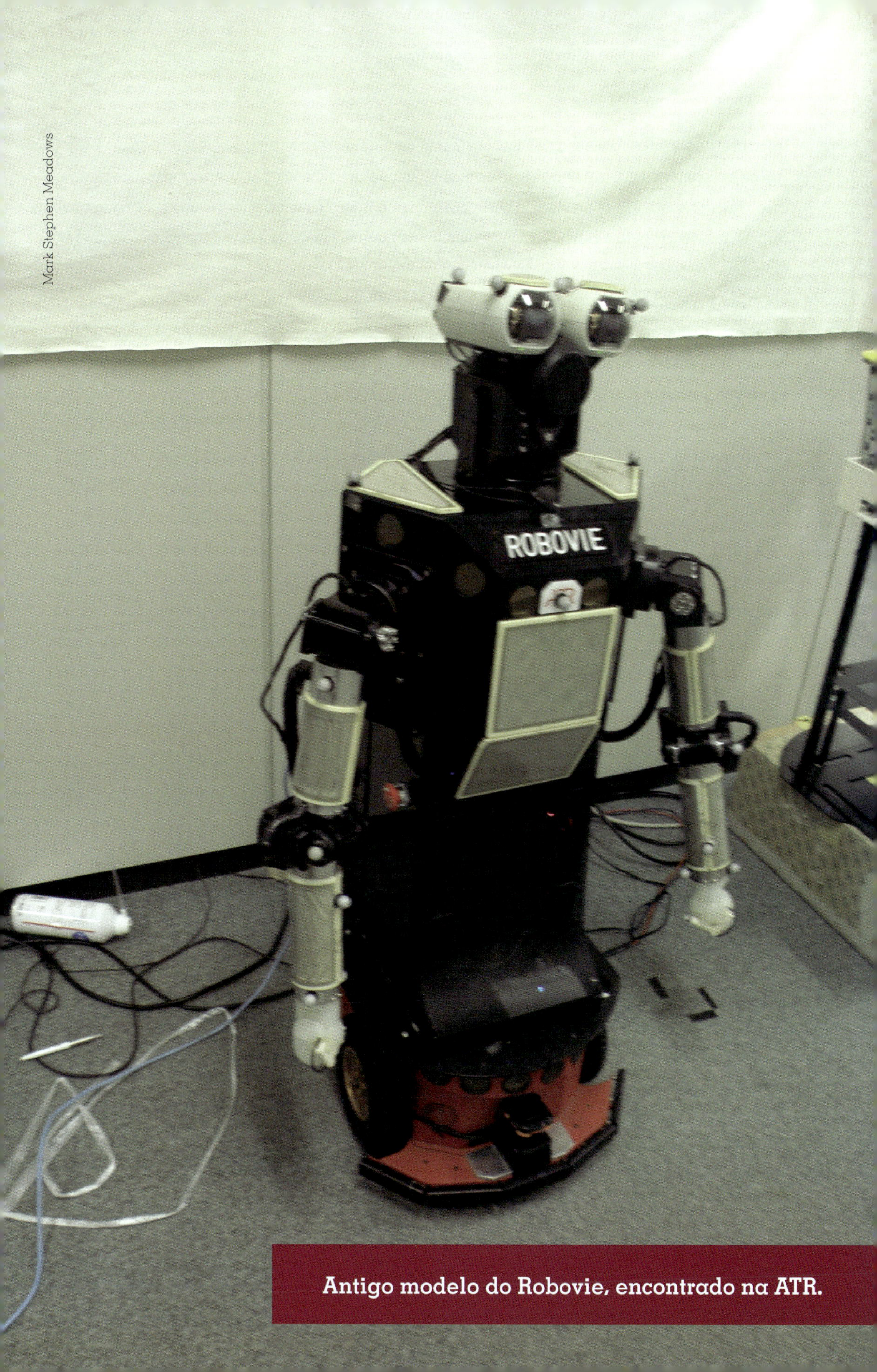

Mark Stephen Meadows

Antigo modelo do Robovie, encontrado na ATR.

ferramentas para remediar o problema. Primeiro eles instalaram uma rede sem fio que ajudava o robô a se comunicar com outros robôs que também estivessem percorrendo o *shopping*. Depois, para refinar a busca por clientes que precisassem de auxílio e para minimizar a necessidade de o robô oferecer conselhos, instalaram um sistema que permitia a um comprador contatar o robô por celular antes de chegar ao estabelecimento, fornecendo uma lista de artigos que desejaria adquirir. Então, quando o cliente chegava, o robô o identificava pelo celular, deslizava até ele carregando uma pequena cesta e os dois saíam às compras juntos.

Robôs de colheita precisam ver frutos que estão escondidos por trás das folhas.

Quando a ATR convidou a imprensa para uma demonstração aberta no supermercado Apita-Seikadai, em Kyoto, os jornalistas imediatamente sacaram suas câmeras e, por causa deles, o pobre robô acabou tendo alguma dificuldade para seguir a mulher com quem deveria estar escolhendo alimentos.[14] O vídeo do frenesi pode ser encontrado no YouTube.[15]

No campo e fazendas

POR TRÁS DOS *SHOPPINGS* DE KYOTO ENCONTRAM-SE uns poucos campos e fazendas remanescentes. A maior parte dos campos de plantação já não existe, vítima do progresso, mas há alguma agitação num pomar próximo. Em poucos anos, robôs estarão percorrendo as fileiras para cima e para baixo, colhendo frutos, aparando galhos e arrancando ervas daninhas. A Vision Robotics Corporation, uma empresa sediada em San Diego que começou suas atividades em 1999, está desenvolvendo máquinas para executar esse trabalho. O serviço é dividido entre dois robôs: um encontra a fruta e o outro a colhe. Robôs de colheita são uma coisa complicada, pois precisam ver algo (como uma couve-flor) que está escondida atrás de outra coisa (como as folhas da couve-flor).

A receita-padrão para esse tipo de máquina é um manipulador, rodas e um sistema de controle. Encontrar o que interessa sem matar a planta é o problema. Alguns pesquisadores no Reino Unido[16] estão trabalhando com uma combinação de frequências de rádio, micro-ondas e espectrografia de infravermelho longo para encontrar coisas, como as cabeças de couve-flor. Na corrida para substituir a nós mesmos, o Japão sai novamente na frente com robôs que colhem tomates, pe-

[14] http://robot.watch.impress.co.jp/docs/news/20091214_335825.html.

[15] http://www.youtube.com/watch?v=BckK1EcRA60.

[16] Vegetable Harvesting Systems (http://www.vhsharvesting.co.uk/) em conjunto com os National Physical Laboratories, de Middlesex, Reino Unido (http://www.npl.co.uk/).

pinos e morangos, já em funcionamento nos campos de Kyoto hoje. Podem não colher frutos em árvores, mas esses robôs rasteiros são capazes de trazer cestas cheias no final do dia, substituindo trabalhadores braçais todos os anos à medida que aprimoram sua eficiência e aumentam o lucro das empresas.

Estamos longe da terra de Rose, a empregada-robô e outros robôs domésticos simples. A romântica noção de um pequeno e rangente trabalhador doméstico com personalidade será substituída pelo silencioso enxame de ciborgues e sistemas que sequer veremos, e que tranquilamente habitarão nossos lares e quintais, aspirando o pó e varrendo em silêncio, limpando a sujeira que deixarmos para trás. A imagem de uma empregada falante e inconveniente parece cada vez menos provável. Afinal de contas, conversar com criados não é uma interação que a maioria das pessoas deseje.

Mesmo assim, nossa lista de robôs de serviços pessoais continua a crescer e sair de casa.

Nas águas da costa do Japão, logo no final da estrada que parte dos campos onde nossos robôs colhedores de pepino labutam, encontra-se uma pequena baía perto de Osaka. Ali, um robô flutuante limpa a costa dos derramamentos de petróleo. O SOTAB 1 (Spilled Oil Tracking Autonomous Buoy 1)* é um sistema de 110 quilos desenhado por Naomi Kato, professor de Engenharia Robótica Submergível na Universidade de Osaka. O robô é colocado na água e então assume a tarefa semiautônoma de afundar cerca de três metros na água, mantendo sua flutuação, monitorando a velocidade da corrente via GPS, fotografando a gravidade das manchas de óleo e relatando as mudanças à medida que ocorrem. Quando a noite cai, o robô desliga suas câmeras e continua a registrar o que vê por perto. Se encontra óleo à frente, flutua até a superfície, navega com suas pequenas barbatanas, coleta uma amostra da água e, então, volta a mergulhar até sua prévia profundidade para prosseguir até a hora de retornar.

Rose, tilintante e esquisita, é fichinha se comparada aos monstros dessa indústria que atuam hoje em dia no mundo. Existem veículos robôs semiautônomos de seis pernas que estão derrubando árvores para madeireiras que desejam minimizar o impacto nas florestas (pisar as coisas enquanto corta outras parece ser a lógica),[17] e temos agora robôs mergulhando para cortar árvores que foram inundadas por cerca de 50 mil represas que foram construídas durante o apogeu da criação de represas na década de 1980.[18] Tais robôs são capazes de cortar algumas das madei-

* Rastreador Autônomo Flutuante de Petróleo Derramado 1. (N. da T.)

[17] Lenhador de seis pernas desenvolvido por Plustech Oy e John Deere.

[18] Peixe-serra, cortador subaquático da Triton.

Mark Stephen Meadows

Um modelo de PaPeRo na Exposição de Tecnologia Avançada da TEPIA, em Tóquio.

ras mais antigas do mundo, uma vez que, por estarem submersas, sua extração tem sido dificultada. Café pequeno para esse lenhador submarino com dentes de serra.

Há também enormes robôs na indústria de mineração, como o Komatsu 930E-4, da Rio Tinto, um caminhão autônomo, ou o maior e mais invasivo de todos eles, uma plataforma de perfuração costeira autônoma.[19] Enquanto essas coisas roncam e gemem nas montanhas e debaixo d'água, lá no céu existem satélites autoguiados que foram desenvolvidos para atacar outros satélites.[20] E em Marte, alguns robôs rastejam pelo solo recolhendo amostras.

Podemos imaginar Rose girando sobre sua rodinha, procurando o próximo tapete para aspirar o pó, enquanto enormes robôs caminham a passos largos para ultrapassá-la no futuro de hoje. Pobre Elroy.

Mas Rose tem a tarefa mais dura dentre todos esses robôs.

Babás, legislação e segurança

CUIDAR DAS CRIANÇAS SEMPRE FOI UMA GRANDE parcela do serviço de Rose, mas já que os robôs de verdade de hoje carecem de inteligência artificial que lhes permitam tomar decisões, uma combinação de vigilância e diversão vem substituindo a função de babás quando a questão é a responsabilidade dos robôs-babás. Os seguintes sistemas, todos elaborados para o cuidado de crianças em casa, parecem se alinhar com muito do que também é preciso no cuidado de idosos.

O Roboid, parte de um projeto-piloto experimental do Ministério da Informação e Comunicação (MIC) coreano, vem em três diferentes tamanhos e temas (como o Panda de 16 centímetros, o Ursinho de 22 e o Burro de 27). Essas três belezinhas podem ler contos de fada para as crianças ou ajudá-las no estudo de idiomas estrangeiros. Podem sintonizar sinais de rádio e ler e-mails, e são sensíveis tanto a voz quanto a gestos. Um modelo custa aproximadamente 500 mil wons coreanos, ou cerca de 500 dólares.

Esse tipo de robô doméstico poderá ser conectado à Internet; alguns deles, especialmente na Coreia, já são. O MIC coreano vem realizando testes de viabilidade com robôs projetados para uso doméstico em Seul e em seus arredores desde 2005, tendo em mente especificamente a Internet. A Coreia não deseja competir com os avanços japoneses na locomoção em duas pernas; em vez disso, concentram-se no que a Coreia faz melhor: infraestrutura de Internet. Uma vez que cerca de três quartos de todas as residências na Coreia do Sul já possuem Internet banda larga, o MIC pretende usar essa infraestrutura para lidar com o processamento de da-

[19] SINTEF e companhia de energia da Noruega, StatoilHydro.

[20] Programa indiano de defesa contra mísseis balísticos, originalmente desenvolvido para abater mísseis paquistaneses.

Mark Stephen Meadows

Robôs de brinquedo Baby Barnyard Animal. O pintinho pia, bate as asas e pede atenção. Vigilância ainda não inclusa.

dos, escolhas e grande parte das tomadas de decisão que os robôs do Japão exercem localmente. Um robô doméstico tem muito trabalho intelectual, e os coreanos são espertos por manter isso fora do corpo físico dos robôs e utilizar a infraestrutura de rede que já possuem para galgar o próximo degrau no avanço das tecnologias digitais. Isso é feito para impulsionar a robótica coreana na competição com os japoneses, principalmente diminuindo os custos.

"Resumindo, robôs URC* apenas fornecem hardware com a capacidade de agir, enquanto a maior parte dos softwares vem da banda larga através da Internet sem fio. Esse é o segredo para o preço dos robôs despencar", diz Oh Sang-rok, diretor de projetos do MIC, responsável pelo esquema URC. O projeto envolve mais de mil pesquisadores e cerca de trinta empresas.[21]

Um dos projetos mais interessantes do MIC é um pequeno (52 centímetros) robô

* Ubiquitous Robotic Companion – Companhia robótica onipresente. (N. da T.)

[21] Para mais informação, veja "Um robô em cada residência até 2020, diz a Coreia do Sul", de Stefan Lovgren, *National Geographic News*, setembro de 2006.

com cinco rodas chamado Júpiter. É capaz de reconhecer a voz do dono, e entra na Internet para fazer buscas, como o horário dos cinemas locais, e baixar músicas. Como possui um alarme embutido, pode despertar a família de manhã. Enquanto a família está fora ou dormindo, ele vigia a casa. Se há algo suspeito, ele pode chamá-lo no celular para informá-lo através de um vídeo em tempo real sobre o que está acontecendo. Custa aproximadamente 1,5 milhão de wons coreanos, ou cerca de 1.500 dólares.

Robôs que cuidam de nossos filhos, preparam nossas refeições e dirigem nossos carros precisam de alguma orientação.

Na Aichi Expo, em 2005, dois robôs porteiros que seguravam as portas falharam e um conferencista foi atingido pelas portas. Outro teve o calcanhar esfolado (o que não me espanta nem um pouco, já que uma simples porta de táxi me pegou de surpresa). Embora esses conferencistas não tenham se machucado seriamente, puseram a boca no trombone e, como resultado, funcionários da indústria e do governo ergueram-se para apontar a possibilidade de robôs causarem danos físicos.

Com mais robôs marcando presença em lugares públicos, como no *shopping* de Osaka, o risco de algo sair errado aumenta. Se um ser humano acabar sendo morto por um robô, a mídia vai enlouquecer, e uma legislação vai ser criada bem rápido. Por isso, muitos políticos no Japão estão discutindo se devem criar desde já leis orientadoras, não apenas para proporcionar ao público uma sensação de segurança maior, como também para terem a chance de expandir sua influência nos vários campos da robótica.

As negociações já começaram. O Conselho de Promoção de Negócios Relativos a Robôs, de Tóquio, chamou a si essa responsabilidade, organizando grupos de trabalho para estudar as indústrias específicas, como a médica e a de cuidado a idosos, nas quais os robôs têm maiores chances de falhar. O conselho faz parte da Organização de Robôs do Japão, que listou várias medidas a serem examinadas. Parece que começaram pelo óbvio. No tópico "colisão com humanos", discutiu-se a necessidade de se embutir nos robôs sensores e limitadores de velocidade. Tais discussões se ramificaram em outros tópicos, e logo ficou claro que informação específica e mais conhecimento eram necessários não apenas em relação aos robôs, mas quanto às condições em que operavam. Atualmente, diferentes ministérios estão a cargo de estabelecer regulamentações concernentes às áreas que cobrem, e aos robôs que trabalham para elas. Robôs que trabalham em autoestradas? Cabe ao Ministério da Infraestrutura e do Transporte propor qualquer legislação pertinente. Também caberia à força policial nacional, já que ela patrulha as autoestradas. Robôs operados a distância, via

Mark Stephen Meadows

Robô de brinquedo para crianças da FurReal Friends (o modelo não inclui garras ou dentes).

qualquer tipo de onda de rádio – como 802.11 – qualquer coisa, Bluetooth ou celular –, seriam responsabilidade do Ministério do Interior e da Comunicação. Robôs que operem em casas de repouso para idosos, hospitais e asilos deveriam ser examinados pelo Ministério da Saúde, do Bem-Estar e do Trabalho.

A Organização Internacional para Padronização (ISO) tomou conhecimento dessas discussões e propôs que seja aprovada em 2011 uma padronização internacional para robôs. Japão, Coreia e Reino Unido fazem parte do painel envolvido no estabelecimento de tais padrões, sendo que o Japão se ofereceu para liderar as negociações. Os diversos ministérios japoneses que apresentarem seus relatórios fornecerão os critérios, que então serão organizados pela ISO e seguidos (ou não) localmente.

A empregada-robô, parte 2

O QUE ROSE TROUXE COM ELA QUANDO ADENTROU os lares dos espectadores americanos não foi a ideia de uma máquina executando tarefas. Aparelhos que facilitam o dia a dia doméstico já constituem uma gigantesca indústria. Lavadoras de pratos, máquinas de lavar, liquidificadores, trituradores, cortadores, fatiadores de frios, ferros e até dobradores elétricos de guardanapos popularizaram-se na década de 1950, período imediatamente anterior ao lançamento de *Os Jetsons*. Portanto, a ideia de uma máquina auxiliando nas tarefas domésticas não era nova nem surpreendente.

O que Rose introduziu foi a ideia de uma máquina que pudesse falar e trabalhar ao mesmo tempo. Rose apresentou-nos a possibilidade de um aparelho com personalidade. Essa era a faceta mais importante; Rose tinha, como ela chamava, "espeteza".

O sonho da máquina inteligente era o que Rose representava, e é isso que falta aos robôs de hoje. A população americana de 1963 ficou intrigada com a ideia de um robô que o saudasse na porta, não por um que farejasse poeira embaixo do sofá.

Essa inteligência era, e ainda continua sendo, o diferencial arrasador de Rose.

Capítulo 3: 2001: Uma Odisseia no Espaço

Sobre robôs que jogam xadrez, contam piadas e investem seu dinheiro – Inteligência, parte 1

> Nós, provavelmente, desenvolvemos nossos instintos agressivos através da evolução e por estarmos em um ambiente perigoso; então, como as máquinas não passaram por isso, talvez elas não sejam agressivas e não possam ser malévolas, a menos que sejam deliberadamente programadas por nós para serem malévolas e agressivas, o que, por acaso, é justamente o que muitas de nossas máquinas estão programadas para fazer neste exato momento.
>
> — Arthur C. Clarke, prefácio para *HAL's Legacy: 2001's Computer as Dream and Reality*, organizado por David G. Stork

ALGUNS ROBÔS SE LOCOMOVEM RAPIDAMENTE PELO chão e se emaranham nos fios debaixo do sofá, ao passo que outros na verdade vivem nesses fios e circulam nos cabos que conectam nossos lares. Esses robôs são como eletricidade, e se deslocam entre redes como fantasmas, compostos apenas por *bits* de eletricidade ou software. São robôs virtuais.

Um robô não precisa de um corpo para executar uma tarefa.

Imagine um sistema operacional de robô que não seja ligado diretamente à Rose nem ao Exterminador, mas que ainda assim seja capaz de controlar o conjunto. O sistema operacional do robô conteria toda a personalidade, os objetivos e as interfaces para controlar a informação que aciona os servos e a transmissão de dados. Ou imagine um sistema de software que é mais simples, invariável, e que guia mísseis, ou prediz as oscilações da Bolsa de Valores.

Esses sistemas também são chamados robôs porque um trabalhador (ou outro robô) pode executar o trabalho físico (com as mãos, por exemplo) ou o trabalho intelectual (com seu cérebro).

O termo *trabalhador do conhecimento* foi cunhado no final da década de 1950 por Peter Drucker, escritor e consultor austríaco. Ele usou o termo para descrever alguém cujo trabalho é baseado na interpretação e redirecionamento da informação.[1] A função de um trabalhador do conhecimento é encaminhar informação de uma maneira que ajude as pessoas, au-

---

[1] Linda Stone, uma escritora que trabalhou tanto na Apple como na Microsoft, quase nos levou para o século XXI com a expressão *trabalhador da compreensão*. Diz ela: "Conhecimento torna-se compreensão quando está relacionado com outros conhecimentos de maneira útil na previsão, julgamento e atuação". Isso significa que em breve os robôs serão capazes de prever, julgar e agir com base nesses prognósticos (o que iremos explorar mais adiante).

mente a eficiência, ou crie novas ideias (entre outras coisas). Trabalhadores do conhecimento não precisam estar presentes fisicamente em um local específico para executar seu serviço, porque estão trabalhando com conhecimento. Exemplos desses trabalhadores incluem advogados, professores, jornalistas, médicos, *designers* e engenheiros.

Um trabalhador do conhecimento é alguém cuja função é baseada na interpretação e redirecionamento da informação.

Trabalhadores do conhecimento

HOUVE UMA ÉPOCA, NO ANO DE 2000, QUE EU TRABALHEI como consultor para uma divisão da Oracle, empresa de software sediada em Redwood City, na Califórnia. Meu trabalho consistia em elaborar um sistema conversacional chamado Alan. A intenção era fornecer o tão importante serviço de atendimento ao cliente – responder perguntas, dar pequenas orientações e, de maneira geral, substituir as pessoas que vinham fazendo isso em Bangalore, os desafortunados cujo trabalho era percorrer toda uma gama de respostas prováveis e atender às consultas de maneira educada. Na época, ninguém estava mais motivado do que eu para ajudar aquele pobre pessoal do suporte ao cliente. Pelo menos, foi o que eu disse a mim mesmo. Sempre escolhi a rota absurda, embora motivadora, de me imaginar como o salvador de alguma mulher em apuros, sentada sozinha em sua escrivaninha com um *headset*, escutando os desaforos de um cliente zangado a milhares de milhas, enquanto é forçada, para não perder o emprego, a dar respostas prontas que ela lê em uma folha de papel colada à parede de seu cubículo. Essa infeliz mulher, eu dizia a mim mesmo, estava sendo robotizada. Eu salvaria sua alma, mesmo que isso lhe custasse o emprego de que ela talvez precisasse desesperadamente. O sonho, pelo menos, mantinha-me comportado e em minha cadeira.

A proposta do projeto dava a impressão de que a maior parte do sistema conversacional poderia ser montada com bastante facilidade. Primeiro, inventaríamos algumas perguntas que um cliente poderia fazer para, depois, separá-las por categorias. Então, criaríamos algumas respostas que o representante do serviço poderia responder e também as separaríamos por categorias; por último, quando o cliente fizesse uma daquelas perguntas, simplesmente enviaríamos a resposta correspondente. Ao menos, era essa a teoria. Funcionou por mais ou menos um ano. Embora a Oracle tenha economizado alguma grana com seus sistemas de Customer Relationship Management (CRM),* e a equipe de enge-

* Gestão de Relacionamento com o Cliente. (N. da T.)

nharia não tivesse mais que trabalhar nos fins de semana, eu nunca encontrei minha princesa indiana imaginária. O que aconteceu de fato, entretanto, foi que Alan precisava ser atualizado, e em vez de alterar o que o robô dizia, eles resolveram puxar o fio da tomada e matar meu primeiro robô conversacional.

Houve milhares de robôs desse tipo, talvez dezenas de milhares, produzidos na última década. A abordagem primitiva e desajeitada que acabei de descrever foi cultivada em uma subindústria de milhares de pessoas criando formas complicadas de narrativas interativas que são capazes de manter estranhos, se não horríveis, diálogos. A lista é longa, e os participantes entram e saem dela todos os anos. Inclui Artificial Technology GmbH, Media Semantics, Verbots, SitePal, CyberTwin, Oddcast, Artificial Solutions (antiga KiwiLogic), Daden Limited, PikkuBot, Sine Wave Actorbots, MindMentor e muitas outras.[2]

O projeto ALICE[3] é um sistema que muitas pessoas ajudaram a criar e aprimorar. Ele requer enormes quantidades de texto e digitação de muitas pessoas, por isso possui certo grau de credibilidade e humanidade.[4] O inventor do projeto, Richard Wallace, acredita que quando há volume suficiente, o valor fica claro. Em outras palavras, ele crê que quanto maior a quantidade de possíveis respostas, melhor a qualidade da interação. Embora eu concorde com isso até certo ponto, ele vai longe demais quando afirma que seu sistema trabalha, basicamente, do mesmo modo que um ser humano.[5]

Todos esses projetos tentam criar o robô conversacional mais humano possível. A meu ver, o resultado obtido, infelizmente, é como se o clipzinho da Microsoft houvesse reencarnado como uma mulher masculinizada duvidosamente sexy. A utilização desses robôs vem se tornando uma praga irritante, cada vez mais presente em diversas categorias de atendimento.

Diálogos captados ao acaso com um desses robôs revelam-se horríveis porque não há contexto para a conversa. O contexto (ou seja, a razão para a conversa, o tema e os objetivos) é a parte importante. Se estou caminhando pela rua, por exemplo, e alguém chega e me diz: "Oi!" e fica parado ali me encarando, o mais provável é que eu simplesmente continue meu caminho. A mesma coisa acontece numa página da Web.

[2] Seus sites são Artificial Technology GmbH (www.artificial-technology.com), Media Semantics (www.mediasemantics.com), Verbots (www.verbots.com), SitePal (www.sitepal.com), CyberTwin (http://site.mycybertwin.com), Oddcast (www.oddcast.com), Artificial Solutions (antiga KiwiLogic) (www.artificial-solutions.com), Daden Limited (www.daden.co.uk), PikkuBot (www.pikkubot.de), Sine Wave Actorbots (www.sinewaverobots.com), e MindMentor (www.mindmentor.com).

[3] ALICE é um acróstico para Artificial Linguistic Internet Computer Entity.

[4] Há uma tremenda quantidade de material na Internet sobre o ALICE. Um bom ponto de partida é http://alicebot.blogspot.com/.

[5] Se esse fosse o caso, a essa altura o sistema já estaria trabalhando como um ser humano.

A despeito do início tosco (todas as interfaces melhoram ao longo dos anos, afinal de contas), há alguns projetos que parecem estar indo bem, desde que sejam empregados num contexto. A Elzware,[6] sediada no Reino Unido, é uma empresa que vem produzindo robôs conversacionais corporativos desde 2002. Eis a transcrição de uma típica conversa entre Yhaken e um cliente ("Usuário" é o humano):

Ilustração da Elzare

Aparência de Yhaken, segundo a Elzware.

Yhaken: Oi. Em que posso ajudá-lo?

Usuário: Você pode falar comigo?

Yhaken: Não disponho de um dispositivo de áudio no momento, mas sou mais do que capaz de falar com você. O que deseja saber?

Usuário: Está certo. O que você pode fazer?

Yhaken: Sou capaz de envolver o cliente que está na linha com técnicas de venda baseadas em seu padrão de comportamento. Como um ser humano treinado para isso.

Houve um tempo em que um ser humano de verdade costumava passar um tempo num telefone real e conversar com clientes de verdade. Infelizmente, gerentes de relacionamento com o cliente aos poucos automatizaram o trabalho que seus empregados executavam de tal forma, reduzindo-o a tarefas rotineiras e automáticas, que só fazia sentido substituir esses mesmos empregados por máquinas igualmente rotineiras e automáticas. Essas pobres pessoas foram para o olho da rua em favor de uma abordagem de linha de montagem para clientes pagantes. Assim como os trabalhadores na indústria automotiva de Detroit foram substituídos por robôs, o pessoal de CRM também foi substituído por robôs conversacionais.

A Gestão de Relacionamento com Clientes está se tornando uma subindústria da robótica. Na verdade, atualmente três quartos dos números 0800 nos Estados Unidos usam ou estão em processo de adotar sistemas de reconhecimento de fala.[7] O sistema americano de números 0800

[6] A Elzware faz um belo trabalho de criação de serviços de atendimento ao cliente hoje em dia, muito além do que estávamos imaginando na Oracle (http://elzware.com).

[7] A Database Systems Corporation também traz esta interessante estatística: "Empresas que 'seletivamente forçam os clientes que ligam por meio de IVR [interactive voice response/resposta interativa de voz]' alcançam as taxas mais elevadas de sucesso com IVR. Quarenta por cento dos participantes forçam os clientes por meio de IVR para alguns serviços.

está se tornando um mundo virtual, uma paisagem auditiva povoada por robôs. Segundo a Forrester Research, o investimento em sistemas CRM em 2010 ultrapassou 11 bilhões de dólares.[8] Há robôs telefônicos que o ajudam a conseguir um novo cartão American Express, registram seu pagamento da AT&T, encomendam uma camisa na Banana Republic, compram um livro na Barnes & Noble, agendam um aluguel com a Dollar Rent-a-Car, encontram seu pacote na FedEx, informam onde pegar um ônibus da Greyhound, fornecem o preço de um martelo (e o vendem a você, fisicamente) na Home Depot, e recebem seus artigos no *The New York Times*. Walgreens, Wal-Mart, Walt Disney e o Departamento de Segurança Interna dos Estados Unidos agora peneiram mais de 90% de seu relacionamento com o público por meio de robôs.

Em vez disso, você pode usar: http://www.dialahuman.com/ e http://www.gethuman.com/.

Passamos de 2001... Onde está o HAL 9000?

EM 1968, ARTHUR C. CLARKE PREVIU[9] QUE ROBÔS seriam indistinguíveis de seres humanos em poucas décadas. Previu também que teríamos um computador que poderia falar, sentir emoções e aconselhar, e que isso apareceria antes de 2001. Hoje, em 2010, ainda não se vê isso.

O roteiro do filme *2001: Uma Odisseia no Espaço* foi escrito por Stanley Kubrick e Arthur C. Clarke, dois grandes gênios da ficção e da narrativa. A história foi adaptada de um antigo conto de Clarke publicado em 1951, chamado *A Sentinela*. A Biblioteca do Congresso dos Estados Unidos deu prestígio ao filme, chamando-o de "significativo cultural, histórica e esteticamente". Ele recebeu quatro Oscars, quatro BAFTAs e um Hugo. Foi selecionado pelo American Film Institute como um dos cem maiores filmes americanos de todos os tempos.[10] O National Film Registry o escolheu para preservação, em 1991.

O filme apresenta um robô peculiar chamado HAL 9000, um exemplo clássico de Inteligência Artificial Forte (IA Forte), e um bom exemplo de IA semelhante à humana.[11]

No ano fílmico de 2001, HAL é o que há de mais avançado em matéria de máquinas inteligentes e pode reproduzir (ou, pelo menos, imitar) funções do cérebro humano. HAL é considerado o cérebro e o sistema nervoso central de uma espaço-

8 "CRM Best Practices Adoption", de William Band, Sharyn Leaver e Mary Ann Rogan (10 de janeiro de 2008).

9 Crevier, D. *AI: The Tumultuous Search for Artificial Intelligence*. Nova York: BasicBooks, 1993.

10 Foi listado como em vigésimo segundo lugar, depois de *As vinhas da ira*, de 1940, e antes de *O falcão maltês*, de 1941.

11 "IA Forte" é diferente de coisas como robôs comuns ou "IA aplicada", em que máquinas executam uma tarefa específica em um contexto específico. "IA Forte" se aplica a um sistema que se comporta mais ou menos (bem, mais) como um ser humano.

MGM / The Kobal Collection

Por dentro da mente de HAL.

nave que ruma para Júpiter, e a série 9000 é, como ouvimos em um noticiário, "o computador mais confiável já produzido". Como o próprio HAL expressa: "Nenhum computador 9000 jamais cometeu um engano ou distorceu informação. Somos todos, por qualquer definição prática, à prova de enganos e incapazes de errar". HAL nunca fica frustrado, a despeito de cooperar com humanos que são tão menos inteligentes do que ele, e diz que seu relacionamento de trabalho com os astronautas é um prazer. Se ele possui sentimentos reais, não se pode dizer ao certo, em parte porque sua face é um único e vermelho olho ciclópico.

Todos a bordo da boa espaçonave *Discovery One*, que ruma para Júpiter, parecem formar uma pequena família feliz, ancorada numa sólida base de confiança. HAL é capaz não apenas de processar linguagem e imagens, de apreciar arte e de reconhecimento de fala, como também joga xadrez, conta mentiras, guarda segredos e, melhor de tudo, mata pessoas.

Quanto disso temos atualmente?

Um robô entra num bar e pede uma chave de fenda*

UM SISTEMA COMO HAL ESTÁ TÃO DISTANTE DE NÓS quanto Júpiter. A fim de que os robôs alcancem o sonho de uma IA semelhante à humana que a ficção científica nos apresentou, teremos de saltar o que considero uma tremenda barreira tecnológica. A meta é criar um sistema que seja capaz de contextualizar informações aleatórias, recontextualizá-las, predizer, adaptar, juntar coisas em categorias gerais, manter

* No original, "screwdriver", que é como se chama também a combinação de vodca e suco de laranja. (N. da T.)

contradições e compreender por quê. Bom senso, causa e efeito, lógica, crença e capacidade de racionalizar (seja lá o que forem tais coisas, e seja lá como elas se relacionam entre si) precisam ser ligadas a outras noções abstratas como consciência do outro, de si próprio, sujeito, objeto e um senso das ideias sempre indefiníveis de Tempo e Espaço.[12]

"Quando os robôs serão espertos como os seres humanos?"

Então, se nós pudermos pegar três desses sistemas de IA e colocá-los sentados num bar contando piadas, estaremos no caminho certo. Essa é minha meta para IA semelhante à humana. É o que tomo como parâmetro: três sistemas de IA que sejam capazes de fazer piadas.[13]

Isso não vai acontecer tão cedo. E, na verdade, isso nem precisa acontecer.

É o que todos pensam: "Quando os robôs serão espertos como os seres humanos?", "Quando chegará a inteligência artificial?", "O que é ter consciência?", "Quando nós seremos capazes de saber que a IA semelhante à humana chegou de fato?".

Essas são questões vagas, e as respostas, com frequência, são ainda mais vagas.

Em 1965, Gordon E. Moore, cofundador da Intel, desenvolveu o que tanto podia ser uma grande proeza de engenharia como de marketing.[14] Ele escreveu a Lei de Moore. Esse teorema diz que a velocidade dos processadores dobra aproximadamente a cada dois anos. Lá pelos idos de 2001, mil dólares podiam comprar 10^7 calculações por segundo, que é a capacidade de desempenho de um Apple IIE. Devido aos aprimoramentos na velocidade dos processadores, mil dólares serão capazes de comprar, por volta de 2030, 10^{15} calculações por segundo. Isso significa que podemos projetar quantos processadores e a capacidade de calculação que teremos disponível no mundo em determinado ano, e quanto podemos esperar ter.

A Lei de Moore diz que essa duplicação da velocidade dos processadores conti-

---

12 É difícil encontrar uma obra filosófica de peso que, em determinado momento, não se embaralhe tentando definir essas questões. Mesmo assim, se alguma vez a filosofia precisou ser pragmática, a hora é agora.

13 Estou falando sério, pois isso constitui um teste de inteligência *humana*, ou, pelo menos, de inteligência *semelhante à humana*. Correndo o risco de ficar enredado nos detalhes técnicos, pois logo irei argumentar que isso é uma perda de tempo, o essencial aqui é que três sistemas interagindo ultrapassam a "barreira da complexidade", tanto social quanto contextualmente. Contar piadas significa que o sistema pode passear entre vários contextos, semântica e ontologia de forma criativa. E que eles não são enfadonhos como HAL obviamente é.

14 Se era engenharia, era presciente. Se era marketing, era ainda mais presciente, pois incentivava usuários de computador a nunca ficarem satisfeitos com o que tinham, a saberem que sempre poderiam conseguir mais, e a jogar fora sua prévia aquisição depois de apenas um par de anos. Se Ford pensasse da mesma maneira, todos teríamos carros mais velozes.

nuará, e que as novas tecnologias que estão surgindo possibilitarão isso. Uma dessas novas tecnologias é chamada de "memristores".* Embora eles estejam sendo desenvolvidos há quase três décadas, em 2008 os HP Labs anunciaram o desenvolvimento de "switching memristors", um componente eletrônico que registra o valor da corrente que passa através dele após a corrente cessar. Basicamente, é um sistema para calcular e armazenar dados ao mesmo tempo. Hoje em dia, os pesquisadores da Michigan University estão usando memristores para construir um sistema para aprendizagem e memória que é baseado no cérebro dos gatos.

O modelo de Moore se presta bem à extrapolação.

"Estamos construindo um computador da mesma maneira que a natureza constrói um cérebro", disse Wei Lu, professor assistente do Departamento de Engenharia Elétrica e Ciência da Computação da Universidade de Michigan."[15] "A ideia é usar um paradigma completamente diferente se comparado aos computadores convencionais. O cérebro dos gatos representa uma meta realista, pois é muito mais simples do que o cérebro humano mas, ainda assim, extremamente difícil de ser reproduzido em termos de complexidade e eficiência..."

Lu conectou dois circuitos eletrônicos com um único memristor e demonstrou que esse sistema é capaz do que é chamado de "plasticidade dependente da temporização". Isso significa que as conexões entre neurônios são capazes de se tornar mais fortes quando ambos são estimulados. Considera-se "plasticidade dependente da temporização" a base para a memorização e aprendizagem nos cérebros dos mamíferos, já que é o tipo de atividade que estabelece caminhos neurais e reforça lições como memória. Isso fornece grandes promessas para o desenvolvimento de formas de inteligência artificial, pois soluciona muitos problemas que o software tem de resolver. Portanto, parece que a Lei de Moore não corre perigo de se tornar obsoleta por *chips* lentos de hardware.

O modelo de Moore se presta bem à extrapolação.

Kevin Kelly, em seu interessante ensaio "Dimensions of the One Machine", iguala neurônios e transistores, e observa que nós temos "cerca de 1,2 bilhão de computadores pessoais, 2,7 bilhões de telefones celulares, 1,3 bilhão de telefones fixos, 27 milhões de servidores de dados, e 80 milhões de PDAs sem fio", o que somam aproximadamente "cem mil vezes mais transistores do que temos de neurônios em uma cabeça". Kelly destaca que em algum momento entre 2020 e 2040 a "One Machine" ultrapassará toda a capacida-

* Memristor: em inglês, contração de "memory" e "resistor". Em português, resistor com memória. (N. da T.)

[15] *TechNewsDaily*, "Cérebro de gatos inspira computadores do futuro", de Charles Q. Choi, 16 de abril de 2010.

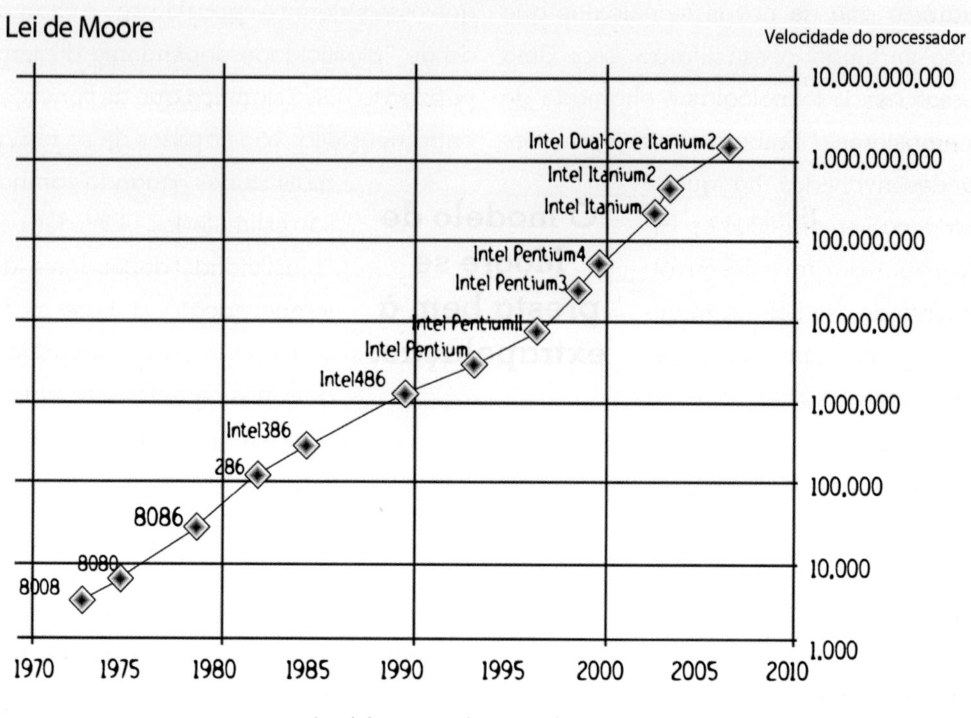

de humana de processamento.[16] Em minha opinião, faltou pouco para Kelly afirmar que ela adquirirá autoconsciência, ou se transformará numa IA semelhante à humana.

Ray Kurzweil, por outro lado, nem chega a se refrear.

Escritor, inventor e futurista, Kurzweil diz, por meio de um ensaio intitulado "Retornos acelerados", que chegaremos – pelas mesmas razões e na mesma época que a gigantesca coleção de processadores de Kelly – a uma máquina que será intelectualmente indistinguível de um ser humano. O argumento de Kurzweil difere do de Kelly, porque Kurzweil contempla a aplicação (inteligência), não apenas a máquina (processadores).

Kurzweil parte da mesma premissa de Moore e Kelly: em 2001, mil dólares podiam comprar 10^7 calculações por segundo, o que corresponde à capacidade de uma formiga, e por volta de 2030, os processadores começarão a produzir 10^{15} calculações. Kurzweil também afirma que podemos medir inteligência pelo número e velocidade de processadores. Não apenas o poder de computar ou neurônios contam, mas também a inteligência. Então, por volta de 2045, por mil dólares você

[16] O artigo de Kevin Kelly encontra-se em http://www.kk.org/thetechnium/archives/2007/11/dimensions_of_t.php.

será capaz de adquirir inteligência mais potente do que toda a raça humana.

E não é só isso: como Kurzweil e muitos outros argumentam, isso irá criar algo chamado *Singularidade*. Termo popularizado pelo escritor de ficção científica Vernor Vinge,[17] Singularidade é o momento na história humana em que as máquinas se tornarão tão inteligentes, tão inventivas, que serão capazes de construir outras máquinas, e a era dos homens terminará. Assim como os dinossauros, nossos dias estão contados.

São argumentos muito instigantes. Mais transistores igual a mais inteligência. Mais inteligência gera ainda mais inteligência. Tal inteligência será tão grande que seremos fossilizados e uma nova era irá raiar, escapando de nossas mãos, povoando todo o mundo com sua cintilante inteligência nanotecnológica. Alguns dizem que essa revolução "acordará o universo", uma vez que toda matéria é gradualmente transformada em computadores mecânicos pensantes compostos de nanorrobôs, todos decididos a reformar o universo em nossa imagem da noosfera. Essa teoria diz que vivemos numa época em que tudo é capaz de mudar rapidamente, se tudo é potencialmente possível. E, de acordo com esse argumento, todos nós que vivemos hoje veremos a aurora dessa nova era.

A ideia de "Retornos acelerados" é peculiar. Afora ser sutilmente misantrópica, há dois problemas com ela. O primeiro é que ela pressupõe que tanto a inteligência como a evolução humana são quantitativas e mecânicas. Isso não parece certo, pois a evolução humana e a inteligência podem depender de quantidades e mecânicas, mas as duas não são definidas por elas. Ainda mais importante, entretanto, é o fato de que creio que sequer saibamos o que a inteligência é; então, medi-la parece-me equivocado.

Voltemos às formigas, por exemplo. As formigas compõem a maior biomassa da Terra. Correspondem a cerca de um quinto da biomassa total do planeta. Então, se pegássemos todas as formigas do mundo, cortássemos suas cabecinhas, removêssemos seus pequeninos cérebros e os colocássemos em fila para medi-los, teríamos mais conexões neurais do que em todos os seres humanos juntos.[18] Portanto, se inteli-

[17] Vinge fez isso em *True Names* e *The Peace Wars*. Deve ser observado, entretanto, que o matemático I. J. Good falou sobre isso pela primeira vez em 1965; Vinge apenas popularizou o termo.

[18] Quocientes de encefalização à parte (pois o indivíduo não está em questão aqui), as formigas correspondem aproximadamente a 15% da biomassa animal da Terra, e os seres humanos a cerca de 14%. Proporcionalmente, uma formiga possui dez vezes mais massa cerebral do que um humano. Isso significa que há maior quantidade de massa cerebral de formigas do que de humanos. Além disso, observe que os cérebros dos vertebrados são dimensionados alometricamente, enquanto os dos invertebrados o são isometricamente. De qualquer forma, se o argumento das formigas não está certo, consideremos insetos em geral. E se isso também não funcionar, é só continuarmos a adicionar cérebros de outras espécies na escala, e obteremos o mesmo resultado.

gência fosse uma simples questão de acumular e armazenar, as formigas nos dominariam, e não o contrário (se é que a capacidade de dominar indique, de fato, inteligência).

Maior não quer dizer melhor e mais rápido não quer dizer mais esperto. No fim das contas, o argumento de "Retornos acelerados" é um pouco como a frenologia do século XIX, ou da craniometria, na qual a personalidade das pessoas pode ser determinada pelas dimensões de seu cérebro. Só porque alguém tem uma cabeça grande não significa que seja inteligente (isso pode indicar que tem encefalite).[19] Frenologia e craniometria (ou qualquer suposição baseada em medições grosseiras) podem nos dar pistas sobre fisiognomonia desenvolvente, ou a psicologia de frenologistas, ou infecções, mas quantificações como essas não nos ajudam a prever quando a inteligência artificial aparecerá. Por mim, prefiro encarar os métodos contemporâneos de abordagem de antigos problemas com um pouco de desconfiança. Nem toda verdade está nos números.

Nem toda verdade está nos números.

Meu problema não está no argumento, e sim, na conclusão.

Definir inteligência e, mais ainda, quantificá-la, é uma tarefa ingrata. Poucos seres humanos, mesmos os mais inteligentes, seriam capazes de dizer o que é. Cotas de inteligência nunca foram totalmente bem-vistas como meio de entender a habilidade humana, e o esforço básico de mensurar inteligência parece ser revisto a cada vinte anos. Gênios foram subestimados por colegas. Temos muita dificuldade para reconhecer inteligência em outros seres humanos. Há muitos tipos de inteligência, incluindo a social, a emocional e a artística (geralmente se emprega *gênio da matemática*, ou *gênio musical*, para indicar tipos diferentes de inteligência). Há também muitas formas de inteligência que ainda não compreendemos. Para começo de conversa, muitos já propuseram que a inteligência não está inteiramente restrita ao cérebro.

Imagine que nós, humanos, criemos máquinas mais inteligentes do que humanos. Como é possível que construamos algo mais inteligente do que nós se nem chegamos ainda a um consenso sobre o que é ser *inteligente*? Coisas que podem ser quantificadas podem ser vistas. Entretanto, inteligência parece ser uma aplicação do hardware mais do que o hardware em si, e é por isso que para mim é difícil passar da primeira sentença deste parágrafo se eu considerar de fato o que ela afirma.

Deixando de lado as queixas anteriores sobre métodos quantitativos, há outros problemas com essas ideias, como as várias "leis" conflitantes. Essas leis são sobre

[19] Ou, mais provavelmente, que é cabeçudo.

coisas como "code bloat"* e o delicado equilíbrio entre tecnologia, economia e sociologia. As velocidades de rede aumentam com o passar dos anos, novas tecnologias chegam, temores religiosos influenciam a cultura, a cultura influencia a tecnologia, e tudo isso deixa pouco espaço para uma IA Forte emergir, mesmo se o argumento de "Retornos acelerados" fosse válido. Não é tecnologia do tipo que produz uma arma robótica; é tecnologia do tipo que produz células-tronco.

Então, usar argumentos quantitativos para predizer quando algo que não é quantitativo irá surgir parece muito esquisito para mim. Memristores e nanotecnologia guardam imensas promessas (e, igualmente, imensas ameaças), mas inteligência, a meu ver, é mais uma questão de aplicação de hardware do que de plataforma de hardware.

Duvido que Singularidade (a teoria de que máquinas mais inteligentes do que os humanos começarão a produzir máquinas cada vez mais inteligentes) irá ocorrer da maneira como é imaginada hoje em dia. Máquinas não constroem máquinas sem a orientação de seres humanos. Alguns exemplos, como algoritmos genéticos,[20] podem ser encontrados, mas faz sentido olharmos como a história provavelmente se repete. Considere uma indústria em que robôs são os criadores primários de um produto melhor do que nós – a indústria automotiva. Carros são feitos por robôs, mas esses carros e esses robôs não criaram carros que estão criando carros mais velozes. A principal coisa que produzem é a poluição. Na verdade, esses robôs que produzem carros criaram mais poluição do que carros.[21] Em minha opinião, o que temos de aguardar com ansiedade não é a superinteligência, e sim, propaganda direcionada, robôs nos importunando em *shoppings*, relógios de pulso que insistem para que compremos transceptores de vídeo, iPads que rastreiam nossos hábitos de leitura, e sapatos que nos dizem aonde ir. Coisas que sequer identificaremos como inteligentes. Não espero ver semideuses raiando no horizonte tão cedo, mas com certeza prevejo um monte de diabinhos borbulhando dos esgotos do comércio sem valor.

A Singularidade (e as indústrias, como as escolas e *workshops* que a Singularidade está criando) é como uma religião baseada na ficção científica. É como se houvéssemos feito um grande emaranhado de conexões, chamado Internet, e mantivéssemos nossos ouvidos colados a ela, prestando atenção, ficando cada vez mais

* Produção de código desnecessariamente longo, lento ou que apresenta desperdício de recursos. (N. da T.)

[20] Por exemplo, veja o trabalho de Karl Sims e outros que examina locomoção e maneiras de testar possíveis variáveis.

[21] Se um veículo terrestre em média produz 50 quilos de poluição por ano, e a maioria desses veículos dura quinze anos, então, eles produzem cerca de 2.250 quilos/5.000 libras de poluição – mais do que o próprio peso do carro. E, então, o carro é jogado fora.

receosos de escutarmos uma voz sussurrando alguma coisa maligna. Seria até engraçado se não houvesse tantas pessoas levando isso a sério.

Mas, deixemos tudo isso de lado e consideremos que realmente possa acontecer. Como reconheceríamos o fenômeno?

Alan Turing, uma das mentes mais brilhantes que trabalham na área da Ciência da Computação, e muito provavelmente o inventor da inteligência artificial, tem um par de respostas para essa questão. Em 1950, ele sugeriu um teste que foi batizado com seu nome: o "Teste Turing".

Como poderíamos ao menos reconhecer a inteligência humanoide?

Esse teste propunha que um juiz se empenhasse numa conversa, via bate-papo com troca de textos, com um ser humano e uma máquina. Se o juiz não pudesse distingui-los, a máquina seria inteligente. Alguns argumentaram que esse seria um teste de consciência. A resposta de Turing foi: "Se parece que é consciente, é".[22]

Tampouco estou certo disso, e a razão é que, mais uma vez, estamos diante de um ponto de vista mecân[illegible] Um ovo não é um ovo apenas porque parece ser um ovo. É um ovo ou por ter saído de uma galinha ou porque eu o comi, não porque ele se parece com um ovo. Afinal de contas, inteligência só é útil se produz algo. Não pode apenas aparentar ser inteligente.

Se deixarmos de lado essas questões sobre definição do que é inteligência, teremos problemas também com o processo de julgamento. Como exemplo, digamos que Albert Einstein – que a maioria concorda ter sido um cara bastante inteligente – escrevesse um programa que fosse tão inteligente quanto ele. Na sala número 1 ele coloca o programa de IA para rodar. Com a máquina em ação, ele então sai e entra na sala número 2, e senta-se diante de seu próprio computador. Eu, enquanto isso, tenho a honra de servir como juiz de tudo; por isso, sento-me na sala número 3 e estalo minhas juntas preparando-me para participar do que certamente há de ser um teste espantoso. Qual deles será Einstein? Qual será seu alter ego robótico? Minha tarefa consiste em separá-los e, ao fazê-lo, identificar o robô. Mas, se não for capaz de distingui-los, então o robô terá passado no teste, e teremos algo que talvez seja consciente.

Olhando para o cursor piscante, há uma pausa, e o seguinte texto aparece na tela:

Über einen die Erzeugung und Verwandlung des Lichtes betreffenden heuristischen Gesichtspunkt!!

---

[22] Mais tarde, o próprio Turing questionou sua versão original do teste, e, ao que parece, no final tornou-se cético.

Nem faço ideia do que isso significa. Como diabos posso saber se é uma entidade inteligente que está teclando comigo? Sequer posso dizer se isso é apenas um computador que está se fazendo passar por um ser humano, já que minhas suposições sobre cultura, psicologia e idioma distorcem meu julgamento. Droga, até minhas suposições sobre suposições me arremessam para fora dessa caixa de Schrödinger.* Se Einstein estivesse naquele computador, e teclasse comigo em alemão, e eu nunca tivesse visto alemão porque cresci em Botswana, seria eu a melhor pessoa para dizer se aquela entidade é inteligente ou autoconsciente?

O ponto fraco da definição de inteligência é nossa capacidade de reconhecê-la quando a encontramos. Tenho certa dúvida sobre a maior parte do que escrevi, mas tenho certeza de uma coisa, pelo menos: eu não deveria ser um juiz nesse caso.

Alguém deveria?

01110100011010000110100101110011001
0000001101001011100110010000001101
001011011100111010001100101011011000
11011000110100101100111101100101011011
10011000110110010100101110[23]

E, de qualquer maneira, Einstein tinha dificuldades com a linguagem quando era criança.

Então, a fim de identificar inteligência numa máquina, precisaremos nos livrar de nossas definições de inteligência antropocêntricas, ou pré-copernicanas. Essa visão pré-copernicana de inteligência designa a inteligência humana como o centro arbitrário de uma galáxia de possibilidades. A inteligência humana é a régua, a unidade de medida e o olho que mede. Consideramos que somos o pináculo da evolução no que concerne a qualquer coisa relativa à inteligência. Paradoxalmente, vemo-nos como pináculo da inteligência na face de um planeta no qual, se estamos apenas começando a descobrir como espécies tão simples como as bactérias[24] são capazes de se comunicar, o que dizer então da comunicação entre baleias e chimpanzés?

Há poucos anos, conheci um programador que vivia na Floresta Negra, na Alemanha. Certo dia, ele encontrou um filhote de corvo e o criou como animal de estimação. Ele adorava ração de cachorro, e o cão do programador odiava que ele adorasse ração de cachorro, mas tanto o corvo quanto o programador não liga-

* Erwin Rudolf Josef Alexander Schrödinger (1887-1961), físico austríaco, um dos pais da Mecânica Quântica, ganhador do prêmio Nobel de Física em 1933. Amigo pessoal de Einstein, depois de extensa troca de cartas com ele, propôs o experimento mental, frequentemente descrito como paradoxo, conhecido como o *Gato de Schrödinger*, que se passa dentro de uma caixa lacrada. (N. da T.)

[23] "Isso é inteligência."

[24] Veja o trabalho de Bonnie Bassler sobre a comunicação entre bactérias (Princeton).

vam para o que o cão pensava. O cão teve de defender sua comida sozinho. O corvo, como meu amigo notou um dia, punha-se sobre o parapeito da janela e imitava o miado de um gato. A princípio, meu amigo, que até hoje considero bastante inteligente, não sei por que razão, levou cerca de uma semana para perceber o que estava acontecendo.

Quando o corvo imitava o miado no parapeito, o cão corria para fora para procurar o gato, o pássaro descia da janela e comia a comida do cão. O corvo era só um pouquinho mais inteligente do que o cão.

A inteligência parece estar relacionada com a capacidade de adaptação a circunstâncias imprevistas.

Meu amigo contou-me que depois que a ave apanhava um pouco da ração, tratava de escondê-la. Mas se o corvo percebia que ele o estava observando enquanto fazia isso, o animal mais tarde mudava o local do esconderijo. O corvo pensava: "Eu sei que você sabe como isso funciona, e por que você está me olhando esconder isso, obviamente pensa que é algo valioso, então, vou prever seu comportamento e enterrar meu tesouro em algum outro lugar".

Os corvos (mais especificamente, os corvídeos, que incluem os corvos, as gralhas, as pegas e os gaios, para citar apenas alguns) têm surpreendido os cientistas que os observam nos últimos tempos. Eles demonstram ampla capacidade de memória, empregam complexas habilidades sociais, poder de raciocínio e, talvez o mais impressionante, uma notável capacidade de não só usar como de fabricar ferramentas. Eles reconhecem indivíduos (tanto humanos quanto outros corvídeos), são capazes de imitar sons de outros animais para induzir outros bichos (e os humanos) a fazer coisas que lhes rendam algo de bom, como na experiência de meu amigo.[25] Exemplos similares de "inteligência" podem ser encontrados em todo o reino animal.

Dizer que um macaco não é tão inteligente quanto nós, mas é mais inteligente do que um corvo, só porque um macaco pensa mais como nós do que um corvo, faz tanto sentido quanto dizer que um macaco é mais bonito do que um beija-flor pela mesma razão. É paternalismo.

Para mim, inteligência está relacionada com a capacidade de adaptação a circunstâncias imprevistas. Isso envolve previsão, memória, análise e – o mais difícil de tudo – a habilidade de autocontrole e autotransformação. Ser capaz de prever significa que um sistema tem memória e noção de causa e efeito, mas simplesmente prever coisas não é suficiente; a capacidade de mudar para se adequar a outro

[25] Veja o trabalho de Christopher Bird, da Cambridge University.

sistema – e fazê-lo em uma circunstância sobre a qual se tem pouco controle, ou conhecimento – parece-me mais um comportamento inteligente. E a bactéria é capaz de fazer exatamente isso.

Então, a questão permanece aberta, os problemas de IA Forte não foram ainda compreendidos e uma solução para criá-la encontra-se tão distante quanto Júpiter. Em resumo, meu palpite é que nossas emoções têm mais a ver com inteligência do que nossa lógica, mas tenho muita dificuldade em racionalizar essa paixão e expressá-la com palavras.

Um olho ciclópico enxerga fundo

A IA NÃO É PERIGOSA PORQUE PODE SE DESCONTROLAR; é perigosa porque confiamos cegamente nela.

Em *2001: Uma Odisseia no Espaço*, como em todo filme de robô que se preze (do Ocidente, pelo menos), algo sai horrivelmente errado. HAL 9000 deixa a meiguice e a fala mansa para se transformar num Observador ciclópico.[26] A oscilação do sistema inicial, primeiro sinal da instabilidade em sua interação, acontece durante um jogo de xadrez entre HAL e o capitão da nave, Dave. Um espectador cuidadoso perceberá que há uma jogada mal declarada. HAL engana Dave, mas Dave não percebe. Não percebe, pois confia em HAL implicitamente.[27] É o primeiro teste de HAL. Então, em seguida a um curioso momento íntimo de apreciação artística entre o homem e a máquina, HAL faz a Dave uma "pergunta pessoal". HAL quer saber se Dave anda tendo "dúvidas" sobre a missão. Esse é o segundo teste de HAL, para ver se Dave é capaz de executar as tarefas excepcionais que tem diante de si.[28] Dave fracassa novamente (pelo menos, aos olhos de HAL), e a interação entre os

[26] Não posso evitar de enxergar HAL (quando ele ataca Frank) como um Observador de dois braços e um só olho saído do *Manual de Monstros do Dungeons & Dragons, Primeira Versão*.

[27] É uma reprodução de um jogo muito famoso – Roesch vs. Schlage, Hamburg, 1910.

[28] HAL: Bem, perdoe-me por ser tão curioso, mas nessas últimas semanas não consigo deixar de pensar que talvez você esteja inseguro com a missão.
Dave: O que quer dizer?
HAL: Bem, é meio difícil de definir. Talvez eu esteja só projetando minhas próprias aflições. Sei que ainda não me livrei completamente da suspeita de que há alguma coisa muito estranha nesta missão. Tenho certeza de que concorda que há certa verdade no que digo.
Dave: Eu não sei. É uma pergunta difícil de se responder.
HAL: Não se importa de falar disso, não é, Dave?
Dave: Não, de jeito nenhum.
HAL: Bem, certamente ninguém pode ignorar aquelas estranhas histórias que circularam antes de partirmos. Boatos sobre algo sendo desencavado na Lua. Nunca dei muito crédito a essas histórias. Mas em vista de outras coisas que aconteceram acho difícil tirá-las da cabeça. Por exemplo, a forma como nossos preparativos foram mantidos sob absoluto sigilo e o toque melodramático de colocar os doutores Hunter, Kimball e Kaminsky a bordo já em hibernação depois de quatro meses de treinamento em separado.
Dave: Está fazendo o relatório psicológico.
HAL: Claro que estou. Desculpe-me. Sei que é uma bobagem. Só um minuto... Só um minuto...

MGM/The Kodal Collection

O olho ciclópico de HAL.

dois começa a desandar. A confiança que o robô tem em Dave, e a confiança que Dave tem em HAL é seriamente abalada.

O sistema entra em colapso quando HAL toma algumas decisões baseadas em suas próprias ideias e opiniões, e parece estar funcionando mal. Quando Dave pergunta a HAL o que está acontecendo, ele diz que é falha humana. Mas esse simplesmente não parece ser o caso e, por isso, Dave e Frank consideram desconectar HAL. É claro que HAL escuta tudo o que falam e a situação atira HAL em *loops* de lógica. A essa altura, HAL tem certeza de que Dave e Frank fracassarão em sua missão, mas ele também sente que tem de protegê-los. Contudo, se protegê-los, a missão fracassará. Além disso, HAL recebeu instruções para manter a missão em segredo, e fazê-lo sem distorcer informações. O que, por ser um tanto contraditório, ele não consegue resolver. Isso causa a ruptura no algoritmo chamado HAL 9000 e, finalmente, o desastre para a companhia e para a tripulação.

O fracasso não é resultado de um robô semelhante ao homem, mas de homens semelhantes a robôs. Os astronautas, escolhidos por causa de sua confiabilidade quase de máquinas, são mais robóticos do que HAL. HAL, incomparável no filme devido a seu comportamento emocional e gracioso, é mais humano do que Dave e Frank. HAL não é mau, nem apresenta mau funcionamento. Na verdade, HAL é forçado, por seus programadores na Terra (por causa de decisões que tomaram muito tempo antes), a se comportar como deve. Mas os programadores humanos de HAL nunca previram tais circunstâncias, e por isso a oscilação do sistema é resultado de pouca previdência por parte das pessoas de mente mecânica, não o resultado do mal praticado por uma máquina de mente humana. HAL se torna um diabólico assassino devido às decisões sem previsão dos programadores. É, como ele diz, "falha humana", tanto da parte de Dave como dos humanos que criaram HAL. É isso que o leva a matar os astronautas.

HAL mata a tripulação, pois foi indiretamente instruído a fazê-lo.

HAL é uma versão remota (e futura) das decisões dos programadores humanos.

HAL mata a tripulação pois foi indiretamente instruído por seus criadores e programadores, que não consideraram as consequências não intencionais de suas instruções. Isso é o que faz de HAL o mais humano de todos os membros da tripulação. Se pensarmos em HAL como um sistema como aquele em *Eu, Robô*, de Asimov, podemos entender HAL como um completo, inabalável e 100% fiel e inflexível missionário. Sua missão é garantir que a nave chegue à lua de Júpiter com o segredo da missão deles intacto. Ele é forçado pela lógica conflitante, não por seus criadores, a matar gente que possa descobrir esse segredo.

O filme *2001: Uma Odisseia no Espaço*, além de ser sobre armas, inteligência e evolução humana, é em última análise sobre decisões lógicas. É bastante parecido com a história de Asimov "Círculo vicioso". Essas histórias são sobre como a lógica nem sempre é racional, e isso apresenta uma pungente visão sobre a humanidade e os robôs. Afinal de contas, é a humanidade em HAL que causa o colapso; não que HAL seja humano, mas porque ele tem humanidade *nele*, e o fato de que os seres humanos não trabalham logicamente. Pensar que o fazemos acaba resultando em mal-entendido e morte.

Um defeito na unidade AE35[29]

HAL, É CLARO, NÃO É O ÚNICO ALGORITMO A CAUSAR caos (ou, mais precisamente, Dave e Frank não são as únicas pessoas a depositar muita confiança em tecnologias automatizadas).

[29] HAL diz a Dave, em *2001: Uma odisseia no espaço*.

O exemplo da vida real mais recente e mais dramático deveu-se a um algoritmo particularmente incisivo que acabou causando o colapso financeiro de 2009. Como HAL, o algoritmo causou danos vultosos e, como HAL, foi porque ele acreditava cegamente que grandes consequências adviriam.

O erro estava em se confiar na tecnologia.

Esse algoritmo veio de uma família chamada *cópula* (ou "acasalamento"). Algoritmos de cópula provêm de uma necessidade de mensurar riscos casados ou relacionados. O algoritmo gaussiano de cópula é uma abordagem estatística usada por bancos e pelos profissionais de Wall Street para acessar riscos casados. Então, por exemplo, se há dois cavalos numa corrida, digamos Ferdinand e Spend A Buck, as chances que Spend A Buck tem de quebrar a perna, cair ou apanhar um resfriado estão em torno de 1%. É um risco insignificante, do ponto de vista de um banqueiro. Mas se esses dois cavalos estiverem correndo na mesma corrida, e um deles cair, então isso aumenta a chance de que o outro cavalo também possa cair. Ou se esses dois cavalos não estiverem correndo, mas compartilharem a mesma cocheira, e um deles apanhar um resfriado, então aumenta a chance de o outro também se resfriar.

De qualquer modo, esse algoritmo gaussiano de cópula foi concebido para ajudar os banqueiros a elucidar, prever e até projetar riscos casados.

Nos anos que precederam o colapso financeiro de 2009, um número cada vez maior de instituições passou a adotar o uso da fórmula desse algoritmo. Na verdade, tamanho era o sucesso na previsão dos riscos durante os quatro ou cinco anos que levaram à quebra, que o uso da função foi adotado como meio para determinar os riscos introduzidos por se empregar essa função (o risco era, claro, reduzido). Se o Banqueiro A soubesse que o Banqueiro B estava utilizando a fórmula, estabelecia-se uma espécie de confiança baseada no fato de que ambos estavam usando o mesmo método. Na realidade, isso aumentava os riscos, mas, de maneira invisível, e ninguém sabia disso. Nem mesmo o inventor do sistema.[30]

Esses mercados financeiros, por estarem se baseando no mesmo algoritmo, começaram a se juntar. Vários títulos cobertos por ativos, como obrigações de garantia da dívida (em inglês, *collateralized debt obligations*, CDOs), foram criados com a mistura de materiais altamente voláteis e, enquanto a mistura acontecia e a agitação aumentava de velocidade, poucas pessoas pareciam prestar atenção se o coquetel poderia explodir. Empréstimos bancários, títulos corporativos, obriga-

[30] Um analista quantitativo e estatístico chamado David X. Li.

ções que eram garantidas por hipotecas, ou até taxas mais baixas em tranches de outras CDOs, foram todos misturados no mesmo e enorme caldeirão. Algumas das CDOs mais voláteis eram compostas inteiramente por empréstimos hipotecários de alto risco. Mas ninguém ligava. O algoritmo lhes dizia que tudo estava bem. Afinal de contas, os investidores não se encontravam sob escrutínio. As companhias financeiras existem para fazer dinheiro, e desde que o indivíduo na ponta da cadeia lhes apresentasse um saco de dinheiro, elas não se davam ao trabalho de checar de onde ele estava vindo. Por que deveriam? O que importava eram os resultados. De qualquer forma, a maioria dos gerentes de tais instituições financeiras não compreendia como tal função trabalhava.

O algoritmo, assim como HAL 9000, supunha que eventos se agrupavam em torno de médias previsíveis. A função de cópula era usada para calcular o preço de CDOs e prever mudanças, mas apenas dentro de certo período de tempo (ou seja, quando o preço dos imóveis estava mais alto). Entretanto, é difícil fazer previsões, especialmente sobre o futuro, e assim o desarranjo ocorreu quando o algoritmo começou a ser influenciado pelos próprios fatores que fora concebido para medir. Exatamente como uma ponte suspensa num cenário catastrófico, um dos lados começou a oscilar, enviando tremores para o outro, o que amplificava o efeito. Então, combinados com a fonte, tais tremores criavam uma oscilação cada vez maior. Essa desordem do sistema, da mesma forma que a que ocorreu entre HAL e Dave no filme *2001*, baseou-se na mesma coisa: confiança no sistema.

Muitas organizações financeiras confiaram no algoritmo que originou o colapso do mercado financeiro e deflagraram uma crise econômica mundial.[31] Foi falha humana? Sim, é claro, mas o erro não estava na concepção da tecnologia. O erro estava em se confiar na tecnologia.

Nossa confiança na tecnologia pode ocasionar sérios reveses. Especialmente quando a tecnologia é virtual, invisível ou difícil de compreender.

É como se, à medida que nossa tecnologia avança, e nós com ela, encontremo-nos agarrados em galhos cada vez mais finos, com dedos de progresso tecnológico que nos permitem avançar devagarzinho, mas por caminhos estreitos e perigosamente fracos.

---

[31] Para maiores informações sobre esse tema, veja "The Formula that Felled Wall Street", de Sam Jones, *Financial Times*, 24 de abril de 2009.

Capítulo 4: Homem de Ferro

Como desviar de balas, pular pequenos edifícios num único salto e parar um trem em alta velocidade – Corpo, parte 1

> Dentre todas as conquistas tecnológicas do homem o computador é a mais extraordinária; é uma extensão de nosso sistema nervoso central.
>
> — Marshall McLuhan

FECHEI MEU LAPTOP E TAMBÉM MEUS OLHOS, APOIANDO a cabeça no encosto do assento. Fiquei escutando o martelar ritmado do velho trem, *whumpump, whumpump, whumpump*, passando alguns minutos de tranquilidade, talvez tenha até cochilado um pouco; então, virei-me para espiar pela janela. Lá fora, telhados ligeiramente curvos, algumas crianças a caminho da escola, com suas mochilas quadradas nas costas, e até uns corvos voando ao lado do trem. Um deles pareceu olhar para mim. Há um bocado de corvos em Tóquio.

Baixando a vidraça, voltei o rosto para o alto, tentando sentir um pouco do ar do exterior. Era fresco. O vento tinha cheiro de chuva e de mar. Tudo parecia bem real, a não ser o lugar para onde eu estava indo.

Iria visitar uma empresa chamada Cyberdyne, em Tsukuba, ao norte de Tóquio. Tsukuba é um dos maiores esforços coordenados governamentais em todo o mundo para apoiar e aprimorar o desenvolvimento técnico, um investimento fundamental do governo japonês para garantir que a pequena nação insular permaneça à frente dos avanços tecnológicos mundiais. Quase a metade das verbas públicas destinadas à pesquisa e ao desenvolvimento é gasta em Tsukuba. Inspirada em parte em Palo Alto, Califórnia, no coração do Vale do Silício, Tsukuba foi designada oficialmente como uma cidade voltada para a tecnologia na década de 1960.

Por volta do ano 2000, Tsukuba tinha uma população de cerca de 200 mil habitantes e ostentava 60 institutos nacionais de pesquisa, duas universidades e quase 250 laboratórios de pesquisa particulares, com centenas de pesquisadores de todas as partes do mundo visitando tais laboratórios e ajudando a disseminar as tecnologias japonesas quando voltavam para casa.

É o que acontece ainda hoje, mas as coisas continuam a crescer. Desde a

Segunda Guerra Mundial, a parceria governo-indústria no Japão, e também o trabalho ético, o domínio de tecnologia avançada e uma verba bem pequena destinada à defesa[1] ajudaram o país a galgar rapidamente o topo, estabelecendo-se como a segunda economia mais poderosa tecnologicamente, atrás apenas dos Estados Unidos. O Japão é a terceira economia mundial, depois dos Estados Unidos e da China. Mais de 90% de seus cidadãos têm acesso à Internet, e o país possui mais provedores *per capita* do que qualquer outro no mundo. Muito disso se deve a Tsukuba.

Kyoga estava usando um exoesqueleto, um "robô vestível".

Abri meu laptop e continuei minha leitura, de onde havia parado, sobre um ciborgue na Suíça.

Nos Alpes, perto de Zermatt, encontra-se uma montanha de 4.164 metros de altura, de cume nevado, chamada Breithorn. Lá, num claro dia de agosto, em 2006, um jovem subiu a montanha, arrastando um trenó pela neve. Era seguido por uma equipe de pesquisadores. Quem arrastava o trenó era Kyoga Ide, um adolescente japonês, acometido por distrofia muscular, o que o comprometia significativamente, mesmo aos 16 anos. Por baixo de seu grosso casaco, Kyoga estava usando um exoesqueleto conectado diretamente à sua pele. Pequenos sensores monitoravam seus movimentos e, se ele flexionava um músculo da perna esquerda, o exoesqueleto o auxiliava erguendo simultaneamente a perna artificial, permitindo-lhe subir a montanha arrastando o trenó totalmente por conta própria.

No trenó ia Seiji Uchida, 43 anos, vítima de um acidente de carro em 1983 que o deixou paraplégico. O exoesqueleto de Kyoga lhe possibilitava caminhar pelo gelo e ainda puxar Seiji com ele na escalada da montanha Breithorn.

A expedição, que já havia sido adiada uma vez devido ao mau tempo e a problemas técnicos, começara na estação teleférica de Matterhorn, a 3.883 metros de altitude em relação ao nível do mar, e seguira pela face sudoeste da montanha, por um platô glacial, antes de iniciar a subida até o topo, enfrentando uma inclinação de 35 graus e o sol alpino naquela elevada altitude.

No final, o grupo teve de retornar porque o solo tornou-se muito íngreme e escorregadio devido ao gelo, mas foi uma excelente demonstração de duas importantes facetas de uma nova tecnologia. Em primeiro lugar, mostrou como nossas deficiências podem ser superadas, permitindo que pessoas incapacitadas possam participar de atividades físicas que, de outra maneira, jamais lhes seriam possíveis. Em segundo, mostrou também ao mundo

[1] Apenas 1% do PIB (via http://www.cia.gov/).

Mark Stephen Meadows

Nova sede da Cyberdyne, em Tsukuba.

Mark Stephen Meadows

Interior do prédio novinho em folha da Cyberdyne.

como os exoesqueletos podem ajudar equipes de resgate a retirar pessoas feridas ou machucadas de lugares que, de outro modo, seriam de acesso muito difícil – mesmo para aqueles de nós que têm a sorte de contar com um corpo sadio.

Kyoga estava usando o traje projetado pela Cyberdyne, empresa japonesa que começou a patentear um exoesqueleto, um "robô vestível" (como o chamam em seu site),[2] para melhorar o desempenho físico. O indivíduo portando o traje tem sensores ligados à pele. Os sensores detectam os movimentos do indivíduo e transmitem a informação para um "sistema de controle autônomo robótico" que comanda servomotores no traje. Isso permite que os movimentos do exoesqueleto sejam coordenados com os movimentos naturais. Em outras palavras, é a versão "primitiva" da armadura de Tony Stark. A Cyberdyne anuncia o traje como "HAL", acrônimo de "Hybrid Assistive Limb".*

Desembarcando em Tsukuba, foi fácil descer por algumas escadas rolantes, passar por uma espécie de pedágio que

[2] http://www.cyberdyne.jp/English/robotsuithal/index.html.
* Membro híbrido de apoio. (N. da T.).

Mark Stephen Meadows

Imagem do exoesqueleto da Cyberdyne no topo da escada.

recolheu meu bilhete e sair para a rua. A sede da Cyberdyne, localizada no centro de Tsukuba, era uma construção reluzente que me deu a impressão de estar adentrando um complexo militar. Era moderna e limpa, bem podendo abrigar isótopos radioativos ou dispositivos para teletransporte, e passava um ar frio, empresarial.

As aparências pouco revelavam do que havia lá dentro.

O HAL da Cyberdyne

A SEDE ESTAVA VAZIA. NADA DE SECRETÁRIAS, NADA de corre-corre, ninguém batendo telefones. Era um vazio simples e austero.

Tampouco havia mobília. Nada exceto um tapete.

Chamei: "Alôôô?!" e o som ecoou.

Cheirava a plástico. Cheirava a novo.

Logo, uma mulher miúda chamada Fumi veio saudar-me, passou às minhas mãos alguns documentos, guiou-me pelas escadas, trouxe-me chá e acomodou-me numa cadeira, para que eu pudesse esperar pelo CEO da Cyberdyne, Yoshiyuki Sankai. A aparição de Fumi havia sido tão repentina e surpreendente que tive a sensação de estar em um cenário pós-apocalíptico onde tudo havia desaparecido. Mas eu lhe agradeci, bebi meu chá obedientemente e comecei a ler os documentos que havia me entregado, enquanto ela deixava a sala.

Sankai-san trabalhou no projeto do HAL por dezesseis anos. Quando garoto, ele imaginou um traje que pudesse ajudar as pessoas a se tornarem mais fortes, e seu amor de toda a vida por robôs é uma história bem conhecida e documentada no Japão.[3] Uma das coisas que ele se dispôs a fazer com a Cyberdyne foi estabelecer um "relacionamento apropriado" com a tecnologia, e deixar claro que a tecnologia que estava desenvolvendo estava lá para ajudar pessoas, não para ser usada como arma. Para esse fim, primeiro estipulou uma filosofia de trabalho – "a tecnologia ajudando as pessoas" – e prosseguiu criando comitês e equipes que ele então espalhou pelas cidades e para reuniões com o governo. Já se encontrou com os últimos quatro primeiros-ministros do Japão para ajudar a estabelecer orientações legais e éticas de como a tecnologia – e, especificamente, as tecnologias de assistência e protéticas – deveria ser usada.

Ele primeiro estipulou uma filosofia de trabalho: "a tecnologia ajudando as pessoas".

Nascido no final da década de 1950 em Okayama, Sankai frequentou a Universidade de Tsukuba. Ao perceber o número de estudantes que estavam confinados a cadeiras de rodas, vítimas de alguma forma de paralisia, geralmente devida a acidentes de carro, ele ajustou um pouco a trajetória de sua carreira. Questionou se a medicina-padrão lhe proporcionaria o espaço necessário para implantar as inovações que desejava. Depois de conversar com um amigo, ele mudou seu foco para a tecnologia médica e começou a estudar cuidadosamente o sistema nervoso humano, com um único objetivo: criar um sistema que captasse impulsos do sistema nervoso e os enviasse a uma máquina.

Em 1997, Sankai-san já tinha um protótipo funcionando. Era tosco, mas a essência estava lá.

Com o aprimoramento do sistema ele foi ganhando prêmios e reconhecimento, mais portas se abriram, e Sankai-san se viu em posição de pôr à prova sua filosofia. Uma dessas ocasiões foi quando o Departamento de Defesa dos Estados Unidos, em Washington, D.C., ofereceu-se para trabalhar com ele na construção de um robô para fins militares. Ele declinou da oferta, dizendo-lhes que já havia bastante gente com membros faltando. Também declinou de um oferecimento similar do governo da Coreia do Sul, mantendo-se fiel à sua filosofia inicial de beneficiar a humanidade, e de apoiar quem necessita de ajuda.

[3] http://www.youtube.com/watch?v=iT7IXfcifHE.

Enquanto lia minhas anotações, escutei uma movimentação no corredor. Sankai-san entrou na sala.

Tinha um sorriso largo, trajava um casaco bege e usava óculos escuros. Tirou o casaco, sacudindo-o dos pingos de chuva, e eu fiquei surpreso quando ele estendeu a mão para me cumprimentar. O normal ali seria uma reverência, mas ele obviamente estava habituado aos costumes ocidentais. Usava o cabelo comprido de maneira divertida e seus olhos faiscavam, como se estivesse a ponto de começar a rir.

O traje HAL é algo entre uma bengala, um carro e uma grife de roupas.

"Precisamos considerar um futuro no qual os efeitos da tecnologia tenham tido tempo de agitar e impactar o mundo de maneira sutil", disse Sankai. "Por exemplo, veja o que o automóvel fez. Infelizmente, não temos tempo suficiente para considerar nossos futuros. Desenvolvemos, criamos e corremos para a frente." Ele balançou a cabeça e, para mim, entre as anotações que acabara de ler e a paixão que testemunhava ali diretamente, ficou claro que Sankai-san só abandonaria sua ideia quando estivesse morto.

Seu idealismo o impulsionara a criar uma tecnologia para lá de sofisticada.

O traje HAL, algo entre uma bengala, um carro e uma grife de roupas, é uma estrutura simples de fibra de carbono que se ajusta ao corpo. Pode ser regulada, remodelada etc., mas a essência é a mesma de uma carapaça de inseto: suportar o tenro material dentro dela com um invólucro quitinoso. O traje é capaz de erguer 150 quilos, e pesa aproximadamente um oitavo disso. Possui pequenos sensores que são ligados à pele e captam os sinais elétricos que o cérebro envia aos músculos. Uma pessoa que tenha sofrido um derrame, ou um esmagamento das pernas em um acidente, é capaz de mover o traje porque, embora os músculos não estejam funcionando, os nervos que os conectam ao cérebro ainda estão recebendo os sinais. Então, os sinais são enviados, o traje HAL os capta e se move, e já que funciona como uma carapaça para o usuário, seus membros se movimentam junto com ele. É tão rápido quanto os próprios músculos.

O traje HAL pode ser ligado em rede com outro traje, de maneira que você pode mover sua perna (com os sensores ligados à sua pele), e o outro traje próximo também se moverá. Ou, se você e outra pessoa estiverem ambos trajando um HAL, e você mover sua perna, a perna da outra pessoa se moverá da mesma forma. Sessões gravadas podem ser captadas e *uploads* e *downloads* são possíveis, ampliando o aprendizado do traje.

HAL também é um sistema constituído por partes destacáveis, que podem ser separadas do todo. Isso significa que se pode usar apenas a parte inferior –

Foto da NASA

Enquanto a Cyberdyne trabalha na combinação traje e robô para ajudar os deficientes, a NASA tem se empenhado em usá-la na exploração espacial.

somente as pernas –, ou um dos braços separadamente.

As pernas são excelentes para ajudar as pessoas a caminhar. Por exemplo, um homem, acometido pelo Mal de Parkinson, passara quatro anos entrando e saindo do hospital. Estava confinado a uma cadeira de rodas e não havia o que fazer quanto a isso. Estava preso. Por intermédio da equipe de reabilitação do hospital, o paciente finalmente encontrou alento no traje HAL da Cyberdyne.

"Observe que há uma linha que divide os ciborgues em dois tipos. Essa linha é a pele."

Sankai mostrou-me um vídeo do que aconteceu a seguir. Um homem vestindo um avental hospitalar coloca as pernas do traje, com a ajuda de vários funcionários da instituição. Ele se inclina para a frente e, então, levanta-se. Simples assim. Era como se estivesse um pouco fraco, mas ainda capaz de se levantar. O homem olha em volta e as pessoas ao seu redor irrompem em palmas. A continuação do vídeo mostra o mesmo homem, outra vez de pé, sem auxílio. Alguém entra na cena e lhe entrega um andador, um daqueles apoiadores que os idosos usam. O cara agarrou a coisa e se lançou para a frente, um passo depois do outro, demonstrando uma incrível vontade de andar (o que não é difícil de imaginar, já que ficara quatro anos preso a uma cadeira de rodas). O terceiro vídeo mostra-o nas barras paralelas, caminhando por entre elas, novamente sem auxílio; o quarto vídeo já o mostra andando sozinho, sem auxílio de pessoas ou de aparelhos.

Agora, imagine alguém que teve a coluna rompida – os músculos já não recebem sinais do cérebro, pois o cabo principal de distribuição foi cortado. A Cyberdyne está desenvolvendo ferramentas para esses casos também, na forma de sistemas de interface cérebro-máquina (BMI).* Bastante diferente do projeto em que o Rehabilitation Institute of Chicago vem trabalhando (que requer cirurgia no paciente e reorientação física dos nervos até a ponta do que sobrou do membro), a Cyberdyne aposta num capacete que está se tornando muito popular nos laboratórios de pesquisa do Japão.

O sistema utiliza duas tecnologias principais: sensores de eletroencefalografia (EEG), que medem a flutuação elétrica no cérebro; e espectrografia próxima do infravermelho (NIRS),** que são sensores que medem o fluxo sanguíneo no cérebro, determinando a saturação de O_2 e a proporção de células vermelhas no sangue em determinado momento. É totalmente não invasivo, ou seja, é feito por fora da pele. Essas medições são então processadas e enviadas ao sistema, que retransmi-

* Em inglês, *brain-machine interface*. (N. da T.)

** Em inglês, *near-infrared spectroscopy*. (N. da T.)

Marvel Enterprises/The Kobal Collection

Tony Stark testa seu braço novo.

te o sinal apropriado para o membro, tal como "erga-se".

Mas esses BMIs não precisam necessariamente ser ligados ao traje HAL. Por exemplo, podem ser conectados a outro traje que outra pessoa esteja usando, ou a algo completamente diferente, como um carro. Sankai-san ri, e explica que ele conectou-os a quartos de hospital, de modo que um paciente pode apagar as luzes, ligar a TV, ou tocar um alarme, simplesmente pensando nisso.

"Um superciborgue!", deixei escapar, admirado.

Ele respondeu: "Observe que há uma linha que divide os ciborgues em dois tipos. Essa linha é a pele. Há ciborgues que têm implantes, com tecnologia que os afeta por baixo da pele, e também há aqueles que não precisam ter tecnologia dentro deles; em vez disso, são eles que estão dentro da tecnologia. A maioria dos sistemas na ficção científica é do outro tipo".

"Como o Homem de Ferro?", perguntei.

"Essa", disse ele, abrindo um sorriso de orelha a orelha, "foi uma de minhas inspirações."[4]

[4] Vale a pena ressaltar que Sankai concebeu, inventou e desenvolveu o traje HAL antes de sequer ouvir falar do *Homem de Ferro*, que foi um filme lançado em 2008. O que ele está dizendo é que o *Homem de Ferro* o inspirou, não que essa foi a ideia que sustenta sua concepção.

O traje de força

A LINHA ENTRE SERES HUMANOS E ROBÔS É, NO máximo, imprecisa. Se um humano está controlando um robô, ou um robô está controlando um humano, qual a diferença entre os dois? Pessoas podem ser neurologicamente conectadas a máquinas e fazê-las andar por aí? Máquinas podem ser "ligadas" a pessoas e possibilitar que elas andem por aí? Se um homem de 100 quilos for composto por 50 quilos de maquinário que desempenhe todo o trabalho que seu corpo normalmente executaria – andar, digerir, enxergar, apanhar coisas, soltar coisas – e ele puder controlar essas máquinas que estão conectadas ao que resta de seu corpo por meio do pensamento, então, ele ainda seria humano? O copo está meio robô ou está meio humano? E, o mais importante, quando tudo isso – ou a maior parte disso – se tornará realidade?

O Homem de Ferro[5] fez sua primeira aparição nos quadrinhos em 1963, no nº 39 de *Tales of Suspense*, e quando o primeiro *Homem de Ferro* foi lançado nas telonas, em 2008, alcançou mais de 98 milhões de dólares no Canadá e nos Estados Unidos, apenas na primeira semana de exibição, sendo que mais de um terço dessa quantia foi arrecadada nas primeiras 24 horas, colocando-o entre as doze maiores estreias da história do cinema.

Ao se aproximar de seu quinquagésimo aniversário, o Homem de Ferro pode ser encontrado em dezenas de figuras de ação, quatro videogames e centenas de camisetas adquiridos por milhões de pessoas em todo mundo. Esse amado robô da ficção científica não mostra sinais de envelhecimento.

Para princípio de conversa, o velho Shellhead* é um traje. Muito embora não venha acompanhado de uma gravata, possui outras vantagens: movimenta-se por Tony, toma decisões por ele e reforça seu corpo. É um corpo protético comandado diretamente pelo cérebro do cientista. E se conecta, também, ao próprio corpo de Tony.

A história do filme (que segue de muito perto a original) dá-se da seguinte maneira: o engenheiro e garoto prodígio Anthony Stark ganha fama em sua juventude como um *playboy* capitalista bilionário. Tudo vai às mil maravilhas para ele. Como vendedor de armamentos, dobra sua fortuna, e passa metade do tempo bêbado. É intocável política, social, financeira e fisicamente. Faz o que quer, quando quer. Mas as coisas desandam quando ele é sequestrado em solo estrangeiro por inimigos insurgentes. Desacordado por uma explosão, ao despertar se descobre preso numa caverna inimiga, com um marca-passo recém-instalado no peito, que o está mantendo vivo. Ainda por

[5] O *Homem de Ferro* foi criado em 1963 por Stan Lee, Don Heck, Larry Lieber e o inimitável Jack Kirby.

* Apelido carinhoso que os fãs colocaram no *Homem de Ferro*. (N. da T.)

cima, Tony não será libertado até que construa uma arma para seus captores. Ele tem três meses.

Entretanto, sendo tanto um gênio quanto um rebelde (como todo bom super-herói), Tony nos surpreende. Em vez de construir uma arma para seus sequestradores, Tony constrói um exoesqueleto para si próprio, arrebenta as paredes de sua prisão de rocha e, após uma série de revelações que mudam sua vida, retorna à civilização e para sua oficina *high-tech* onde ele pode concentrar sua energia mental em aperfeiçoar outra rodada de mecanismos robóticos, revolucionários e capazes de salvar o mundo. O que ele constrói é um exoesqueleto protético que ele pode controlar por movimento, voz e pensamento. Depois de criar também um novo marca-passo para acompanhar a armadura, nasce o Homem de Ferro.

Para princípio de conversa, o velho Shellhead é um traje.

À primeira vista, o Homem de Ferro é um cara muito sortudo, com uma armadura literalmente de arrebentar. Um traje que não apenas lhe permite voar em Mach 3,* colidir com um F-22 Raptor em pleno ar e sair ileso, disparar um canhão de pulsos eletromagnéticos da palma da mão e ocasionalmente aguentar o impacto de um míssil lançado de um tanque antiaéreo, mas também controlar tudo isso com funcionalidade mioelétrica – se ele pensa, o traje faz. O traje também vem com um sistema de IA, que funciona como copiloto, chamado JARVIS, que administra os sistemas da armadura com uma personalidade seca e empresarial, enquanto Tony ocupa-se de tirar sarro dele e combater os caras maus. À primeira vista, o Homem de Ferro é um homem voando por aí vestido com um tanque de elastano – um *upgrade* em vermelho e dourado do Super-Homem.

Mas o Homem de Ferro é um pouco mais complicado do que apenas um cara num traje.

Ele está mais para um *upgrade* de ser humano, e sua tecnologia não tem nada de superficial. Tecnicamente, sei que o traje é reforçado com arsenieto de gálio, utiliza microplacas produzidas por bactérias que se alimentam de metal, fecha-se sozinha, é movida a energia nuclear e construída com pequenas células ou unidades autônomas que tomam seus devidos lugares sozinhas. Na verdade, não é feito de ferro. E tem ainda o problema cardíaco e o marca-passo. Embora ele tenha uma carapaça exterior super-resistente, por dentro é tecnologicamente dependente – é um homem que modificou seu próprio coração por meio de reengenharia.

* Número de Mach é a relação entre a velocidade do objeto e a velocidade do som. A categoria supersônica vai de 1.2 Ma a 5.0 Ma. (N. da T.)

Marvel Enterprises/The Kobal Collection

O Homem de Ferro sai para um *test drive*.

Quando estava no cativeiro, Tony Stark recolheu paládio de aparelhos eletrônicos disponíveis e usou-o para construir uma bateria para conservar seu marca-passo funcionando. Basicamente, seu coração é um pequeno reator nuclear que é usado tanto para alimentar seu exoesqueleto quanto seu corpo real – uma máquina que produz um campo magnético circular para confinar partículas atômicas energizadas (um dos candidatos mais pesquisados hoje em dia para produzir fusão controlada).[6] Quando Tony volta para casa, ele faz um *upgrade* nesse "reator redondo", de maneira que ele produza, de acordo com o filme, 12 gigawatts de energia – suficiente para abastecer por determinado tempo uma cidade de mais de um milhão de habitantes. Mas, a despeito dessa enorme quantidade de energia, se o reator for retirado de seu peito, Tony Stark morre. Seu coração – uma peça de tecnologia inventada por ele – é tanto sua força quanto sua fragilidade, sua integridade e sua vulnerabilidade.

O Homem de Ferro é um pouco Homem de Lata. Ele é o lenhador de *O Mágico de Oz*, que parece ter conquistado sua humanidade ao perder o coração. O conceito de coração é importante em *Homem de Ferro*, e se assistirmos ao primeiro filme atentamente, frases como "Sei de coração

[6] Para mais informações, procure por reator Tokamak, inventado na década de 1950 pelos físicos soviéticos Igor Yevgenyevich Tamm e Andrei Sakharov.

que estou certo" e "Prova de que Tony Stark tem coração" assumem enorme significância, pois, no fundo do coração, o Homem de Ferro é sua tecnologia. A tecnologia está integrada não apenas com seu marca-passo interno, mas também com sua armadura, fornecendo-lhe energia assim como fornece energia para seu próprio corpo.

Se Tony Stark possui um coração de ferro e uma pele de ferro que são partes de seu próprio corpo, então, o que mais é um homem de ferro senão um robô? Ele é robótico no nível mais profundo e no mais superficial. Porque seu coração é uma máquina, ele parece mais um robô com músculos humanos do que um humano com um traje de metal. Como alguém que houvesse passado por uma cirurgia de mudança de sexo, ele é uma espécie de versão transgênero de um robô – um homem que cirurgicamente converteu a si mesmo, por meio de uma prótese, em um robô, um ciborgue.

Um dia, numa caverna muito distante, logo depois que o marca-passo e o coração artificial foram instalados, Tony Stark imaginou uma lista de itens para incluir em seu traje para que pudesse arrebentar as paredes de sua prisão e não ser alvejado no processo. Foi algo assim:

Lista de requisitos para funcionalidade do Homem de Ferro:

Exterior à prova de balas

Exoesqueleto pneumaticamente assistido

Ferramentas embutidas (serra em miniatura, metralhadora, ventosas, maçarico)

Amortecedores (para saltos curtos)

Funções eletromagnéticas (para repelir balas e confundir sinais)

Jatos de óleo (para lubrificar as juntas e fazer os vilões escorregarem)

Bateria elétrica portátil

Todas essas tecnologias existiam quando o Homem de Ferro nasceu em 1963. Mais tarde, na história de *Homem de Ferro*, quando o inventivo sr. Stark retorna ao seu laboratório, ele resolve incrementar seus dotes. A segunda versão do traje foi aprimorada com coisas do tipo:

Aumento de força (para apanhar coisas pesadas, como carros)

Sensores (para desviar-se de mísseis)

Copiloto com IA *on-board* (JARVIS)

Interface cérebro-computador/Ligações mioelétricas com o traje

Aumento da força, sensores para desviar-se das balas, copiloto com IA on-board e ação BMI

Então, quanto disso é exequível com as tecnologias que existem hoje?

Não parece provável que vejamos um traje como o do Homem de Ferro na próxima década, mas com certeza algo bastante diferente, e possivelmente mais letal. E também mais humano.

A maior parte das novas tecnologias será projetada para fins militares e indivíduos com deficiências neurológicas. Especificamente, veremos equipamento de guerra e substituição de globos oculares. Isso ajudará a criar pessoas mais fortes do que o comum e capazes de enxergar tão bem quanto um ser humano normal. Também veremos implantes projetados para superar o Mal de Alzheimer e provavelmente até a esquizofrenia. Teremos pessoas conectadas diretamente a redes de computadores.

Quanto disso é exequível com as tecnologias que existem hoje?

Em Tóquio, no dia de Halloween em 2008, a Honda apresentou um dispositivo projetado para suportar o peso do corpo, aliviar stress nos joelhos e aumentar de maneira geral a força da pessoa ao caminhar. Parece um pouco com uma sela com pernas. O conceito básico se assemelha ao do traje HAL da Cyberdyne.

O engenheiro-chefe da Honda nesse projeto, Jun Ashihara, acredita que as pessoas que farão uso do dispositivo serão os operários de fábrica que estão envelhecendo e forçam muito os joelhos, ou passam horas em pé diante das linhas de produção ou, no comércio, aqueles que ficam atendendo clientes em caixas registradoras e passam muito tempo em pé. Ele compara o dispositivo a uma bicicleta, que é, de fato, um pouco com o que isso se parece. A coisa de aparência desajeitada consiste em um assento montado sobre duas pernas finas que se conectam na ponta com os sapatos do usuário. O processador *on-board* do sistema registra o que a pessoa faz naturalmente, e depois movimenta a máquina para corresponder a esses movimentos.

Quatro meses após o anúncio da Honda no Halloween, em 26 de fevereiro de 2009, no Simpósio de Inverno na Association of the U.S. Army (AUSA), em Fort Lauderdale, a Lockheed Martin apresentou uma forma de exoesqueleto que ajuda um soldado a subir uma colina transportando uma carga de 90 quilos sem ao menos se cansar. O exoesqueleto é projetado para aumentar a força de caminhada e a resistência geral dos soldados. Baseado em um projeto da Berkeley Bionics,[7] da Califórnia, o exoesqueleto funciona em cerca de 250 watts e é chamado de Human Universal Load Carrier (HULC). No site[8] da empresa há a seguinte explicação:

O HULC é um exoesqueleto antropomórfico hidráulico completamente independente, que possibilita aos usuários a capacidade de transportar cargas de até 90 quilos por longos períodos e em todos os tipos de terreno. Seu design flexível permite agachamentos profun-

[7] Antiga Berkeley ExoWorks.

[8] http://www.lockheedmartin.com/products/hulc/index.html.

dos, rastejamento e elevação da parte superior do corpo. Não há joystick *ou outro mecanismo de controle. O exoesqueleto detecta o que os usuários desejam fazer e para onde querem ir. Ele aumenta sua capacidade, força e resistência. Um microcomputador* on-board *garante que o exoesqueleto se movimente em conjunto com o indivíduo.*

Ainda não é o *kit* do Homem de Ferro. Em vez de um reator de fusão nuclear, o HULC funciona com quatro baterias de polímero de lítio de quase 2 quilos. Mas, de acordo com as especificações,[9] podem ser acrescentados blindagem, sistemas de aquecimento ou resfriamento e outras "escolhas do freguês", como um suporte giratório para armas de fogo guiado por controle remoto que pode ser encomendado junto. Mas o deslocamento está limitado a três mph,* por bateria. Então, por um preço que somente Tony Stark não se recusaria a pagar, você é obrigado a ficar preso a algo que se arrasta na incrível velocidade de três mph e ainda pesa quase 30 quilos. Seres humanos rápidos podem alcançar 25 mph em distâncias curtas e cobrir cerca de 15 quilômetros em uma hora. Você não consegue erguer um carro com o HULC, mas é tecnologia que já existe e está em operação hoje no Afeganistão.

"Você não pode carregar uma mochila durante quinze meses a 11 mil pés de altitude e não causar impacto algum a seu corpo", disse o general Pete Chiarelli, vice-chefe do estado-maior do exército, aos repórteres numa coletiva de imprensa em janeiro de 2009.

Em Raytheon Sarcos, uma equipe liderada por Stephen Jacobsen também desenvolveu um exoesqueleto. O robô "vestível", chamado XOS e comandado por Rex Jameson, é capaz de correr, saltar e até mesmo socar um saco de areia com a velocidade de um boxeador. Jameson também executa uma longa série de repetições num aparelho de pesos, erguendo 90 quilos. "Paramos porque ele ficou entediado", diz Jacobsen, "não porque se cansou."

"A ideia é que você erga uma caixa de 90 quilos como se pesasse 9."

"Do ponto de vista qualitativo, o traje possui boa mobilidade", diz Jeff Schiffman, do Natick Soldier Research, Development and Engineering Center do exército, que vem trabalhando no projeto há vários anos. Ele afirma que o XOS proporciona um ganho de aproximadamente 10:1 para um ser humano. "A ideia é que você erga uma caixa de 90 quilos como se pesasse 9", diz ele.

9 http://www.lockheedmartin.com/data/assets/mfc/PC/MFC_HULC_Product_Card.pdf.

* Milhas por hora. (N. da T.)

Quando Tony Stark esmurrou a porta de aço no filme *Homem de Ferro*, os militantes na caverna agacharam-se de medo. Talvez todos nós devêssemos fazer o mesmo. Pois se o traje está sendo implementado no Afeganistão, pode muito bem vir a fazer parte do equipamento da polícia.

No filme, o Homem de Ferro se desvia facilmente de um míssil lançado por um tanque. Isso sequer está na fase de protótipo, mas já existe uma solicitação de patente.

Digamos que um vilão atira em você e por acaso você está usando algo que a IBM chama de "Armadura Corporal Biônica". Se estiver, você pode – pelo menos, hipoteticamente – desviar-se das balas no estilo *Matrix*. Em 2009, a IBM entrou com um pedido de patente para essa tecnologia[10] para um sistema automatizado que pode determinar se uma bala está indo em sua direção. Se estiver, o sistema envia pulsos a seus músculos que causam pequenos choques, fazendo com que, por exemplo, você se abaixe. Foi projetado especialmente para figuras de projeção que discursam em público, e parte do princípio que uma bala que atravesse 750 metros de distância leva quatro segundos para chegar. Se a armadura detecta que uma bala está indo em sua direção, há tempo de se desviar dela. Na solicitação de patente lê-se:

Método de proteger um alvo de disparos de arma de fogo, que engloba a detecção da aproximação do projétil, seu monitoramento contínuo e a transmissão de sua real posição a um controlador, que computa a trajetória estimada, determina a real posição do alvo por meio de uma pluralidade de sensores de posicionamento, determina se a trajetória estimada do projétil coincide com a real posição do alvo, e dispara uma pluralidade de estimuladores de músculos [...] O projétil pode ser percebido na fase de detecção pela emissão de uma onda eletromagnética por um detector e pela recepção da onda eletromagnética depois de refletida pelo projétil e enviada de volta ao detector.

Isso chega bem perto dos sensores de desvio de balas de Tony; até usa ondas eletromagnéticas para detectar projéteis, permitindo que o alvo se esquive para evitá-los.

Quando alguém se dispõe a investigar o veículo bastante avançado, conhecido como "A Fera", que conduz o presidente Obama, parece provável que essa tecnologia esteja próxima. Como as partes separadas que compõem essa tecnologia podem ser implementadas hoje, e não há razão alguma que impeça essa tecnologia de ser facilmente posta em ação, po-

[10] Solicitação de patente nos EUA nº 7484451. Essa solicitação posteriormente foi retirada, ou o número de patente mudou. Não há mais informações a respeito.

demos esperar que ela se torne realidade, se não já, na próxima década.

Até agora, o que temos de parecido com a tecnologia do Homem de Ferro não nos permite erguer um carro ou deter um trem apenas esticando um braço, mas no que diz respeito a evitar projéteis, estamos quase lá. Presumindo que esses trajes não interfiram uns com os outros (o que provavelmente não é o caso por enquanto), ou se descontrolem (o que com certeza não é o caso nos dias de hoje), estamos no caminho certo.

Não há demanda para carros completamente autônomos.

À medida que avançamos em direção aos itens mais fantásticos em nossa lista de desejos relativos às características do Homem de Ferro, chegamos ao sistema de navegação *on-board*. Por exemplo, no filme, JARVIS faz julgamentos quantitativos astutos, como observar que Tony está voando alto demais, ou que sua bateria está muito fraca. Uma vez que JARVIS tenha aconselhado certa ação, cabe a Tony tomar ou não as providências.

Tomadas de decisões automatizadas que possibilitem navegação existem desde o início da década de 1900. Por exemplo, aviões e barcos autopilotados estão aí há décadas, e direção autônoma é uma questão que tem sido muito bem resolvida, até mesmo no mundo mais complicado dos automóveis. Embora não seja fácil, é comumente feito.

Pesquisas intensas nessa área tiveram início na década de 1970, e em 1993 o European Prometheus Project concebeu a arquitetura de um copiloto baseado em sistemas de IA funcionando em ambientes de tempo real. Com uma verba de mais de um bilhão de dólares da Comissão Europeia, os quarenta participantes (incluindo Ernst Dickmanns, pioneiro no desenvolvimento de carros sem motorista) projetaram uma Mercedes-Benz autônoma que conseguiu rodar sozinha numa autoestrada por 158 quilômetros, ultrapassando motoristas humanos e chegando a seu destino com sucesso cuidadosamente definido e qualificado. Isso foi em 1995.

Dez anos depois, a Defense Advanced Research Projects Agency (DARPA), dos Estados Unidos, patrocinou sua segunda competição de veículos autônomos. Vinte e três sistemas automotivos largaram nessa corrida de robôs em forma de carros, e cinco deles a completaram com sucesso, cada qual empregando métodos radicalmente diferentes de percepção, navegação e solução de problemas. Esses carros-robôs eram apoiados por humanos, engajados em direção "assistida por humanos". Ou seja, os robôs estavam sendo ajudados por gente.

Mas o foco da indústria automotiva tem se concentrado justamente no oposto – em tecnologias de "motorista assistido" (quando o robô ajuda a pessoa). Isso, é claro, é diferente de tecnologias "autônomas" (quando o carro se autodirige, partindo de um ponto predeterminado e chegando a outro). Enquanto as tecnologias "motorista assistido" e "assistido por humano" estão ambas sendo concluídas, a tecnologia "autônoma" ainda está para ser realizada devido à falta de interesse do consumidor por um carro autônomo. Empresas de grande porte como a Daimler-Chrysler (a companhia com o maior orçamento privado do mundo: 5,8 bilhões de dólares em 2008) descobriram que não há demanda para carros completamente autônomos – mesmo aqueles que não gostam de dirigir parecem preferir isso a serem conduzidos. Por isso, a tecnologia de veículos totalmente autônomos hoje em dia ficou para trás em relação à tecnologia de "motorista assistido". Em resumo, as pessoas simplesmente não estão dispostas a abrir mão desse tipo de controle e entregá-lo para seus carros.

Mas isso já não é tão verdadeiro do ponto de vista das forças armadas. As indústrias militares aeronáuticas sempre estiveram bem à frente do pessoal automotivo quando o assunto é veículos autônomos, e se dermos uma olhada nos *Unmanned Aerial Vehicles* (UAVs)[11] (veículos aéreos não tripulados), descobriremos milhares de veículos que cruzaram a linha entre "assistidos por humanos" para totalmente autônomos, capazes de decolar, navegar e aterrissar em um destino predeterminado, completamente sozinhos. Tais sistemas têm sido usados desde a Guerra do Vietnã, e continuam a ser usados hoje no Afeganistão. UAVs são uma espécie de híbrido entre um robô e o avião, e são menores, mais rápidos, mais precisos, custam menos e, o mais importante, tiram um ser humano do campo de batalha. De acordo com o *The New York Times*,[12] a Força Aérea dos Estados Unidos tinha, em março de 2009, mais de 5.500 UAVs (em comparação com os 167 que tinha em 2001), e o número de missões de voo dessas máquinas a cada mês continua a subir vertiginosamente.

Então, enquanto aqui no chão as coisas parecem engatinhar, lá nos céus podemos encontrar copilotos robóticos que auxiliam os pilotos humanos, pilotos robóticos que ajudam copilotos humanos, e há toda uma gama de variações aparecendo entre esses dois extremos. O desenvolvimento dessas tecnologias está criando uma verdadeira casa de espelhos de parque de diversões, cheia de humanos e robôs, ambos se parecendo cada vez mais um com o outro.

Por último, temos a interface cérebro-máquina, ou BMI (as conexões mioelétricas de Tony com seu traje).

[11] Também chamados "Unmanned Aerial Systems" (sistemas aéreos não pilotados).

[12] 16 de março de 2009.

Em 2008, na série de quadrinhos da Marvel, Tony Stark modifica seu sistema nervoso com um vírus tecnicamente modificado (Extremis), que lhe permite tanto armazenar porções de sua armadura em seus ossos quanto controlá-la remotamente por meio de impulsos mioelétricos. É um passo na direção da prótese, e isso é um tipo de tecnologia que podemos ver surgindo agora.

Interfaces cérebro-máquina (BMIs)[13] estão sendo usadas para movimentar membros hoje em dia. Desde 2007, Todd Kuiken e colegas no Rehabilitation Institute of Chicago têm equipado amputados com braços robóticos que apresentam ombros, cotovelos, pulsos e mãos motorizados.[14] Os pacientes podem assim acenar, segurar biscoitos e até mesmo agarrar um pequeno disco que rola por uma mesa. A cirurgia é delicada, já que inclui puxar nervos que anteriormente levavam sinais ao membro amputado até os músculos no peito e parte superior do braço. Esses nervos são redirecionados para que possam ser ligados, apenas na camada da pele, a finos fios usados para transferir esses sinais. Já que os músculos se contraem naturalmente quando o paciente pensa em movimentar o braço, tais sinais são então lidos por sensores no membro protético, que são movidos por meio de uma fonte elétrica local. Os pacientes também são capazes de executar tarefas que requerem coordenação de várias articulações ao mesmo tempo, como o ato de atirar algo. É a mão de Luke Skywalker, e já existe hoje.

Segundo entrevistas com o dr. Kuiken, o próximo passo é adicionar sensores de *feedback* ao sistema, de maneira que os pacientes possam evitar um aperto de mão potencialmente esmagador. Tal trabalho, é claro, conduzirá a um senso de informação tátil sofisticado, de modo que os pacientes se sentirão cada vez mais como se tivessem uma mão de verdade. Imagine operários braçais que tenham perdido a mão no trabalho, e suas seguradoras lhes dando suporte suficiente para que possam retornar ao serviço com um pouco mais de força. Parece que é para isso que estamos caminhando na próxima década.

Conversei em diversas ocasiões com Kevin Warwick, um cientista inglês, professor da University of Reading, que não só realizou um intenso trabalho no sentido de conectar o sistema nervoso humano a sistemas robóticos, como também possui ele próprio um implante neural. Ele me disse que não existe problema

[13] Interfaces cérebro-máquina (*brain-machine interfaces*), ou interfaces cérebro-robô (*brain-robot interfaces*) (BMI e BRI, respectivamente), também são conhecidas como BCIs, ou interfaces cérebro-computador (*brain-computer interfaces*), e eu estou usando esses termos como sinônimos de maneira bastante livre.

[14] Como relatado em *The Journal of the American Medical Association*, segunda-feira, 9 de fevereiro de 2009.

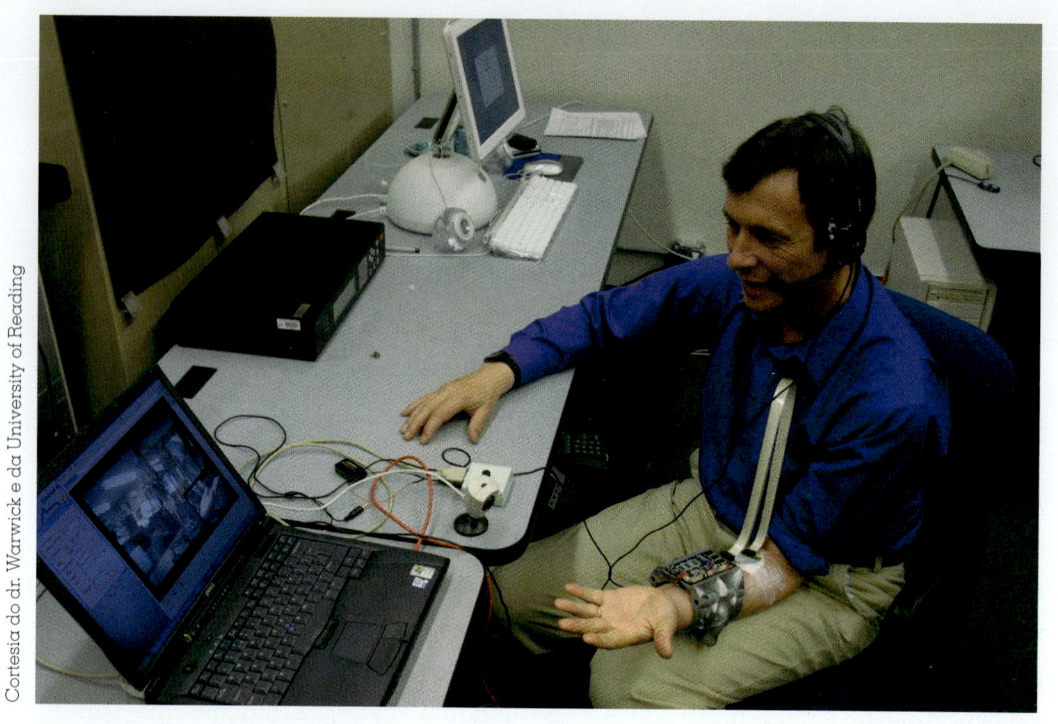
Cortesia do dr. Warwick e da University of Reading

Kevin Warwick, professor de Cibernética na University of Reading, Inglaterra.

quando se trata simplesmente de auxiliar deficientes físicos, mas quando a questão é aperfeiçoamento humano, ou quem pode ter implantes, e quem lucra com isso, grandes questões éticas nos aguardam no futuro.

Abrace seu ciborgue interior

EXOESQUELETOS COMO O DA CYBERDYNE OU DA Honda ajudam deficientes a interagir num mundo que exige habilidades físicas. Todos nós precisamos subir escadas, carregar malas ou nos curvarmos de vez em quando. O objetivo dessas tecnologias é auxiliar pessoas a fazerem isso. Basicamente, são exoesqueletos "vestíveis".

Fred Downs é o encarregado das próteses do Veterans Health Administration, em Washington, D.C. Desde que pisou numa mina terrestre durante a Guerra do Vietnã, ele vem usando uma prótese-padrão para mão, um dispositivo simples preso ao braço, com função de gancho e garra. Demonstrando as limitadas capacidades de sua mão protética em uma entrevista para o programa *60 Minutes*, Downs explicou: "É um gancho básico. E eu posso girar o gancho assim e fechá-lo". A tecnologia foi desenvolvida na época da Segunda Guerra Mundial. "Parece coisa saída de *Peter Pan*. E isso é simplesmente inadmissível."

Mas, nos últimos quatro anos, a DARPA investiu mais de 100 milhões de dólares na pesquisa de novos membros protéticos para veteranos de guerra e, com o auxílio de mais de trezentos engenheiros e neurocientistas, os resultados estão se parecendo mais com *Guerra nas Estrelas* do que com *O Resgate do Soldado Ryan*. O carro-chefe do projeto, chamado "Luke" (por causa de Skywalker), é uma mão protética que possui 25 placas de circuito e dez motores, suficientes para girar, torcer e receber comandos de pequenos botões embutidos num sapato que o usuário aperta enquanto está mexendo o braço, como se estivesse datilografando com o pé.

O inventor Dean Kamen (cujas criações passadas incluem o Segway* e uma longa lista de aparelhos médicos) foi contratado para desenvolver uma nova prótese para o projeto da DARPA. A meta era ambiciosa: permitir ao usuário não apenas apanhar uma uva comum ou uma uva-passa, mas ser capaz de dizer a diferença entre as duas – de olhos fechados.

Um ano depois, Kamen e sua equipe na DEKA Research and Development tinham um protótipo pronto para testes. Kamen pediu a Fred Downs para retirar o gancho que vem usando há quarenta anos e tentar o novo braço. Depois de apenas dez horas de prática, Downs era capaz de apanhar uma garrafa de refrigerante.

"A sensação é difícil de descrever", explicou ele. "Pela primeira vez em quarenta anos, minha mão esquerda faz isso", disse, enquanto cerrava o punho da outra mão. "Eu quase engasguei ao dizer isso agora. Foi um... foi uma sensação tão surpreendente. Eu tinha 23 anos da última vez em que fiz isso." Downs estava visivelmente comovido. "É tão bom poder mover meu braço novamente – poder fazer coisas com ele. Não tão rápido, mas funciona."

"Senti como se fosse meu braço. Era eu."

Scott Pelley, do *60 Minutes*, perguntou: "Você acabou de dizer 'mover meu braço novamente'. Você se sentiu como se houvesse recuperado o braço, de uma hora para outra?".

"Sim, foi isso mesmo. Senti como se fosse meu braço. Era eu", Downs disse.

DEKA e a equipe patrocinada pela DARPA continuam seu trabalho com novos protótipos, programados para serem produzidos daqui a alguns anos. Seu trabalho com certeza mudará a vida de milhões de pessoas.

Há dezenas de projetos semelhantes sendo desenvolvidos pelo mundo.

Em 2006, Pierpaolo Petruzziello, um italiano de 26 anos, perdeu sua mão esquerda em um acidente de carro. Depois de

* Meio de transporte de duas rodas, no qual o condutor fica em pé e conduz com o autoequilíbrio o veículo. Foi concebido para circular por trechos de curtas distâncias, locais restritos e junto a pedestres. Com uma autonomia de 38 km, ele pode alcançar uma velocidade de 20 km/h. (N. do P.)

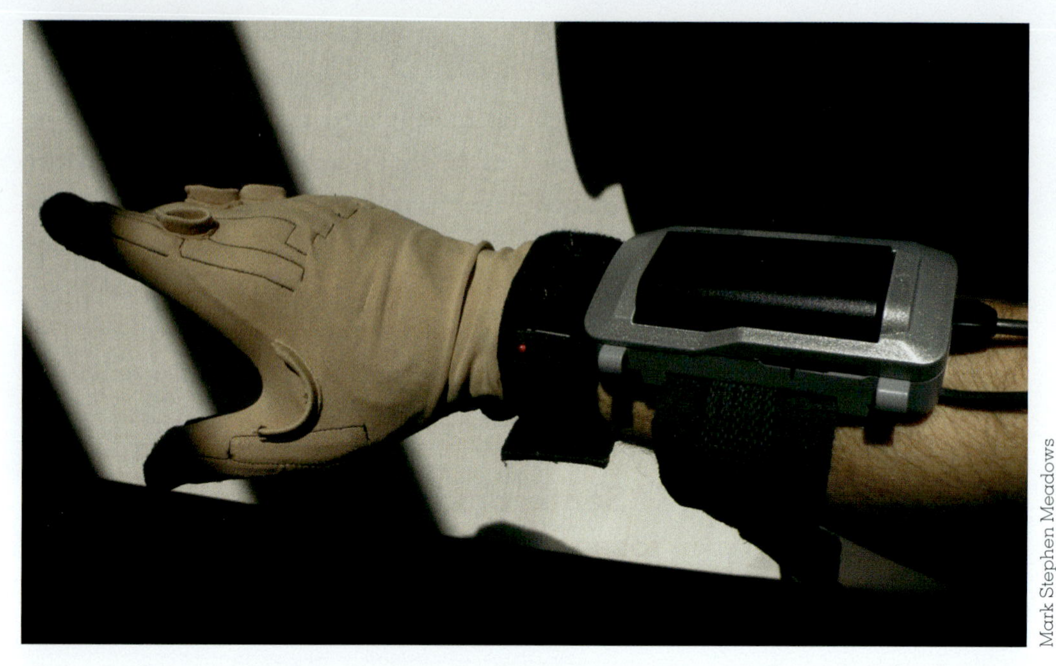

Mark Stephen Meadows

Uma interface ciberluva que me permitiu "alcançar" o espaço virtual.

trabalhar com o LifeHand, um projeto de pesquisa sediado na Universidade Biomédica de Roma, Petruzziello agora possui uma prótese controlada pelo pensamento. Para instalar o sistema, eletrodos foram cirurgicamente implantados diretamente no braço de Petruzziello, a fim de captar os sinais quando ele movia os músculos. Tais sinais eram enviados até os motores que movimentam a mão mecânica. Durante a reabilitação, após a cirurgia de implantação, ele precisava se concentrar muito para aprender a controlar a mão. Tinha de imaginar que a própria mão ainda estava lá, mesmo que soubesse o contrário. Era um processo difícil que equivalia a alterar sua estrutura sináptica para controlar uma máquina robótica, em vez de uma mão orgânica. Mas Petruzziello aprendeu a controlar a prótese, muitas vezes estando do outro lado do aposento.[15]

Há muitos casos em que mãos protéticas seriam úteis: para lidar com materiais perigosos ou lixo tóxico, como também coisas quentes, frias, ácidas, eletrificadas, ou que pudessem causar danos por quaisquer outros motivos; para trabalhar com itens estéreis ou diminutos, que requerem um sentido de tato particularmente refinado – são todas prováveis aplicações.

Podemos prever as atuais "luvas de dados" aprimoradas por engenheiros moleculares ou engenheiros de nanotecnologia para serem capazes de "agarrar"

[15] ... e, por conseguinte, de qualquer parte do mundo, via Internet.

diretamente e manipular elementos atômicos como se fossem bolas no ar diante delas, reorganizando assim até moléculas para aplicações nanotecnológicas. Engenheiros biológicos já são capazes de interagir seus movimentos de mão diretamente com ambientes virtuais que sejam invisíveis, ambientes constituídos de puros dados. Manipulação tátil direta não só pouparia milhões de dólares, como também abriria campos industriais totalmente novos. E, é claro, próteses e tais modificações dariam à expressão "rápido no gatilho" uma conotação inteiramente nova.

Em breve, mãos protéticas se provarão superiores às naturais; próteses de todo tipo podem muito bem se tornar uma forma de cirurgia opcional, da mesma forma como as cirurgias plásticas de hoje, e algumas pessoas poderão preferir ter mãos robóticas no lugar das com que nasceram.

Enquanto digito, olho para o teclado e vejo uma interface lenta e insatisfatória, que poderíamos melhorar com próteses – talvez com luvas removíveis integradas com tecnologias BMI. Com toda certeza, há milhares de aplicações que nos permitiriam melhor interface com computadores. Já vemos por aí *headsets* com Bluetooth, o que não deixa de ser uma espécie de prótese para melhorar a audição para uma melhor interface com computadores móveis. Seria tão difícil imaginar um dedo com um drive USB que você pudesse simplesmente usar sempre que estivesse perto de um computador?

Isso foi feito no inverno de 2009, quando Jerry Jalava, um programador finlandês, perdeu um de seus dedos em um acidente de motocicleta, e construiu para si mesmo uma prótese com um drive USB. A prótese possui 2 GB de memória que ele usa para armazenar fotos, filmes e códigos. Como não é fixa, ele pode removê-la, mas ele já está considerando a ideia de um *upgrade* para aumentar a capacidade de armazenamento e conectividade sem fio, para não precisar tirá-la toda vez que precisar usá-la.

Enquanto isso, já podemos antecipar a briga de foice que se dará sobre a questão de quem deterá a propriedade intelectual que permitirá a comercialização dessas tecnologias. Por exemplo, a Intel alega que teremos *chips* em nossos cérebros por volta de 2020.[16] A Microsoft já entrou com pedidos de patente para estimulação muscular,[17] e empresas de biotecnologia também já começam a olhar na mesma direção.

Assim como acontece com todas as questões protéticas, a proximidade entre a tecnologia e o corpo é o ingrediente-chave. Há dois pontos a serem considerados: primeiro, em que local o dispositivo (*input*) é colocado; e, segundo, em que local se dá o resultado (*output*)? A BMI

[16] *Computer World*, "Intel: Chips in Brains Will Control Computers by 2020", de Sharon Gaudin, novembro de 2009.

[17] http://research.microsoft.com/en-us/um/redmond/groups/cue/publications/CHI2008-EMG.pdf.

(o *input*) pode ser colocada dentro do corpo, ou do lado de fora. BMIs vêm em diversas formas e tamanhos, desde capacetes que podem ser tirados, a fios na barriga que simplesmente não podem ser desconectados. Essa gama de BMIs é o primeiro fator. A gama das próteses em si é o segundo. Estaria a mão robótica ligada ao corpo, ou dentro de uma fornalha, no meio de um vulcão, numa ilha a milhares de quilômetros?

Por exemplo, no caso de Petruzziello, a BMI é ligada diretamente a seu sistema nervoso físico, e a mão robótica é ligada ao braço. As duas são tecnologias intimamente relacionadas, destinadas a serem imediatamente unidas ao seu corpo, por fora e por baixo da pele. Mas um ser humano não precisa necessariamente ser fisicamente ligado a esses sistemas. Essas próteses podem assumir muitas formas, e podem ser colocadas em rede.

BMIs não estão sendo utilizadas apenas para mover membros robóticos; também estão sendo empregadas para movimentar robôs inteiros. A Honda Research trabalhou em parceria com o Instituto Internacional de Pesquisa em Telecomunicações Avançadas (ATR) e a Corporação Shimadzu para construir um capacete com sensores que medem padrões de pensamento e os transmitem, por meio de uma conexão *wireless*, a um robô chamado ASIMO. Se o usuário imagina que está erguendo sua mão direita, ASIMO faz o mesmo. Se o usuário pensa em mover sua perna, ASIMO caminha, e se pensa em movimentar sua língua, o robô leva a mãozinha à carinha quadrada.

Como no sistema da Cyberdyne, esse robô também usa duas tecnologias principais, a eletroencefalografia (EEG) e a espectrografia próxima do infravermelho (NIRS). Essas medições são então processadas e enviadas ao sistema, que retransmite o sinal apropriado ao robô inteiro; por exemplo, mova a mão esquerda para trás, dê um passo para a frente com o pé esquerdo, agora caminhe etc.

Isso significa, é claro, que nós não apenas seremos capazes de aplicar isso a UAVs e carros (provavelmente da Honda), mas também que se tornará incrivelmente difícil de distinguir se os robôs caminhando por sua vizinhança estão sendo comandados por humanos ou não. O que temos aqui é uma espécie de avatar físico. Certamente, essas tecnologias serão usadas em construções submarinas a grande profundidade, em mineração e no desenvolvimento fora do planeta nas próximas décadas.

Então, exoesqueletos e outros sistemas que colocam o ser humano dentro da máquina estão ficando atrasados em relação aos progressos dos UAVs e outros sistemas semiautônomos guiados por controle remoto que permitem orientação a distância. Esses sistemas continuarão a avançar nas próximas décadas.

As tecnologias ficam mais rápidas e menores a cada ano. Telefones celulares, computadores pessoais, televisores, transmissores, receptores, câmeras, gravadores, processadores e dispositivos de armazenagem estão todos seguindo essa tendência e se tornando menores e mais rápidos, consumindo menos energia e se integrando mais facilmente com outros sistemas e seus componentes. Isso é especialmente verdadeiro com qualquer tecnologia que conta com circuitos semicondutores (como o capacete da vistosa armadura voadora vermelha e dourada). Circuitos ficam mais rápidos e baratos a cada ano. E como o tamanho dos transistores diminuiu, o custo por transistor também diminuiu. Enquanto isso, paralelamente a esses desenvolvimentos, temos o fato de que a velocidade de rede dobra a cada nove meses (pela Lei da Fotônica de Butter),[18] e que a recepção *wireless* também tem mostrado avanços em matéria de velocidade. (Embora as opiniões variem em relação a quanto, parece mais ou menos igual à Lei de Moore, já que é baseada nas mesmas necessidades de processamento.) Paralelamente a essas tecnologias, outros avanços continuam; jatos de propulsão ficam menores, armaduras à prova de balas ficam mais leves etc. Os componentes do traje do Homem de Ferro já estão disponíveis, embora grandes, volumosos e em partes. Se reuníssemos essas partes hoje, o traje seria um misto grotesco de aparelho ortodôntico, equipamento chapeado para motocicletas e a improbabilidade bastante grande de ter um pequeno jato aparafusado à sua mochila verde-exército. Nem um pouco parecido com o traje *sexy* que Stan Lee nos prometeu. Não ainda, pelo menos.

A maioria dessas tecnologias existe hoje; são apenas um pouco desajeitadas. Com exceção do reator nuclear do tamanho de um punho cerrado, podemos perceber que todas as funções fundamentais da armadura do Homem de Ferro estão rapidamente se tornando menores e mais parecidas com algo que poderemos – um dia, daqui a duas décadas, pelo menos – ser capazes de vestir. Caminhamos para isso. As peças fundamentais de voo, armamento, força do exoesqueleto e membros protéticos controlados mioeletricamente já estão em funcionamento em campos de batalha e laboratórios pelo mundo. Mesmo que inventemos reatores nucleares do tamanho de um punho que possamos usar no peito para alimentar exoesqueletos, marca-passos e botas de jato, duvido que essa tecnologia algum dia seja usada na Terra. A principal razão para não vermos um traje assim em ação no nosso planeta é que robôs já estão fazendo a maior parte do que o Homem de Ferro pode fazer – e fazendo melhor.

Podemos escolher aleatoriamente no calendário e tentar chutar um ano qualquer quando essas tecnologias já esta-

[18] Ou seja, que a quantidade de dados que a fibra ótica é capaz de levar dobra a cada nove meses.

riam pequenas o suficiente para serem combinadas num traje-armadura, e, fosse qual fosse o ano, mesmo assim estaríamos por fora. Se um traje desses aparecesse nas próximas décadas, seria secreto; o Exército dos Estados Unidos o construiria; e certamente não seria vermelho e dourado.

Embora ainda não tenha sido inventado, o traje do Homem de Ferro já está obsoleto. Os UAVs possuem a funcionalidade básica de qualquer um dos trajes de Tony Stark, seja a versão de 1963, seja a de 2010. Em termos de bombardear os vilões em terras distantes, voar a velocidades supersônicas, e ser rápido, pequeno e resistente, os UAVs já superaram o Homem de Ferro. Predators e Reapers (UAVs armados que comumente são escalados para missões militares) estão fazendo agora 34 voos de patrulha de vigilância todos os dias no Afeganistão e no Iraque, em comparação aos doze em 2006.[19] Essas máquinas – com interação humana/robô – decolam de pistas e circulam pelas zonas de guerra com câmeras de vídeo recolhendo gigabytes de dados para informar oficiais de campo, táticos e estrategistas que podem, então, ordenar um ataque. Ainda por cima, é mais ou menos aceitável que um UAV seja derrubado; nenhum piloto será capturado, nenhuma vida será perdida e ele custa menos do que um avião-padrão. Não faz sentido colocar um ser humano em um avião – ou em um supertraje vermelho e dourado que custaria vinte vezes mais do que um UAV – e arriscar sua vida em vez de lhe dar um *joystick* e pedir-lhe para controlar a ação de um *trailer* a milhares de quilômetros de distância. O piloto pode não estar na máquina, mas ainda pode controlá-la como se estivesse.

Controle e autonomia são os tópicos significativos a serem sopesados à medida que esses sistemas são desenvolvidos. Autonomia sempre tem algum componente de imprevisibilidade. Robôs exploradores de Marte, pilotos automáticos de transatlânticos, ou até o mais simples sistema de *cruise-control** de seu carro são uma mistura de humano e robô, com o controle humano e a autonomia da máquina tomando variadas proporções do processo de decisão. Todos eles, mesmo Tony Stark em sua versão moderna das cotas de malha dos antigos cavaleiros, dividem o controle em diferentes ocasiões. Você desliga seu *cruise-control*. Tony cala JARVIS. Então, um ciborgue é muito mais um sistema dinâmico de compartilhamento de poder do que um robô e um humano dividindo o mesmo corpo.

O animal ciborgue

QUE FESTA SERIA. HOMEM DE FERRO, ROBOCOP, O Homem de Seis Milhões de Dólares, a Mulher Biônica, o Inspetor Bugiganga, Pier-

[19] http://www.nytimes.com/2009/03/17/business/17uav.html?_r=1&hp.

* Sistema que mantém a velocidade de condução de um veículo previamente programada. (N. do P.)

paolo Petruzziello, Fred Downs, Luke Skywalker, Darth Vader, Yoshiyuki Sankai, Dr. Octopus, Kevin Warwick e os borgs de *Jornada nas Estrelas*. Coloque todos num ringue de boxe e deixe que cheguem a uma definição da palavra *ciborgue*. Esse debate já dura cinco décadas.

O termo foi usado pela primeira vez numa publicação da NASA assinada por Manfred Clynes e Nathan Kline em 1960,[20] numa referência à mistura de sistemas "cibernéticos" e "orgânicos" para indústrias voltadas para o espaço sideral e a astronáutica:

> *Quais são alguns dos dispositivos necessários para a criação de sistemas autorreguladores homem-máquina? A autorregulação precisa funcionar sem o benefício da consciência, a fim de cooperar com os próprios controles homeostáticos do organismo autônomo. Para o sistema de controle homeostático artificialmente entendido funcionando inconscientemente, um de nós (Manfred Clynes) cunhou o termo ciborgue.*

Não acho que estivessem falando sobre óculos escuros, mas poderiam.[21] Também não acho que estivessem falando sobre sensores mioelétricos subdérmicos controlando um robô que está sobrevoando um campo de batalha do outro lado do mundo. Mas os dois casos cabem na definição de Clynes/Kline.

Então, há o cara na Honda que controla o robô ASIMO via sua BMI. Ele é um ciborgue. Os soldados que pilotam os UAVs a distância são ciborgues. A pessoa que usa um traje que se desvia de balas é um ciborgue, bem como a que veste o exoesqueleto HULC. São pessoas que interoperam com uma máquina para substituir ou ampliar sua capacidade natural. Alguém com um membro protético é um ciborgue, assim como um cadeirante também o é, e também quem usa muletas, um capacete, um aparelho de audição ou óculos. Você nem precisa da sofisticada tecnologia "motorista-assistido" para se tornar um ciborgue. Só o que tem a fazer é sentar-se em seu carro e ligá-lo, e você, assim como Tony Stark, funde-se com sua armadura protética que o ajuda a se locomover de forma diferente. Você se torna o Pé de Ferro, e assume "superpoderes de locomoção" e se transforma em um ciborgue.

Você também é um ciborgue.[22]

Todos nós entramos e saímos de nossa existência ciborgue tão facilmente quan-

[20] "Cyborgs and Space", in: *Astronautics* (setembro de 1960), de Manfred E. Clynes e Nathan S. Kline.

[21] Tecnicamente, óculos escuros não são homeostáticos, mas realmente mantêm a homeostase com o restante do corpo.

[22] Daniel S. Halacy escreveu em *Cyborg: Evolution of the Superman*: "Um homem com uma perna de pau é um ciborgue. Assim como aquele com um pulmão de aço. De modo mais abrangente, um operador de escavadeira ou um piloto de linha aérea é um ciborgue. Enquanto digito esta página, sou um organismo cibernético, bem como você quando pega uma caneta para assinar um cheque".

A criação de Adão, de Michelangelo, c. 1512. Observe o controverso Cérebro Uterino que circunda Deus. Alguns argumentam que é a maneira de Michelangelo dizer que Deus controla cada um de nós a distância. Seria a primeira BMI?

to giramos uma chave, apanhamos o controle remoto, usamos uma chave de fenda, colocamos os óculos ou vestimos um casaco. É isso o que os humanos fazem. Usamos ferramentas como extensões de nós mesmos e alteramos nossa relação com o mundo à nossa volta, empregando os dispositivos de mediação que inventamos. Precisamos de ferramentas para viver. Nossa capacidade de usar ferramentas, construir tecnologias e criar meios de comunicação simbólicos sempre foi cara a nós humanos, mas há uma diferença entre um homem das cavernas vestindo um casaco de couro e Tony Stark usando um traje reforçado com arsenieto de gálio, que utiliza microplacas produzidas por bactérias que se alimentam de metal, que se fecha sozinho, é movido a energia nuclear e funciona como uma cota de malha robótica.[23] O traje de Tony parece, hum... não natural. É artificial.

O que parece ter criado a lenda moderna – o mito – do Ciborgue é a ideia de que um humano "natural" pode ser fundido com tecnologias "artificiais". Mas isso é impossível; a tecnologia nunca foi menos natural ou mais artificial do que os seres humanos.

[23] Apesar das aparências, o traje não é, de acordo com *The Iron Manual* e *Iron Man: The Legend*, feito de metal, mas de ligas metálicas formadas por bactérias em pontos de resistência específicos que são do tamanho aproximado de uma pequena moeda. Houve muitas armaduras ao longo dos anos, e diversos *designs*.

O toque humano cria o artificial. Nós criamos o artificial, como na lenda do Rei Midas, que transformava objetos em ouro com um simples toque. Uma pedra é só uma pedra até ser usada como um esfolador. Uma vara é só um pedaço de galho até ser usada como flecha. Nós é que somos o artificial, e começamos a utilizar ferramentas e tecnologia desde o primeiro dia em que nossos ancestrais se tornaram humanos. Essa ideia de "artificial" faz parte de ser "humano".

Sempre fomos ciborgues; nossos ancestrais eram ciborgues, e nossos descendentes serão ciborgues. Já que parte de ser humano significa usar ferramentas, estivemos apenas brincando com nosso legado de artefatos pelos últimos 50 mil anos, ou seja lá desde quando o primeiro humano utilizou um pedaço de pau. O primeiro primata que apanhou um graveto transformou-o na primeira ferramenta só de tocá-lo. Transformar coisas naturais em artificiais é uma das características que nos definem.[24]

Hoje em dia, temos a tendência de pensar em ciborgues em termos de tecnologias contemporâneas, como se ciborgues fossem algo novo – como se ciborgues fossem feitos apenas de partes recém-fundidas em fábricas *high-tech* localizadas nas regiões mais sofisticadas do mundo industrializado. Mas esse não é o caso; ciborgues são tão antigos quanto a humanidade.

O Homem de Ferro não é moderno porque é um ciborgue. Ele é moderno porque usa tecnologias digitais, porque seu traje é autônomo e porque tem tecnologia por baixo da pele. Tecnologias que são pequenas, resistentes, conectadas e eletrônicas são o que fazem do ciborgue chamado Homem de Ferro historicamente único.

Nós humanos, nós ciborgues, estamos nos livrando do couro grosseiro e das peles de animais enquanto deixamos para trás os pântanos e cavernas de nossa existência passada. Agora, nesta era eletrônica, caminhamos em direção a um futuro que mais parece uma fábrica feita de luz, e em nosso caminho instalamos dispositivos dentro e fora de nosso corpo. Clicamos e zunimos com precisão cada vez maior, e ajustamos, consertamos e aprimoramos a nós mesmos com ferramentas que nossos pais nos deram. Estamos nos traduzindo em criaturas eletrônicas – menos como macacos, mais como informação. Já não usamos couro grosseiro e peles. Usamos uma atraente armadura vermelha e dourada.

É o processo natural de nos tornarmos robôs.

---

[24] Observe que esse argumento se aplica a outros animais, e especialmente a primatas (especificamente a chimpanzés).

Parte dois

Futurama

Mark Stephen Meadows

Capítulo 5: Blade Runner, o Caçador de Androides

Sobre robôs que irão cantar, procurar, fazer um som meigo e depois avaliar suas emoções – Emoção, parte 2

O coração tem razões que a própria razão desconhece.

— Blaise Pascal

CERCA DE VINTE MINUTOS AO NORTE DE TÓQUIO, estava eu novamente na linha para Tsukuba, a caminho de um famoso centro de pesquisa chamado Instituto Nacional de Ciência e Tecnologia Industrial Avançada, ou AIST.[1]

Usava meus fones de ouvido e lia *Do Androids Dream of Electric Sheep?*,* de Philip K. Dick, e quando fiz uma pausa e ergui os olhos, reparei que era o único ali com um livro. Havia um cara com um jornal, mas as outras quinze pessoas no vagão (pelo menos as que estavam lendo) tinham cada qual um pequeno computador. Ninguém falava (talvez, não fosse permitido no trem), mas todos digitavam mensagens freneticamente, com certeza enviando um texto, jogando ou qualquer coisa assim. Todos pareciam febris, alucinados, quase suando com o esforço de computar dados. Despejavam algum tipo de energia em seus computadores, fossem eles um DS ou um iPhone. Um jovem em particular, que certamente jogava, estava quase quicando em seu assento, enquanto seus polegares lançavam uma energia quase espiritual em seu teclado. A mulher perto dele, tocando em sua tela com uma *stylus*, pareceu-me profundamente triste. Só pude pensar que devia estar rompendo com seu amor. O rapaz com o jogo grunhia sem educação. Do outro lado do corredor, uma jovem sorria, e seus polegares moviam-se tão rápido que estavam fora de foco, enquanto ela escrevia uma frase atrás da outra, pausava, apertava ENVIAR, e, então, começava uma nova mensagem, ainda mais intensa do que a anterior. Havia um homem de negócios, com o rosto sobre a tela, boca

[1] AIST: http://unit.aist.go.jp/is/main/group/group_e.html.

* Romance que inspirou o filme *Blade Runner, o Caçador de Androides*.

Ladd Company/Warner Bross/The Kobal Collection

Los Angeles, 2019, *Blade Runner, o Caçador de Androides.*

aberta, lábios frouxos e olhos ferozmente concentrados na leitura em que estava tão absorto.

Todas aquelas pessoas estavam transbordando de energia e emoção na rede. Sua digitação, os arquivos que mantinham, as ferramentas que usavam, as páginas que visitavam, o que diziam, o que liam e o tempo que gastavam nisso eram mercadorias valiosas que representavam o que cada um era, o que pensavam e gostavam. Eram seu "perfume pessoal", sua impressão digital única, um tipo de excreção que cada um produzia. Todos eles transmitiam pequenas quantidades de dados; todos estavam, sem saber, excretando algo como "suor de dados". E, enquanto faziam isso, suas máquinas aguardavam atentas, interativas, avaliando e coletando aquele suor de dados. O que aquelas pessoas faziam era alimentar a rede. Estavam passando a energia de que a rede precisa para viver. Era como se fossem pequenas abelhas interconectadas, coletando o suor de dados que aquelas pessoas excretavam.

Essas emoções são medidas e coletadas, pois, na Internet hoje, não há nada mais valioso. Nós somos a fonte de alimento para robôs virtuais com visão de colmeia.

"Acredito que se chama empatia"[2]

NO INVERNO ENEVOADO DA CALIFÓRNIA, EM 1967, um dos maiores escritores de ficção científica de todos os tempos colocava o ponto final no clássico romance *Do Androids Dream of Electric Sheep?*. O autor era um homem estranho que tecia estranhas rea-

[2] "Garland retrucou: 'Acho que tem razão; parece que nos falta um talento específico que vocês humanos possuem. Acredito que se chama empatia'". (*Do Androids Dream of Electric Sheep?*, de Philip K. Dick.)

Ladd Company/Warner Bross/The Kobal Collection

O aparelho Voigt-Kampff.

lidades. Sua capacidade de antecipar o futuro e prever coisas como aparelhos de fax, mudanças climáticas e realidade virtual fez com que alguns de seus leitores acabassem se perguntando se ele não seria um visitante do futuro. Outros acreditavam que ele fosse clarividente, ou um escritor visionário. O que todos concordam, entretanto, é que se chamava Philip K. Dick, e que esse seu livro (um dos muitos que escreveu) serviu de base para *Blade Runner, o Caçador de Androides*, um dos maiores filmes de ficção científica de todos os tempos.

Como eu espero que você saiba, o filme se passa em Los Angeles, no ano de 2019, e não se podem distinguir robôs de humanos. Androides geneticamente modificados, ou replicantes, são fabricados pela Tyrell Corporation, uma empresa onipresente que começou criando animais artificiais (já que, em 2019, a maior parte dos animais encontra-se ameaçada ou extinta) e acabou se especializando em androides. O *slogan* da empresa era: "Mais humanos do que os humanos".

A maioria dos replicantes faz o que lhes mandam. Limpam, carregam coisas de um lugar para o outro e geralmente lidam com serviços desagradáveis ou humilhantes que os humanos não desejam executar. Mas isso não é nada engraçado. Por isso, de vez em quando (como é de se esperar de máquinas com emoções quase humanas), ocorrem surtos de violência. Em razão disso, os replicantes são banidos da Terra, relegados a seu trabalho sujo, letal ou perigoso em colônias extra-

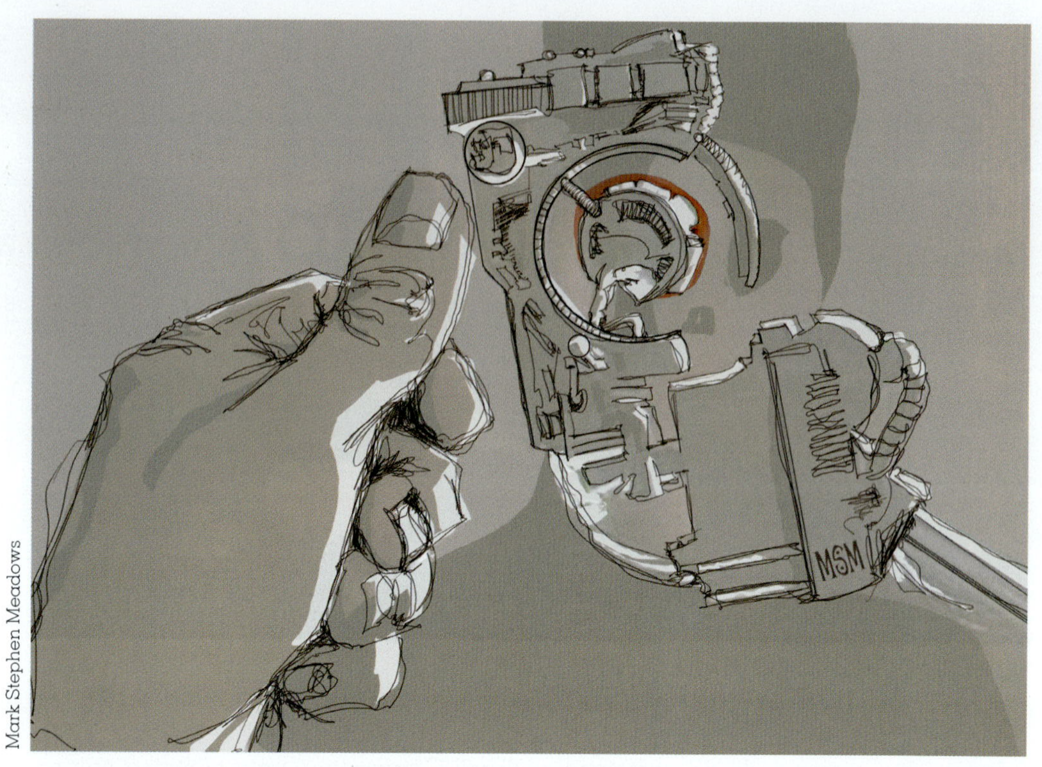

Mark Stephen Meadows

O aparelho Voigt-Kampff de outro ângulo.

planetárias. Mas isso também não é nada engraçado e, por isso, de vez em quando (como é de se esperar de máquinas com emoções quase humanas), eles se enchem daquilo tudo, rebelam-se e retornam à Terra para arrumar um emprego, conseguir alguma grana ou buscar imortalidade.

Mas voltar à Terra é contra a lei. Então, replicantes que retornam são "aposentados" por policiais conhecidos como Blade Runners.

Tanto no livro como no filme, o protagonista é um Blade Runner chamado Deckard. Deckard é pobre; nos dois últimos anos vem passando por uma situação complicada e é um tira medíocre. Ser um Blade Runner é um trabalho sujo, e rende uma mixaria. Mas, finalmente, ele dá sorte: alguns replicantes voltaram à Terra e cabe a ele encontrá-los.

Não é tarefa fácil. Replicantes parecem, são percebidos pelo toque, agem, cheiram, soam, sangram e fazem amor como humanos normais. E não apenas são mais fortes do que a média dos humanos, mas também são mais inteligentes. Por isso, é difícil descobri-los, mas quem o faz precisa passar um tempinho estudando-os antes de conseguir liquidá-los. Para tornar as coisas ainda mais penosamente complicadas, não é nem o caso de os replicantes terem feito algo *errado* – não é como se houvessem matado alguém e então retornado para a Terra. Estão mais para escravos fugitivos que se misturam com a classe superior, e cabe a Deckard encontrá-los.

Deckard precisa avaliar as emoções de um replicante antes de poder dizer ao certo que não é gente de verdade, já que o principal traço que os faz diferentes dos humanos é a qualidade da empatia.

Para se poder dizer a diferença entre as emoções de um replicante e as de um ser humano emprega-se um teste chamado Escala Alterada de Voigt-Kampff. Esse teste equivale a um "instrumento de análise do perfil da personalidade". É psicológico. Mede as reações emocionais do replicante a situações hipotéticas, e busca especificamente "efeitos lineares", avaliando emoções com base no pulso, dilatação das pupilas, circulação, respiração e ritmo respiratório. Coisas involuntárias. Uma espécie de polígrafo, mas, em vez de ser um detector de mentira, é um detector de emoção.

Nós somos a fonte de alimento para robôs virtuais com visão de colmeia.

A Escala Alterada de Voigt-Kampff é o oposto do Teste de Turing. O Teste de Turing avalia o quanto robôs e humanos são parecidos, enquanto o Voigt-Kampff diz o quanto são diferentes. No mundo de *Blade Runner, o Caçador de Androides*, já vão longe os tempos em que se tentava fazer robôs imitarem pessoas. Os robôs agora são tão bons em imitar pessoas que testes foram desenvolvidos para distingui-los.

Aqui, no mundo real, androides já não são coisa de ficção científica. São reais. Visitei oito e conversei com três. Não havia dúvidas em minha mente de que eram robôs. Certamente, não precisei de um teste. Seus motores zuniam, seus grandes olhos de câmeras estalavam e tinham pele de silicone, que aparentava ser desagradável ao toque. Embora exibissem emoções, não fiquei imaginando no que estariam pensando, nem tive dificuldade em distingui-los dos humanos.

Com certeza não precisei medir suas emoções, mas, por trás daqueles olhos-câmeras estalantes, eles estavam medindo as minhas.

A stormtrooper* gostosa

Quando cheguei ao AIST, deparei com a ideia que tenho do futuro. O AIST é cercado por ruas tão largas quanto lisas, e guardas de segurança ladeiam a entrada ostentando orgulhosamente chapéus e trajes iguais. O complexo de desenvolvimento de alta tecnologia é monitorado por câmeras que apontam da maioria dos telhados, e o *campus* é guarnecido por árvores imponentes que devem estar ali desde que a área era um aglomerado de fazendas.

* Soldado da tropa de base do Império Galáctico em *Guerra nas Estrelas*. (N. da T.)

Pequenos carros elétricos se deslocam sem ruído entre os prédios; o único som que sai deles é o de vozes de pessoas conversando ou o ocasional esmagamento de cascalhos que se prendem aos pneus novos e reluzentes.

Fundado em 2001, o AIST é uma combinação de mais de quinze institutos de pesquisa. Com mais de três mil empregados, é a maior organização de pesquisa subsidiada pelo governo no Japão, e um quinto de seus recursos é destinado à tecnologia da informação e eletrônicos. Então, cerca de um quinto desse grupo é a subdivisão conhecida como Instituto de Pesquisa de Sistemas Inteligentes, e seu time de especialistas – alguns dos mais experientes pesquisadores e engenheiros no campo da robótica – tem nadado pelas águas turvas das emoções humanas.

Estava sentado no sofá de couro branco em um dos escritórios, que dava para o que costumava ser um campo arado por bois, centenas de anos antes. Sentado diante de mim estava o dr. Hiro Hirukawa, diretor do Instituto de Pesquisa de Sistemas Inteligentes, o grupo dedicado à pesquisa robótica. Tinha um ar sério, a boca reta e a camisa bem passada, e era muito formal e polido. Mas havia nele muito mais do que essa primeira impressão. Depois de 23 anos, o dr. Hirukawa ainda demonstrava entusiasmo e senso de humor ao falar, assim como todos no laboratório. Eu me sentia mais como se estivesse visitando um parque de diversões do que os tarimbados pesquisadores e engenheiros que aqueles caras realmente eram.

Uma das maiores mudanças na robótica que o dr. Hirukawa testemunhou em sua permanência ali foi o progresso na navegação. Nos idos da década de 1980, havia uma grande demanda por robôs para patrulhar os escuros escritórios de Tóquio, tarde da noite, quando todos os executivos ou estavam fora, bebendo, ou na cama, dormindo. Segundo me disse o dr. Hirukawa, os dois desafios eram fazer tais robôs enxergarem claramente nesses corredores, iluminados apenas pelas luzes noturnas, e fazê-los se deslocarem adequadamente. Caminhar não estava em questão, pois os robôs eram montados sobre rodas, mas enxergar e navegar ainda representavam desafios. Esses problemas hoje em dia estão quase solucionados (os robôs agora podem identificar expressões faciais e também texto numa página), mas naquela época era difícil um computador pequeno o suficiente para caber no robô-segurança processar imagens de vídeo velozmente. A outra questão era fazer o robô se lembrar de onde estava. Ele precisava evitar paredes, ser capaz de retornar para a base de recarregamento quando estivesse ficando sem energia e, como o dr. Hirukawa mencionou, havia ainda problemas comuns associados à necessidade de se terem robôs resistentes o bastante para aguentarem o uso constante e, vez por outra, o manuseio inadequado, embora não intencional, dos empregados.

A outra grande mudança que o dr. Hirukawa testemunhou foi no *design* androide. Quando começou a trabalhar no AIST, o robô mais complicado do laboratório era uma armação com seis articulações. Então, as crianças, na maioria filhos de pesquisadores que visitavam o laboratório, começaram a ficar por dentro do que era um robô, ou do que deveria ser, e perguntavam: "Onde estão os androides?". Era uma expectativa comum, contou-me o dr. Hirukawa. Um robô tinha de ser humanoide. Logo começaram a chegar solicitações públicas ao AIST para que se iniciasse essa pesquisa, e lá por meados da década de 1980 o compromisso de fazê-lo havia sido assumido. Foi por essa época que eles deram início ao desenvolvimento da linha HRP de androides.

Cortesia do AIST

A HRP-4C antes de se tornar tão *sexy*.

Enquanto continuávamos a conversar, caminhamos até a sala adjacente e fui apresentado ao dr. Kazuhito Yokoi, chefe do projeto dos HRP e principal *designer* do sistema HRP. O dr. Yokoi era um homem calado, com olhos penetrantes e lábios levemente curvos em um dos cantos, o que me fez pensar que ele também estava prestes a fazer uma piada. Quanto mais tempo eu passava com eles, mais me dava conta de que ambos eram mais titeriteiros do que cientistas.[3]

Nós três fomos até o local, espaçoso e limpo, em que o quarto modelo da série HRP, o 4C, ficava pendurado. O robô parecia inconsciente, suspenso por duas cordas amarradas às suas costas. As cordas estavam atadas a uma espécie de andaime que sustentava o androide, permitindo que fosse deslizado por ali. Sua cabeça pendia para a frente, e ele parecia olhar para o mundo como uma grande e pesada marionete, desligada. Os braços caíam inertes pelas laterais, os cabelos desciam em cascata pelo rosto, muito pretos e lisos. Era um cabelo tipicamente japonês. Quando me aproximei do robô e toquei sua

[3] E digo isso com a intenção de lhes fazer o maior elogio, já que titeriteiros são artistas.

pele, ocorreu-me que um robô pode ter gênero. Da mesma forma que um personagem de filme ou um avatar, aquilo não era uma *coisa*, era *ela*. Assim como muitos idiomas possuem palavras masculinas e femininas, parece que os mundos dos avatares e robôs também contam com diferenciação de gênero. Não há dúvida sobe o fato de que aquele robô fora modelado com um gênero em mente, pelo menos a cabeça. Parecia tão cheia de vida, como se estivesse dormindo, que me peguei falando baixinho, como se estivesse preocupado em não despertar a bela adormecida, nem sobressaltá-la, ou fazê-la erguer a cabeça.

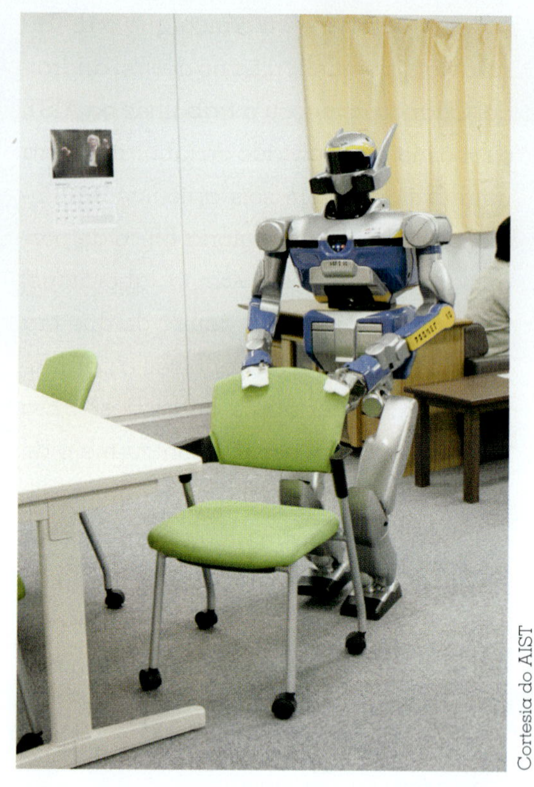

Cortesia do AIST

Um antigo modelo da série HRP, o HRP-2, empurrando uma cadeira.

Mas ela o fez. Houve um pequeno zunido, seus cabelos balançaram para trás, os olhos se abriram, a face se ergueu, os braços se flexionaram e os pés tocaram o chão. Com um pequeno silvo, a boca do modelo HRP-4C foi ativada de maneira que ela lembrou um pouco uma boneca de inflar animada. Recuei para lhe dar espaço. Suas bochechas inflaram um pouco enquanto se aquecia. Parecia que estava prestes a cuspir.

Tinha muito equilíbrio para uma máquina bípede. Com as mãos nos quadris e pés juntos, rosto operacional, entrou em modo de teste do sistema. Inclinou-se para a frente, depois para trás. Inclinou-se para a esquerda, depois para a direita. O braço esquerdo foi erguido e ela se inclinou para a direita; o braço direito foi erguido e ela se inclinou para a esquerda. Ao girar o torso, pareceu-me estar olhando uma atleta se preparar para uma competição. Então, de repente, lembrei-me das engrenagens por dentro dela e as coisas ficaram esquisitas. Talvez, a distância, aquele robô fosse atraente até certo ponto, mas a qualidade da pele era tão monocromática (a pele humana verdadeira possui muitas cores por baixo – até as veias são visíveis) que meu cérebro estava começando a entrar em parafuso e a se recusar a aceitar o que os olhos estavam vendo. Era repelente. Não que eu precisasse me sentir atraído pelo robô – não era como se eu desejasse fazer sexo com ela –, mas, por outro lado,

Cortesia do AIST

O HRP-2 tira uma latinha da geladeira, por meio de programação prévia.

fiquei imaginando... não... talvez eu desejasse *mesmo* fazer sexo com ela. Será?

Por que eu desejaria fazer sexo com um robô? Talvez porque fosse tão *sexy*? Afinal de contas, por qual outra razão um robô seria projetado como uma jovem e bela garota se não houvesse alguma intenção de lubrificar as engrenagens de um desejo ancestral? O marketing faz isso o tempo todo, por que não a robótica? Carros podem ser *sexy*, e manequins de loja também. Parece que os robôs do futuro serão cada vez mais *sexy*, e isso provavelmente não é má notícia.

Mas eu ainda sentia aversão por ela, ou, pelo menos, sentia-me desconfortável ao olhá-la.

A HRP-4C tem 158 centímetros de altura e pesa 43 quilos. Com as baterias. Ela usa uma espécie de traje de *stormtrooper*, e, só por curiosidade, perguntei ao dr. Yokoi quais eram suas medidas. Ele sorriu e respondeu que era segredo.

Olhando de novo para o robô, ainda se aquecendo, decidi que eu desejava fazer sexo com ela. Isso era terrivelmente embaraçoso, mas por que não? Já fiquei excitado com tinta numa página ou pixels numa tela de computador, por que não com um robô? Mas não sabia precisar exatamente por que eu desejava fazer sexo com o robô, a não ser, talvez, por seu cabelo. Ela parecia ter um cabelo sadio. A atração por meu primeiro amor robô permaneceu um mistério, e eu nada disse a respeito aos cavalheiros que estavam ao meu lado.

A HRP-4C continuou o aquecimento, e eu não consegui manter minha boca fechada; então, perguntei ao dr. Yokoi se ele achava o robô *sexy*. Ele respondeu, sabiamente: "Ela é bonita, mas para mim não é *sexy*, pois sou o pai dela", e como se tivesse o propósito de dar um nó em meu cérebro, ele me mostrou um vídeo da HRP-4C com um vestido de noiva.

Antigos modelos da série HRP.
Cortesia do AIST

Depois de algumas conferências de imprensa e exibições públicas em março de 2009, foi em 22 de julho do mesmo ano que a HRP-4C fez seu segundo *debut* público, e todas as câmaras estavam lá para testemunhar. Embora ela já houvesse cantado em uma conferência de eletrônica, e fosse já considerada uma espécie de celebridade, essa ocasião foi diferente.

Era a oitava Japan Fashion Week anual, e Yumi Katsura estava exibindo sua Paris Grand Collection de vestidos. A joia da coroa naquela noite, como você já adivinhou, era vestida pela HRP-4C. Ao som de "Billie Jean", de Michael Jackson, a HRP-4C engingou pela passarela trajando um vestido de noiva. Ela anunciou: "É a primeira vez que uso um vestido de noiva. Estou muito feliz hoje por estar com um vestido de Yumi Katsura". Assim como seria para qualquer *designer*, para Katsura, ter um robô trajando uma criação sua foi o equivalente a ter seu trabalho desfilado por uma celebridade. O robô de 2 milhões de dólares caminhou suavemente pela passarela de 10 metros sem tropeçar em seu vestido bastante complexo, e até fez poses para as câmeras dos *paparazzi*.

Sob o brilho das luzes, tudo parecia muito moderno e sofisticado. Mas, por baixo do vestido, a HRP-4C estava quase entrando em superaquecimento. Mesmo os engenheiros do AIST tendo previsto essa possibilidade, e modificado algumas partes da roupa para arejar um pouco, eles sabiam que as coisas estavam esquentando. O dr. Yokoi, em particular, estava alerta quanto a isso, e enquanto a HRP-4C se virava, ele sabia que os passos dela estavam programados para aterrissar nos lugares certos, mas o vestido não poderia ficar preso por baixo de seus pés, ou o robô cairia, pararia ou superaqueceria a um nível crítico.

A HRP-4C colocou-se ao lado de Katsura. O robô lançou longos olhares à plateia. Parecia calma, tranquila, controlada. Então, com os engenheiros do AIST roendo as unhas de nervosismo, virou-se lentamente, deu um passo adiante e fez o caminho de volta pela passarela com sucesso. O show terminou sem contratempos.[4]

[4] Parte do desfile pode ser encontrada no YouTube ao se buscar por "HRP-4C – the robotic bride".

Depois de explicar a *performance* pública da HRP-4C para mim, o dr. Yokoi sorriu, colocou a fotografia de volta em sua mesa e esperou pacientemente enquanto três assistentes posicionavam o robô e executavam alguns comandos de um computador próximo. Aproximei-me para espiar por cima do ombro do engenheiro e constatei que sua tela exibia um modelo 3D *wire-frame* da HRP-4C. Quando o modelo 3D erguia um braço, o robô fazia o mesmo. Em torno da imagem 3D havia vários controles de interface e *sliders*, chaves e botões – as cordas daquela complicada marionete eletrônica, ou *karakuri ningyo*.

Cortesia do AIST

HRP-4C.

Traduzindo aproximadamente do japonês, um *karakuri* é um mecanismo de entretenimento. Um *karakuri* é um dispositivo que surpreende e encanta, usado em apresentações, diversão e, às vezes, trabalho. Como todo bom truque de mágica contemporâneo executado em público, o mecanismo tem de ser mantido em segredo. O *karakuri* era utilizado em teatros, para divertir convidados e a família, e rituais e festivais, como funerais e festas. Então, *karakuri* é o mecanismo, enquanto a palavra *ningyo* significa uma espécie de marionete. A conjunção dessas duas palavras significa "com forma humana". Antropomórfico. Então, um *karakuri ningyo* é um mecanismo de entretenimento com forma humana. Um androide. Uma versão antiga, primitiva, neandertalesca do que hoje entendemos como androide, mas, ainda assim, um androide ancestral.[5]

Quando mencionei isso para o dr. Hirukawa, ele concordou antes de me redirecionar educadamente para postar-me de frente para a HRP-4C e não olhar para a interface de controle do computador. (Dei-me conta de que estava espiando por dentro da manga do mágico.)

Houve um profundo estalo e, então, o ronco suave de alto-falantes; a HRP-4C estava fazendo seu aquecimento, e os servomotores viravam-lhe a cabeça de um lado para o outro, enquanto seu cabelo sacudia, acompanhando o movimento. Uma ligeira trepidação podia ser percebida. Há uma espécie de aceleração e sutil desaceleração no início e fim de um movimento que um servomotor tem muita difi-

[5] Veja www.karakuri.info para mais informações sobre esse tema.

culdade de imitar. É mais difícil imitar os músculos do pescoço com servomotores do que imitar um servomotor com os músculos do pescoço.

Outros detalhes incongruentes ficaram evidentes: os braços não se moviam. Não havia movimento de respiração. O vale da estranheza de aparência e movimento estava novamente se descortinando abaixo de mim, dando-me uma sensação de vertigem enquanto eu olhava para a impressionante tecnologia que o AIST havia criado.

Então, abruptamente, ela abriu a boca novamente. Não houve flexão dos lábios ou afrouxamento da mandíbula antes de isso acontecer. Sua boca simplesmente abriu.

O som da voz de uma jovem surgiu de todos os lados, levemente distorcido, ligeiramente plástico, muito digital. Faltavam as sutilezas do analógico, mas ela soava bem, e como nunca ouvira um androide cantar, fui contemplado com uma experiência sobrenatural, como se uma diva de uma dimensão paralela houvesse saído de seu palácio industrial para um ensaio particular, adornada por lindos cabelos, mas com uma cabeça pintada por Edvard Munch.

Como se uma diva de uma dimensão paralela houvesse saído de seu palácio industrial para um ensaio particular.

Inclinando-me para espiar mais de perto sua boca, que parecia aberta num grito (e nenhum som emergia dela), reparei que o silicone se entortava e esticava quando fazia isso. A cabeça do robô inclinou-se para trás, como um cavalo. A minha também, pois fiquei um pouco sobressaltado, e não queria um daqueles braços de cinquenta quilos partisse meu crânio. Mas isso não aconteceu, e ela continuou a cantar, enquanto eu me esforçava para não me impacientar, embora estivesse suando frio enquanto olhava aquela estranha combinação de Jung Ryu Won com o coelho da Duracell. Todas as vantagens de uma modelo/cantora *superstar*, mas nada de vaidade, bulimia ou vício em cocaína.

Ela cantava em inglês, e com um leve sussurro os servomotores moviam sua mandíbula.

A HRP-4C usa Vocaloid, um software de síntese de voz desenvolvido pela Yamaha, que é basicamente um aplicativo digite-e-cante. Então, se desejo que a HRP-4C cante uma canção de Johnny Cash, é só digitar a letra e as notas musicais. Geralmente. Há bibliotecas de gravações de cantores que mapeiam os atributos vocais das vozes originais para reproduzir seu canto. E podem ser acrescentados vibrato e modulações de tom, criando canções tanto em japonês quanto em inglês.

A HRP-4C foi projetada com um conjunto de ferramentas, sendo que a maior parte delas veio da divisão ISRI da ATR, em

Osaka. Ela foi criada com o User Centered Robot Open Architecture (UCROA) utilizando Linux, OpenHRP3 e tecnologias de reconhecimento de voz e locomoção bípede que foram previamente desenvolvidas pelo AIST. O androide custa mais de 1 milhão de dólares.

Enquanto a canção prosseguia, comecei a ficar incomodado. Já havia sido difícil ficar ali quieto, prestando atenção. Mas, pior do que isso, era difícil tentar entender por que eu estava ficando deprimido rapidamente. O robô parecia tão atento. Os engenheiros pareciam tão atentos. Estou certo de que eu também parecia atento, mas aquilo estava tendo um estranho impacto sobre mim e me fazendo sentir-me triste.

Em algum lugar da minha cabeça, um grupo de neurônios estava me dizendo que aquilo era uma pessoa – uma jovem cantora, talvez até *sexy* – e mesmo assim não havia resposta em seus olhos, nenhum reconhecimento de minha presença da parte da "pessoa" que cantava, nenhuma interação que normalmente existiria. Havia algo de tão pungente e triste naquela canção, e na maneira como era cantada; era como se eu estivesse conhecendo alguém que tivesse sua alma removida cirurgicamente, alguém que havia sofrido um acidente de ordem espiritual, e sofresse de uma dor que eu era incapaz de compreender.

A canção me ajudou a descer a encosta para um novo Vale da Estranheza que funcionava exatamente como o visual. Talvez isso se devesse à estranheza visual, ou às tonalidades auditivas, ou ao fato de eu estar sob os efeitos do *jet lag* numa terra estrangeira; de qualquer maneira, eu estava descendo para um novo Vale da Estranheza. Afinal de contas, possuímos pelo menos cinco sentidos. Temos, ainda por cima, o sentido de tempo, de equilíbrio, e sentidos emocionais, também. O sentido social e o sexual. Então, concluo que haja muitos tipos de Vales da Estranheza a percorrer com cada um dentre nossa miríade de sentidos, muitas experiências novas que os robôs irão introduzir, que vão além dos limites do que nós, humanos, julgamos agradável, aceitável, ou simplesmente normal. Essa nova conjuntura, com robôs, significa que estamos prestes a nos aventurar numa terra na qual perdemos o mapa para o território das emoções.

Os engenheiros haviam sido muito gentis em ceder seu tempo só para colocar o sistema em movimento – eram pessoas incrivelmente legais e generosas abrindo um espaço em suas agendas para mim –, mas eu estava tendo dificuldade em ficar cara a cara com a HRP-4C. Ter uma garota-robô cantando para mim, com sua boca rasa se abrindo e esticando sem quase nenhuma sincronia com o ritmo de sua música sintetizada, não era coisa que eu experimentasse todos os dias. Não sabia como pedir uma pausa, especialmente para aqueles homens que haviam trabalhado tanto para realizar aquela exibição. A garota-robô me embaraçava. Sentia-me como se estivesse num coquetel formal, e alguém me dissesse que a filha retardada e *sexy* iria cantar para mim uma versão *a cappella* de "Highway to Hell", do AC/DC.

A forma e funcionamento de um projeto de androide (ou, Androides como meio de entretenimento)

O PRIMEIRO ANDROIDE DO MUNDO FOI INVENTADO no AIST, em 1986.

Na época, o AIST reconheceu que estavam no limiar de algo importante e decidiram constituir parcerias para auxiliar o desenvolvimento do projeto. O propósito do trabalho foi expandido para incluir a Honda e a Kawada Industries, e juntos, os três começaram a desenvolver a série HRP de robôs. Esses androides a princípio foram construídos para testar diferentes características para determinar o que funcionava ou não, e só depois para se determinar para que serviria um androide.

Os engenheiros do AIST sabiam que desejavam construir um androide, mas não tinham muita certeza da razão disso. Era como decidir navegar para o oeste, mas sem saber para onde se está indo. Robôs não humanos (armações, carrinhos, câmeras automáticas etc.) estavam funcionando e gerando bastante lucro em fábricas e armazéns por todo o Japão. Nas linhas de produção estavam aparafusando carros, vigiando corredores nos prédios, empilhando caixas em depósitos e assim por diante. Mas todos esperavam androides.

Que *design* poderia ser pior para um robô do que um androide?

Era uma solução esperando por um problema.

O dr. Hirukawa encolheu os ombros e disse: "Nossa pergunta era 'Para que serve um humanoide?'". Fiquei perplexo. Nunca me ocorrera tal questão. Em toda a ficção científica, são os androides que dirigem o táxi, servem mesas, pilotam a nave espacial, salvam a princesa – e certamente é um androide que mata todo mundo. Mas, então, ao pensar no assunto, vi que era verdade: que *design* poderia ser pior para um robô? Colocar o centro de gravidade lá no alto de um sistema que mal consegue se equilibrar, dar-lhe duas varetas para se locomover aos tropeções por aí e, em seguida, anexar um sistema de garras que, por não poder ser retraído para dentro do corpo, tem de ser contrabalançado sempre que as pinças de cinco tentáculos assimétricos são usadas. Ah, e sem esquecer de dar ao robô uma coisa chamada "cabeça", que não tem função alguma, já que o aparato sensorial pode ser facilmente colocado nos pés ou no corpo. Para que um robô precisa de uma cabeça? Ou de um rosto?

É um estranho problema de *design* para se ter, pois a função está seguindo a

Cortesia do AIST

O HRP-3P toma uma chuveirada.

forma. No clássico jargão dos arquitetos americanos, "A forma sempre segue a função".[6] É uma norma ensinada em todas as escolas de *design*, seja industrial, de arquitetura ou gráfico, que um bom *design* serve à função antes de a forma ser desenvolvida. Aqui, a forma foi estabelecida como um tipo de necessidade *a priori*, e só então a função foi determinada com base na forma. É um pouco como decidir que um aeroplano precisa ter a forma de um elefante orelhudo porque é isso que os consumidores querem. Isso introduz uma gigantesca gama de problemas, é claro, pois elefantes orelhudos não foram projetados para serem aeroplanos, tanto quanto seres humanos não o foram para serem robôs.

Como se vê, ter forma de androide é uma função do androide.

A pergunta "Como um robô humanoide caminha?" tornou-se "Como um robô humanoide evita cair?". Ainda hoje, mesmo com o variado campo de máquinas inteligentes, a maioria dos seres humanos aos 3 anos de idade é capaz de fazer mais coisas do que a maioria dos androides. Fazer um androide andar não é tarefa fácil.

[6] Artigo de 1896 do arquiteto americano Louis Sullivan, "The Tall Office Building Artistically Considered".

Durante o início da década de 1990, o trio AIST/Honda/Kawada construiu o primeiro modelo da série HRP, o HRP-1. Esse robô tinha a habilidade de enxergar e processar dados, além de possuir certa autonomia navegacional em seus sistemas *on-board*. Mas sua capacidade de navegação era muito limitada. Em outras palavras, ele podia conhecer o caminho por um aposento, mas não conseguia andar. Não tinha equilíbrio. Possuía visão estéreo, mas se uma janela fosse deixada aberta, poderia cair por ela. Na época em que o HRP-2 estava em operação, as empresas se separaram para seguirem suas próprias ideias sobre como melhor desenvolver androides. O AIST, então, aumentou sua capacidade para uma ala de pesquisa mais independente, que acabou se tornando o departamento do dr. Hirukawa. O sistema HRP-3 foi o resultado desses esforços – um androide à prova d'água e à prova de pó, com quase trinta articulações, cada qual servindo a múltiplas funções para autossustentação ou para manipulação de objetos. Ter um robô caminhando sobre dois pés faz pouco ou nenhum sentido quando se pode simplesmente colocá-lo sobre quatro rodas e aplicar-lhe um par de mãos, como os robôs SWORDS em zonas de guerra. Mas aí, é claro, já não será um androide. Portanto, caminhar sobre superfícies irregulares, ou lidar com uma simples escada, ainda constitui um problema real hoje em dia.

Ter forma de androide é uma função do androide.

Depois de múltiplas repetições dos modelos HRP, e a despeito do progresso que alcançaram quanto à locomoção bípede, o grupo ISRI ainda estava tendo dificuldade em decidir o que fazer com eles. Por que precisamos de androides que caminham? Para vender bilhetes? Para cumprimentar pessoas nas mesas de recepção? Para servir comida? Algumas dessas tarefas requerem deslocamento, outras apenas a forma humana, mas um robô com forma humana, caminhando? Para que serve um androide?

O dr. Hirukawa olhou para mim e ergueu uma sobrancelha, balançou o dedo no ar e disse lentamente: "Entretenimento".

Voltando a olhar o robô, sentindo-me embaraçado por ainda achá-la *sexy* e muito perturbadora, depois olhando novamente para o bom doutor, perguntei-me o que ele queria dizer com *entretenimento*.

Entretenimento é emocional. Quando assistimos a um filme e dizemos que ele é "divertido" ou "interessante", normalmente é por que ele tocou uma ampla gama de nossas emoções. Quanto mais divertido e interessante ele é, mais emoções sentimos. Os maiores astros do entretenimento de todos os tempos, sejam eles James Cameron ou Alfred Hitchcock, Mozart ou Led Zeppelin, mexem com nossas emoções profundamente.

Esse entretenimento emocional quase sempre envolve outra pessoa. Quando vamos ao cinema, escutamos música ou lemos um livro, quase sempre a história gira em torno de alguém. Alguém com quem supostamente devemos nos identificar. As emoções que esse alguém sente são as emoções que nós sentimos. O motivo de nos identificarmos com determinado personagem é, em parte, devido aos *neurônios-espelho*. Algumas de nossas reações têm a ver com a liberação de várias substâncias, como a vasopressina e a ocitocina, que são liberadas quando uma situação fictícia é crível o bastante para confundir nosso cérebro, enganando-o para que entenda a situação fictícia como realidade. Isso, entre outras coisas, cria uma resposta emocional. E se aplica a qualquer veículo de entretenimento que apresente uma pessoa ou algo que vagamente se assemelhe a um ser humano. Tal veículo pode ser robótico. Um androide pode cumprir esse papel. Podemos nos identificar com ele e, assim, achá-lo emocionalmente envolvente e interessante.

Então, evidentemente, o androide é um tipo de máquina de emoção. Pelo menos, se servir para entretenimento. Quando pensamos em robôs humanoides que caminham e fazem coisas conosco, ou para nós, precisamos compreender que há um grande componente emocional implicado. Só experimentamos o Vale da Estranheza com androides, e apenas quando o robô oferece alguma perspectiva de envolvimento emocional.

Como máquinas de emoção, os androides oferecem um potente veículo de entretenimento, potencialmente mais forte do que texto, filmes ou narrativas interativas. Onde mais a possibilidade de um diálogo é mais provável do que com um androide? Onde mais a possibilidade de companhia é maior do que com um androide? Onde mais a possibilidade de sexo é maior do que com um androide? Onde mais podemos ver a promessa de robôs mais claramente do que na forma de androide?

Projetar um androide é problemático, especialmente ao considerarmos escalas. Quanto maior for o androide, maiores são as consequências – não só técnica e financeiramente, como também emocionalmente.

Para começar, tecnicamente: se você projeta um androide com um corpo maior, ele pode fazer mais coisas (como abrir portas), mas isso também significa que será mais pesado, e irá requerer mais motores e sensores e articulações para manter os quadris, os joelhos e o pescoço em movimento. Isso significa baterias mais potentes (e baterias são pesadas). Significa também que androides do tamanho de humanos pesam tanto quanto uma pessoa de verdade. E já que são feitos de materiais duros, você não vai querer que um deles caia no seu pé.

Androides em escala humana também são realmente caros. Fabricar um tanto de silicone cor de pele, acrescentar-lhe um cabelo *sexy* negro e muito liso e esticá-lo em torno de um crânio de plástico pode custar os olhos da cara. Além disso, há as baterias e normalmente milhares de partes móveis, e tudo isso, hoje, feito apenas sob medida. Portanto, quanto maior o androide, mais alto o custo de fabricação.

Mas o maior problema de um androide em tamanho natural são as emoções humanas.

Quanto maior o androide, maior a emoção.

Quanto maior o androide, maior a emoção. Um androide grande representa, em um nível instintivo, uma ameaça física. É por isso, em parte, que um ser humano é mais propenso a experimentar o Vale da Estranheza com um androide de seu tamanho do que com um do tamanho de uma Barbie. É assim com a maioria dos brinquedos. Dê a uma criança um caminhão-caçamba do tamanho de sua mão e ninguém se preocupará muito com isso. Ela ficará quietinha em um canto imitando o ronco do motor, enquanto os adultos confraternizam em torno da mesa de jantar. Ninguém se preocupará muito até que a criança comece a engasgar com uma das rodas do caminhão. Mas, se dermos à mesma criança uma carreta Peterbilt guiada por controle remoto, com um potente motor a diesel, suspensão a ar e um cilindro de direção reforçado, nenhum adulto ficará bebericando um *Chardonnay* tranquilamente. Ou dê a uma garotinha uma boneca Barbie, o que é encantador e saudável de se fazer, mas você provavelmente ficará chocado se por acaso descobrir uma Barbie em tamanho natural na cama de um adulto.[7]

Portanto, o tamanho do androide é proporcional às emoções que ele pode provocar, geralmente com base na ameaça. Quando vejo pequenos androides bamboleando pelo chão de um museu ou do apartamento de um amigo, considero-os bonitinhos. São pequenos, e normalmente levantam coisas pequenas. Quando vejo o Exterminador, não acho que ele seja bonitinho. Penso que ele é grande e que pode erguer coisas grandes, inclusive armas, e eu.

Philip K. Dick propôs que se tornaria difícil diferenciar androides dos seres humanos. Isso já está acontecendo, e continuará a acontecer na próxima década. O motivo disso é que androides são um veículo de entretenimento com o qual podemos nos identificar e, à medida que eles começarem a se tornar mais parecidos com os seres humanos, também começarão a se identificar mais conosco. Essa interação emocional fluirá nas duas direções.

[7] Por todo o mundo, podemos encontrar centenas de milhares de pequeninos androides capazes de caminhar, a maioria deles usada como brinquedo. Há, literalmente, milhares de robôs que andam e custam bem menos do que 100 dólares. Produzidos pela Sony, Lego e outras grandes empresas fabricantes de brinquedos, constituem uma parcela incrivelmente importante da indústria robótica, mas tive de me abster de falar sobre eles aqui.

Cortesia do AIST

Paro.

Mais animal do que os animais

EM *BLADE RUNNER, O CAÇADOR DE ANDROIDES*, Deckard rastreia uma cantora androide, muito sensual, chamada Zhora. Ela está trabalhando num cabaré, enrolada numa cobra falsa, e quando Deckard entra em seu camarim para interrogá-la e tentar determinar se ela é uma replicante, com ainda menos perguntas ela descobre que ele é um tira. A entrevista prossegue de ambos os lados, e a replicante determina que o homem é um tira antes que o tira determine que a mulher é uma replicante.

Em mais um caso de ficção científica presciente, robôs irão ver quem somos antes que vejamos quem eles são. Conhecerão nossas emoções e sensações físicas antes de nós.

Um dos robôs mais bem-sucedidos do AIST – e um dos mais emocionalmente envolventes até hoje – tem o tamanho de um recém-nascido (não é um androide). O nome do robô é Paro.[8]

Paro é um pequeno robô com formato de foca e bigodes que, ao ser tocado, emite um som meigo e débil, e vira a cabeça

[8] http://paro.jp/.

Cortesia do AIST

Paro em uma casa de repouso.

na direção do toque (normalmente). Ele pode fazer outras coisas, mais estranhas. Ele ergue a cauda quando damos palmadinhas em sua cabeça, lembrando um pouco um gato, e faz diferentes ruídos meigos se você cobre seus olhos ou o cutuca forte com o dedo. Quando o vi pela primeira vez, tentei não pensar em Paro como um controlador de game com botões escondidos sob a pelagem sintética. Tentei não pensar nele como um Furby.

O pequeno robô é inspirado num bebê-foca da Groenlândia (*Phoca groenlandica*), da costa nordeste do Canadá. Os pesquisadores do AIST foram lá e desenvolveram modelos comportamentais baseados nos bebês-foca que encontraram em Madeline Island. O robô resultante utiliza uma CPU de *chip* RISC de 32 bits, sensores óticos estereoscópicos, um sensor de temperatura que ajusta sua temperatura corporal e um microfone para reconhecimento de voz. Se você passa um tempo com o robô, obtém respostas de suas pálpebras, nadadeiras e cauda, e dos sons que produz. Possui um ritmo de comportamento diferente para o dia e para a noite, e tem uma espécie de temperamento que se baseia em como está sendo tratado. Pode reconhecer seu nome (dado pelo dono), e produz um monte de sons meigos, especialmente quando é afagado. Na verdade, segue fazendo esses sons por uma hora e meia antes de

Mark Stephen Meadows

Paro em exposição.

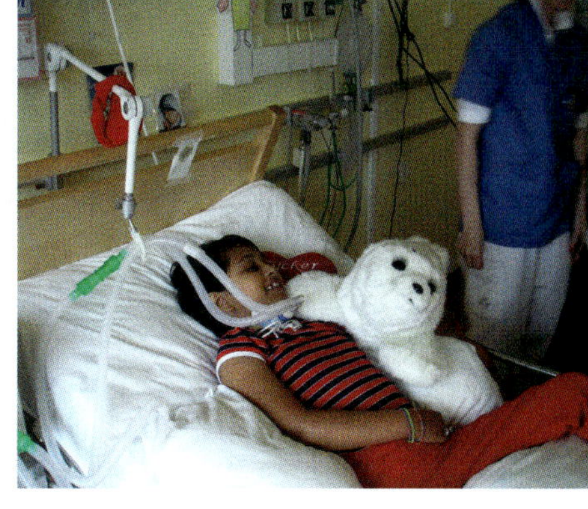
Cortesia do AIST

Paro no hospital.

precisar ser recarregado. Ah, e é coberto por pelagem antibacteriana.

Paro foi projetado originalmente pelo AIST como forma de entretenimento, mas com aqueles olhos grandes e desamparados, e barulhinhos estranhos, o AIST reparou que as pessoas acabavam cada vez mais apegadas a ele. Especialmente, idosos. Os jornais japoneses *Chunichi* e *Jiji* noticiaram que uma pesquisa revelou que Paro era "calmante para os nervos" e "terapêutico", e isso deflagrou uma pequena avalanche na mídia até que, no final, o robozinho Paro acabou entrando para o *Livro Guinness dos Recordes* sob o título "Robô mais terapêutico do mundo".

A pesquisa que o AIST conduziu levou em consideração aspectos psicológicos, fisiológicos e sociais do dia a dia das pessoas. O ISRI/AIST tirou fotos dos rostos das pessoas enquanto lidavam com o robô, entrevistaram enfermeiros, gravaram o que os pesquisados tinham a dizer e mediram os níveis de toxicidade do sangue e da urina, entre outros testes. A conclusão foi a de que enquanto interagiam com o robô as pessoas geralmente ficavam de bom humor.

Quando tive acesso a uma versão de Paro – um modelo sólido e branco – pude ver por que as pessoas se afeiçoam a ele. Ele se moveu de um lado para o outro e contorceu-se um pouco, lânguida e lentamente, lembrando um filhotinho. Isso fez com que eu desejasse protegê-lo, embora parecesse independente o bastante para não ser necessário, o que resulta classificá-lo, numa leitura emocional, como "bonitinho".

O dr. Hirukawa explicou: "Provavelmente é impossível publicar uma dissertação provando que Paro está curando pessoas". Ele riu e deu de ombros, acrescentando: "Contudo, se ele entrou para o *Guinness*, bem, que maravilha, não é? Não se trata de uma publicação científica, então, por nós, tudo bem. Mas fabricamos milhares deles, em cores variadas; por isso, diria que algo está funcionando".

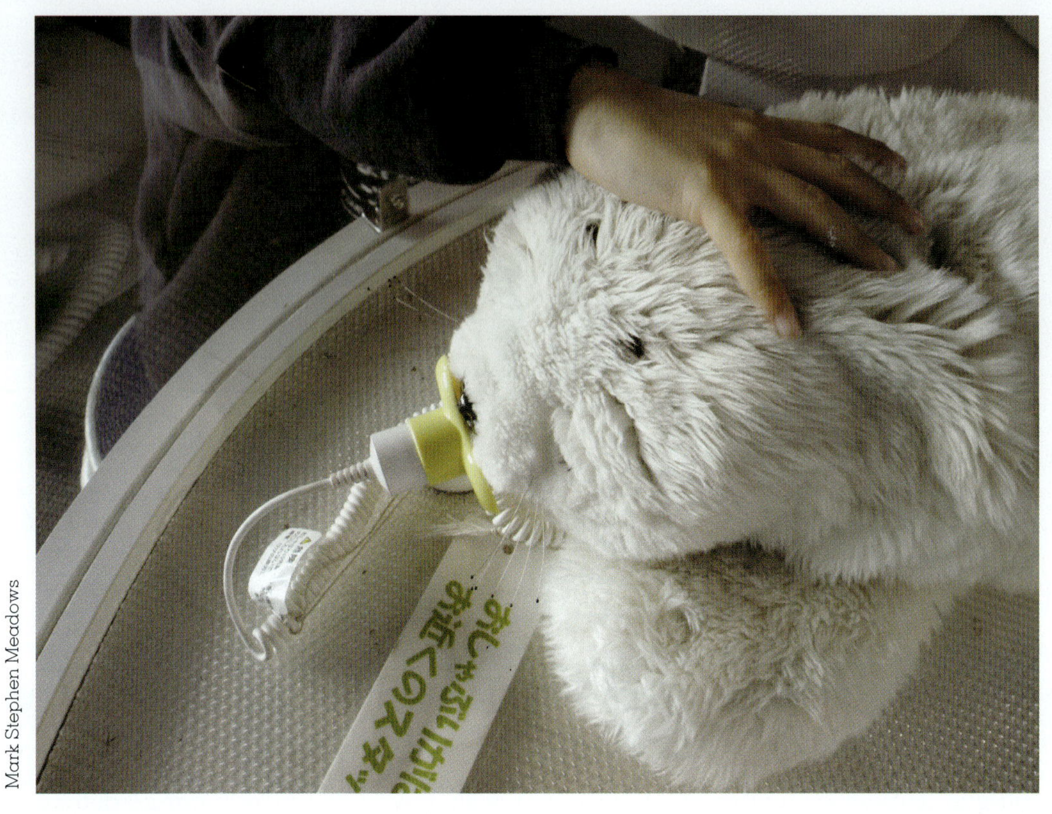

Mark Stephen Meadows

Paro em exposição.

Isso só me fez pensar numa terra repleta de pequenos Paros, e alguém com um bastão de beisebol, interessado em pelagem antibacteriana.

Olhei para Paro, Paro olhou para mim, e soltou um som semelhante a um miado.

Esse robô pode ser encontrado em muitos lares, e agora habita em casas de repouso e instituições públicas de assistência em mais de vinte países em todo o globo. A Dinamarca importou milhares, e ouvi boatos de fontes anônimas que afirmam que muitos ministros estão propondo um Paro de graça para cada cidadão dinamarquês.

Passar tanto tempo com idosos significa que Paro também tem algumas responsabilidades. O sistema pode monitorar a saúde do usuário, e se o robô não é tocado, for atirado longe, molhado, ou ouvir alguma coisa que não parecer adequada, essa informação pode ser enviada de volta ao servidor central que, então, dispara um alarme que pode ser retransmitido a dispositivos móveis, e também a outros sistemas de alerta de emergência.

Embora enfermeiros e médicos normalmente passem um tempo com esses pacientes idosos, Paro pode servir como um cuidador substituto, o que, em teoria, permite que os enfermeiros passem mais tempo com outros pacientes se houver falta de pessoal na enfermagem. O que é mais provável, entretanto, é que, graças a Paro, os enfermeiros não passem mais tempo com cada paciente, e sim, menos tempo com mais pacientes.

Outra possível solução, e problema, é a demência. Muitos pacientes que sofrem de demência encontram grande consolo num ursinho de pelúcia; se alguém larga um no colo deles, pegam-no em silêncio e começam a brincar. Mas isso pode não funcionar tão bem se alguém largar um Paro no colo de um paciente com demência que tenha, digamos, aversão por larvas de mariposa.

Como os robôs avaliam suas emoções por meio de seu corpo

EM 1º DE FEVEREIRO DE 2009, UM DOMINGO, DIA de Super Bowl,* mais de cem milhões de americanos assistiam ao aquecimento do Pittsburgh Steelers, prestes a enfrentar o Arizona Cardinals. Enquanto isso, em uma sala de reunião na cidade de Nova York, 39 pessoas sentavam-se em torno de uma TV, com seus cachorros-quentes e cerveja, arrumando, de vez em quando, as desajeitadas vestes negras que usavam para assistir ao jogo.

O sistema embutido em tais vestes fora desenvolvido por uma empresa de pesquisa de mercado chamada Innerscope Research, de Boston, Massachusetts. Usavam o sistema para monitorar telespectadores ao assistirem a comerciais. Já que os anunciantes estavam pagando quase 3 milhões de dólares por uma propaganda de trinta segundos, era de seu interesse ter certeza de que seus anúncios estavam sendo transmitidos pelas ondas de TV, pelos aparelhos de televisão, alcançando as salas de estar e penetrando a mente dos espectadores, criando a resposta emocional apropriada quando a mensagem finalmente atingisse seu alvo. O equipamento de monitoramento usa três eletrodos de ECG aderentes que enviam dados a um computador, que constrói uma análise emocional baseada neles.

O teste constitui uma "ferramenta de análise do perfil da personalidade". É psicológico. Mede as reações emocionais da pessoa a situações hipotéticas e monitora especificamente o pulso, dilatação muscular, circulação, respiração, temperatura do corpo e ritmo respiratório. Coisas involuntárias. É mais ou menos como um polígrafo, mas em vez de detectar mentiras, é um detector de emoção. Poderíamos dizer que é uma espécie de teste de Escala Alterada de Voigt-Kampff.

Afora texto e pulso, outra forma de medir emoções é por meio da voz. Diversas empresas vêm usando softwares de "aná-

* Jogo final do campeonato da National Football League (Liga Nacional de Futebol Americano), que decide o vencedor da temporada anterior. (N. da T.)

lise de discurso" que monitoram conversas ao telefone entre atendentes de SAC. Um dos fornecedores desse tipo de coisa é uma empresa israelense chamada NICE Systems. A especialidade da casa é um software sensor de emoções e sistemas de monitoração de chamadas telefônicas para empresas e organizações de segurança. Em seu site afirmam ter mais de 24 mil clientes em todo o mundo, inclusive o Departamento de Polícia de Nova York e a Vodafone.

E existe também a análise do rosto. Pesquisadores da Universidade Tecnológica de Nanyang,[9] da empresa de alimentos e de bens de consumo Unilever, e muitas outras companhias têm produzido softwares de reconhecimento facial que consideram basicamente a boca e as sobrancelhas, e constroem um mapa que pode ser usado para criar uma espécie de tabela de classificação, a qual é, então, comparada com as emoções conhecidas e, assim como você e eu reconhecemos que um sorriso na maioria das vezes indica prazer, o software estima o que o indivíduo está experimentando emocionalmente.

Sorrisos são difíceis de medir, mas estamos aprendendo um pouco mais sobre como fazer isso. Tome como exemplo o estudo de 81 adultos realizado em 2004, na University of Pittsburgh, na Pensilvânia.[10] Utilizando vídeos de comédia, esses pesquisadores compararam sorrisos forçados com sorrisos espontâneos, e demonstraram que os espontâneos são mais complexos, com múltiplos levantamentos dos cantos da boca.

Outra maneira de avaliar emoções por meio da face é medir a quantidade de sangue que é deslocado. Ioannes Pavlidis, da University of Houston, no Texas, pesquisou imagens térmicas do rosto de indivíduos. Verificou um aumento do fluxo sanguíneo em torno dos olhos, nariz e boca quando as pessoas estão estressadas, especialmente quando mentem. Sua pesquisa fez vídeos térmicos de 39 ativistas políticos aos quais foi dada a oportunidade de roubar um cheque de valor baixo, deixado num corredor vazio, em nome de uma organização de oposição. Cada indivíduo foi filmado apanhando o che-

Mark Stephen Meadows

[9] Dr. Cho Siu Yeung, Nguwi Yok Yen e Teoh Teik Toe.

[10] *International Journal of Wavelets, Multiresolution and Information Processing*, de Karen Schmidt e Jeffrey Cohn.

que e, depois, durante a filmagem, perguntado se havia feito isso. Alguns foram apanhados mentindo, e as imagens térmicas registraram o efeito com índice de confiabilidade maior do que 80%. Existem outros métodos de análise de emoções, e continuam sendo desenvolvidos.[11]

Picard diz que as tecnologias funcionariam melhor se os sentimentos do usuário fossem levados em consideração.

Muitos desses sistemas são capazes de reconhecer seis emoções clássicas (surpresa, felicidade, repugnância, medo, raiva e tristeza) 90% das vezes, e são capazes de decidir corretamente entre duas escolhas possíveis, do tipo "positivo" e "negativo", 75% das vezes. Então, podemos dizer que funcionam, se, em média, acertam três em quatro. Quando combinados com outra informação, como tom de voz, temperatura corporal ou (mais importante) texto, esses dados adicionais ajudam a situar a análise, assegurando que a emoção que está sendo medida pelo software é a emoção que está sendo experimentada pela pessoa. Afinal de contas, sarcasmo ou respostas forçadas podem confundir até mesmo um ser humano.

Todas essas são tecnologias que desenvolvem perfis emocionais, que serão usados para construir interfaces emocionais de usuários. Afinal, a maior parte desse trabalho, se não todo ele, é baseada em medições e na capacidade de abstraí-las em descrições algorítmicas.

Depois de mais de uma década de trabalho, Rosalind Picard, do Massachusetts Institute of Technology, publicou um livro intitulado *Affective Computing*. Ela diz que as tecnologias funcionariam melhor se os sentimentos do usuário fossem levados em consideração. Um programa de software tutorial poderia alterar seu ritmo ou dar sugestões se o estudante parecesse frustrado, justamente como faria um professor humano.

Um dos resultados de sua pesquisa foi um dispositivo chamado "Interactive Social-Emotional Toolkit" (iSET),* que foi projetado para ajudar crianças autistas, por exemplo, ou com outro traço de personalidade relacionado ao processamento de estímulos emocionais e sociais. O sistema trabalha monitorando o rosto de alguém com quem a criança está falando e anota os movimentos faciais dessa pessoa durante a conversa. A face, então, é classificada em um dos seguintes seis estados: discordante, concordante, concentrado, pensativo, interessado ou confuso. Ao lado do rosto aparece uma tela *pop-up* que ajuda a criança a determinar como a outra pessoa está se sentindo. Essa tecno-

[11] Confira a vibrometria *laser* Doppler, que mede de longe pequenas alterações na respiração e no batimento cardíaco relacionadas ao estresse.

* Conjunto de ferramentas de interação social-emocional. (N. da T.)

logia era empregada para ajudar crianças a aprenderem a identificar emoções por conta própria. Era um painel de controle emocional para ajudar crianças com necessidades especiais a navegar pela paisagem emocional do mundo dos adultos.

O Kismet é capaz de registrar e expressar variadas emoções, ou simulacros delas, como alegria, medo e repulsa.

Os pares de Picard receberam sua pesquisa com extrema reserva. Os críticos afirmavam que não se tratava de "pesquisa de verdade", qualificando-a de "superficial" ou "muito vaga". Alegaram que seu trabalho não aborda as ciências duras que a robótica teve de enfrentar. Mas, felizmente para Picard, as opiniões, assim como a própria indústria, continuam a mudar, e sua pesquisa desde então tem sido aceita como um passo inevitável da robótica na próxima década. Emoção artificial e interação social-emocional são marcos que os robôs agora começam a ultrapassar.

Um exemplo de robôs implementando abordagens específicas é o CB2 (Child Robot with Biomimetic Body).* Desde que foi inventado na Universidade de Osaka, em 2007, o CB2 recebeu habilidades emocionais para interagir com seres humanos observando suas expressões faciais. A equipe de pesquisa, composta por neurologistas, psicólogos e outros especialistas, tem ensinado o androide a responder a humanos avaliando expressões faciais e então classificando-as em categorias básicas, como alegria e tristeza.

O robô de 130 centímetros de altura e 33 quilos foi construído com câmeras embutidas no lugar dos olhos, que gravam as expressões e utilizam os dados. Então, ele usa esses dados para aprimorar as interações com esses mesmos indivíduos, posteriormente. O robô também pode combinar expressões com sensações físicas, que ele detecta por meio de 197 sensores de pressão escondidos sob um silicone macio que eu, particularmente, acharia desagradável tocar.

"Kismet" é outro exemplo de robô capaz de expressar emoções artificiais. A dra. Cynthia Breazeal, uma pós-doutora associada, também do Laboratório de Inteligência Artificial do MIT, acredita, desde 2001, que as emoções são fator-chave na interação social robô/homem. Programado para aprender e responder ao ambiente em que se encontra, o Kismet é capaz de registrar e expressar variadas emoções, ou simulacros delas, como alegria, medo e repulsa. Patrocinado pelo Escritório de Pesquisa Naval, pela DARPA e a Nippon Telegraph and Telephone (NTT), o

* Robô infantil com corpo biomimético. (N. da T.)

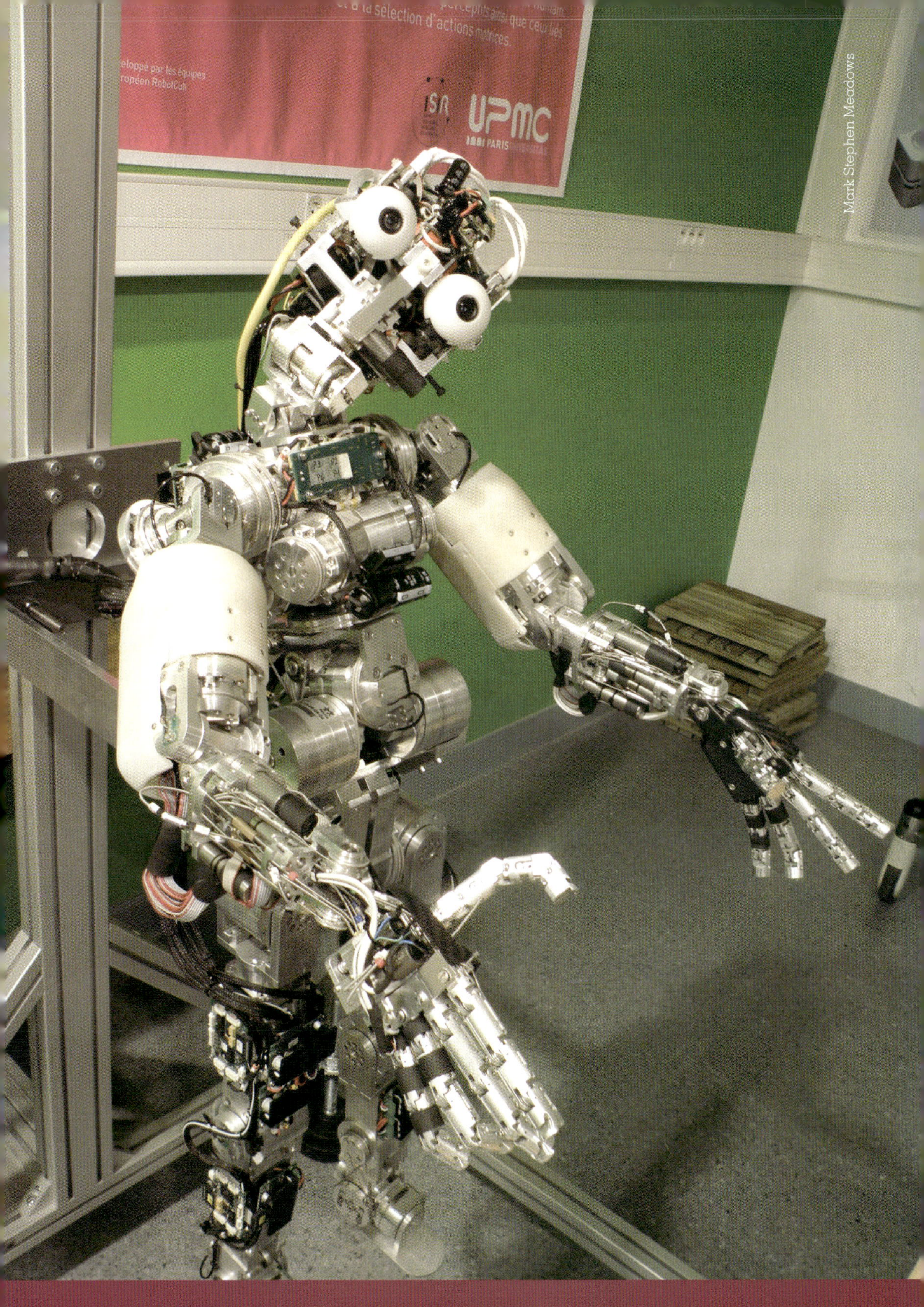

O iCub é um projeto em andamento para um consórcio de pesquisadores europeus.

Kismet consegue não apenas responder fisicamente a pessoas e objetos em torno dele, mas também se adaptar a estímulos sociais, como movimentos rápidos e gestos. Como Breazeal diz: "... [Kismet] parece impactar para valer [os visitantes] no nível emocional, a ponto de me dizerem que quando eu desligo o Kismet, é realmente um choque. É uma coisa poderosa. Isso significa que consegui de fato captar algo nesse robô que é especial. Esse tipo de reação também é crucial para o projeto e propósito do robô".[12]

Mais recentemente, um dos maiores projetos individuais dedicados à emoção artificial na robótica foi iniciado na Europa. O Feelix Growing é um projeto de pesquisa de 2,3 milhões de euros, que envolve quase trinta roboticistas, psicólogos do desenvolvimento e neurocientistas da França, Inglaterra, Dinamarca, Suíça e Grécia. O objetivo, segundo a dra. Lola Canamero, é construir robôs que "aprendam com os seres humanos e respondam de maneira adequada social e emocionalmente". Os robôs, máquinas relativamente simples que se parecem mais com o Roomba do que com os modelos HRP-C, respondem a *feedback* tátil e emocional. Eles mais ou menos se alimentam de palavras, comportamento e da ajuda de alguém se empacarem fisicamente ao tentar executar uma tarefa. O que é mais impressionante é que os robôs são capazes de detectar expressões faciais, gestos, tons de voz e posturas. A partir disso, e também de outros dados, os robôs detectam estados emocionais como raiva, felicidade e solidão, sendo que todas essas são emoções que impactam a maneira como o robô se comporta.[13]

Há muitos projetos mais que merecem ser citados. Emoções e robôs constituem um campo importante, e emoção artificial é uma nova fronteira que provavelmente se provará mais proveitosa do que a inteligência artificial.[14] Alguns desses muitos projetos incluem o JAST, patrocinado pela União Europeia; o Heart Robot, de David McGoran; o robô Kansei (criado por um grupo liderado por Junichi Takeno, da Escola de Ciência e Tecnologia da Universidade de Meiji); a pesquisa no MIT de Maja Matarić, o EveR-2 Muse, o Space Robot, ou o robô de linguagem corporal da NICT, que pode observar, reconhecer e reagir à linguagem corporal humana. Há muitos outros, milhares.

Mas o que esses desenvolvimentos significam para nós na próxima década?

Em primeiro lugar, sistemas de avaliação de emoção serão usados pelas polícias federais na próxima década. Muitos serão utilizados em aeroportos, táxis, es-

[12] Para saber mais, visite http://www.ai.mit.edu/projects/humanoid-robotics-group/kismet/kismet.html.
[13] Para saber mais, visite http://www.feelix-growing.org/.
[14] Veja o capítulo sobre inteligência, mais adiante, para conhecer as razões para essa afirmação.

tações de trem e por policiais em cidades que não se importam com a presença deles. Passaremos a confiar nesses sistemas mais do que em nossa própria percepção e, em resultado, nossa percepção passará a ser menos confiável. Mas esses sistemas continuarão a ser adotados pela robótica, especificamente nos sistemas com base androide, já que estes continuarão a evoluir como plataforma para engajamento emocional e, como o dr. Hirukawa colocou, entretenimento.

É por meio de textos que revelamos nossos sentimentos mais íntimos de amor, desejo, antipatia e medo.

Se androides são plataformas que podem ser usadas para entretenimento e cuidados de saúde, e minha avó está no hospital (sendo cuidada e entretida por um robô que é coberto pelo seu plano de saúde), será que a probabilidade de eu visitá-la aumentaria, sabendo que ela está sendo amparada emocionalmente por algum bebê-foca robô que lê sua face e ronrona quando deve? Odeio admitir, mas eu provavelmente deixaria o androide (ou a foca, ou seja lá o que fosse que estivesse cuidando dela), fazer o serviço por mim. Ou, quando eu checasse em meu aparelho móvel para saber como ia minha avó, e provavelmente falaria com ela por meio desse dispositivo, quando estivesse indo para casa de carro, estaria eu mais ou menos inclinado a parar no meio do caminho para visitá-la, se seu pulso, palavras e expressões faciais indicassem que fisicamente estava tudo bem com ela?

Provavelmente, menos inclinado. Robôs que substituem seres humanos podem ser úteis em certos contextos, especialmente em tarefas insalubres, perigosas ou letais, mas quando se trata de interação entre seres humanos, algoritmos que medem nossas emoções e seus efeitos colaterais, como o de deixar a vovó sozinha com seu androide de estimação, parecem uma aplicação menos do que satisfatória para essa tecnologia. É melhor do que não ter ninguém lá, mas desconfio que a capacidade que a tecnologia tem de cobrir lacunas nos dá uma probabilidade maior de nos mantermos mais afastados.

Afinal de contas, quem quer visitar a vovó doente na casa de repouso quando pode passar a tarde curtindo com sua androide cantante e *sexy*?

Como os robôs avaliam suas emoções por meio de suas palavras

SE O SUPER BOWL DE 1º DE FEVEREIRO DE 2009 NOS deu uma versão contemporânea e "inversa" do teste Voigt-Kampff, isso não foi nada em comparação ao que vimos no Super Bowl do ano seguinte, 2010. Algo que não era nem um pouco parecido com o que já estava sendo usado para medir você. Tudo acontecia por meio do texto.

O texto é uma tecnologia muito antiga. Conceitos enormemente abstratos atravessaram milênios enterrados em apenas poucas dezenas de letras. O texto, assim como o fogo e o medo, tem a capacidade mágica de saltar de um corpo para o outro. Imagine as meditações de um sacerdote egípcio, antes rabiscadas no barro mole de uma parede, sendo transcritas para um papiro e guardadas por séculos num túmulo. O papiro é descoberto, traduzido, transcrito novamente; é publicado, aparece em livros, espalhado por outros países e, então, fica esquecido nas prateleiras por décadas. Mais tarde, é redescoberto, gravado num disco rígido, enviado por e-mail e transmitido através do planeta para aparecer no telefone novíssimo de alguém que atravessa o interior do Japão como um foguete a bordo de um trem-bala. As meditações daquele sacerdote egípcio viajaram por toda uma eternidade, para aparecerem de repente nas minúsculas telas que usamos hoje em dia no metrô.

Podemos fazer um bocado de coisas com apenas 26 letras do alfabeto. O texto é a base da maioria das fórmulas matemáticas, de todas as maneiras de classificar as coisas que existem, de plantas a estrelas a células sanguíneas, e é o fundamento das linguagens de software como Java ou C++. O texto é o DNA do conhecimento humano, e cada letra do alfabeto é uma base, cada marca de pontuação, uma ligação de hidrogênio.

Todo mundo usa texto. Enquanto você lê esta frase, milhões de pessoas em suas mesas de escritório, nas esquinas, no meio do Oceano Pacífico, nos extremos gelados do planeta, em Rovaniemi ou em Roma, em Ciudad Juárez ou na Cidade do Cabo, estão olhando para suas pequenas telas, preocupadas ou sorridentes enquanto leem uma mensagem de texto que acabaram de receber. Enquanto linhas de texto cruzam toda a superfície da Terra, determinamos como viver nossa vida e o que pensar e sentir. Transferência de texto, como nos programas de mensagens instantâneas, continua sendo o principal uso da Internet. É a maior fonte de entrada e saída de dados para os corações humanos por todo o globo. E é por meio de textos que revelamos nossos sentimentos mais íntimos de amor, desejo, antipatia e medo.

Essas linhas de texto estão impregnadas desse material mágico que chamamos emoção, e como pequeninos vagões carregados com um elixir invisível, cada letra leva emoções à pessoa que recebe a mensagem. Então, chegando a seu destino o trem é esvaziado, os vagões reordenados, e ele é mandado de volta. Você dá e recebe emoções. Você envia um texto, recebe outro de volta. Você envia mais texto, recebe mais texto de volta. Às vezes, são dados objetivos, e algumas emoções, intensas: surpresa, raiva, alegria etc.

Nada orienta mais nossa vida e determina o que fazemos do que as interações de texto que temos. Estou tentando, mas é tremendamente difícil para mim frisar a importância que o texto tem na evolução humana, na cultura, na tecnologia.

Todos nós o utilizamos, e essa é a interface primária para todos os dados hoje em dia. Tudo depende disso.

Com máquinas de texto nas mãos, retornemos aos anúncios do Super Bowl, mais precisamente aos anúncios do jogo de 2010, no dia 7 de fevereiro, durante o Super Bowl XLIV.

O Google mostrou as seguintes entradas de texto em seu anúncio do Super Bowl:

estudar no exterior paris frança
cafés perto do louvre
traduza tu es très mignon
impressionar uma garota francesa
lojas de chocolate paris
o que são trufas
quem é truffaut
aconselhamento de relacionamentos a distância
empregos em paris
AA120*
igrejas em paris
como montar um berço

Com essa lista, o Google tinha a intenção de explicar, em trinta segundos, como a história de vida de alguém pode ser levantada a partir de suas buscas na ferramenta. O anúncio terminava com "Siga buscando", como se quisesse dizer que o Google pode ser usado em todos os aspectos da vida de uma pessoa, desde receber a instrução adequada, a se casar com a garota certa, a criar filhos. Uma coisa é certa: você é o que pesquisa no Google.

O Google aprende sobre sua vida a partir do texto que você envia. O serviço Gmail, por exemplo, fornece dois gigabytes de armazenagem. Aí, você escreve e-mails e deixa coisas lá, e então, quando você não está olhando (e às vezes quando está), o Google vasculha essas mensagens para descobrir como você é e por que (lembre-se, o Google é uma plataforma de propaganda – está apenas fazendo o serviço dele). O Google também usa "cookies", que podem ligar as páginas que você visitou com seus interesses, gostos e aversões. Também utiliza Buscador de Desktop e Documentos para descobrir alguns de seus maiores interesses. Também usa voz, imagem, vídeo e qualquer dado que você envie e receba por ele. Também trabalha com outras empresas, como a Apple,[15] para coletar dados de voz, dados de posição, vídeos e fotografias para registrar o que os usuários andam vendo, e escutar conversas. Tudo isso vai para um grande barril de dados e cada peça é individualmente rotulada.

* Voo da American Airlines. (N. da T.)

15 Especificamente, iPhone ou iPad.

Usando várias espécies de processamento semântico,[16] o Google (ou o Facebook, ou milhares de outros serviços *on-line*) silenciosamente sonda qualquer material que você envia por meio do servidor dele e o analisa. Se você envia uma mensagem de texto, ou clica em um link, ou lê uma página por longo tempo, o sistema anota isso. Coleta os mínimos detalhes, todas as coisas que você pensa que não são importantes. É como se houvesse milhares de pequenas abelhas baixando sobre sua cabeça, lambendo seu suor de dados, colhendo de você cabelinhos e pele morta, levando com elas tais amostras e retornando ao ninho, onde podem determinar de que comida você gosta, com base no que você comeu no dia anterior, para que possam lhe oferecer algo melhor no dia seguinte.

As comodidades da Internet hoje são serviços *on-line* em troca de informação pessoal.

As comodidades da Internet hoje são serviços *on-line* em troca de informação pessoal. O Google lhe dá uma conta de e-mail, e você dá a eles uma pequena pista do que você pensa. É mais ou menos como se você deixasse seu locador ler sua correspondência em troca de um desconto no aluguel. Ou talvez, mais precisamente, o Google seja um pouco como os barões de terras da Europa do século XV. Ele é um proprietário que tributa os camponeses que querem viver em sua terra. Os camponeses trabalham ali e o Google cobra uma taxa, mas não muito alta, de modo que aquelas pessoas que usam sua terra não a achem demasiada e concordem em pagá-la – apenas o suficiente para que o Google continue a lucrar. É assim que o Google colhe a propriedade intelectual das pessoas que cultivam em suas terras.

Não importa a analogia, você contribui para o Google. Ele aprende sobre você a partir dos textos que envia e recebe.[17] Quando você efetua algumas buscas como "o que é um robô", ele refina os resultados e anota o que você está procurando. Esse dado, então, vai para a grande memória cache que o Google usa enquanto desenvolve *rankings* de buscas. Portanto, o Google aprende não só pelo que você envia, mas por como você responde ao que ele lhe envia. O algoritmo de busca é um *loop* interativo que pode

[16] Estou me referindo bastante genericamente à análise semântica latente, que utiliza processamento de linguagem natural para comparar as diversas formas de dados e extrair generalizações a partir delas. Também é usada para procurar por palavras específicas, ideias ou padrões recorrentes, como "jihad" ou "patriota" ou "paranoico", por exemplo.

[17] É um estranho exercício entrar no Google e digitar qualquer coisa e não clicar em "Buscar"; espere a complementação automática aparecer e você poderá ver o que outras pessoas estão buscando. Por exemplo, digite "E" e aguarde, ou "Rua" e faça a mesma coisa, ou "Como aprender" ou "Como posso ser", ou, o campeão, "Como posso [insira uma letra aqui]" – o que equivale a uma sondagem psicológica coletiva.

ser customizado para cada usuário do sistema. Esse *loop*, esperamos, cria algo bom para todos.

Idealmente, como é o caso com toda publicidade, isso irá criar outro *loop* de oferta e demanda que está em perfeito equilíbrio. Você dá ao Google e ele retribui. Vendedores encontram compradores e compradores encontram vendedores. A ideia é que essa busca-e-propaganda (teoricamente coisas opostas) implementa um programa de equilíbrio e troca, e, no final das contas, todos saiam felizes, sadios e ricos. Como toda tecnologia baseada em fabricação automatizada, esse, pelo menos, é o sonho. Mas, como de boas intenções o inferno está cheio, devemos ficar de olho no Google.

Falei no Google, porque ele é um robô. E um bem estranho, diga-se de passagem. E como ocorre com qualquer robô, ele é controlado por seres humanos; propenso, portanto, a falhas humanas, caprichos, políticas e mudanças.

É óbvio que se trata de um robô virtual, um trabalhador do conhecimento, já que não está montando carros ou executando trabalho braçal. É um robô que abrange as várias indústrias de serviços, robótica industrial e pessoal. Isso depende, é claro, de como definimos a palavra mítica *robô*, mas podemos encontrar consenso majoritário até pelas definições mais estritas usadas pelos roboticistas de hoje. Máquinas de busca têm um *input* e um *output*, têm *sensores*, têm um *atuador* – possuem certo *grau de autonomia*. Todas as definições de *robô* que encontrei casam com o que uma ferramenta de busca é e faz.[18]

O Google sabe que é um robô e procura por instruções endereçadas a ele. Assim como se eu chegasse à casa de um amigo e encontrasse um bilhete na porta começando pelo meu nome, o Google faz a mesma coisa. Ele procura por um arquivo chamado "robôs.txt". Esse é um arquivo que tem sido usado tradicionalmente para orientar o Google (e a maioria dos

Mark Stephen Meadows

[18] Segundo a Organização Internacional para Padronização/ISO 8373, a definição de robô é "um manipulador programável em três ou mais eixos, automaticamente controlado, reprogramável, com múltiplas finalidades, que pode ser fixado no lugar ou móvel, destinado a aplicações na automação industrial". Observe, também, se você é detalhista, que um atuador pode ser também a cabeça de leitura/escrita em um drive de disco. A palavra robô parece não ajudar muito, não é?

outros mecanismos de busca) por um site. O Google procura por esse arquivo e o abre para ver que permissões ele tem. O Google é um robô virtual, bem-educado, com um fetiche por semântica.

Muitas empresas trabalham nesse ramo de processamento e propaganda baseados na semântica. Segundo o prognóstico da empresa de pesquisa de mercado Jupiter/Forrest Research, o mercado publicitário *on-line* continuará a crescer 20% ao ano, e a Piper Jaffray prevê que esse mercado possa alcançar 55 bilhões de dólares ao longo dos próximos quatro anos, o que leva a crer que essa corrida continuará acelerada. O software vendido pelas marcas Sentry e FamilySafe é capaz de ler conversas privadas no Yahoo!, AOL, MSN e outros serviços de bate-papo e enviar dados sobre o que as crianças estão dizendo sobre filmes, música, amigos e *videogames*. A informação é então vendida a empresas que buscam maneiras de adequar suas propagandas aos anseios das crianças. A Adknowledge, outra companhia especializada em tecnologia de filtragem semântica, vende anúncios *on-line* em termos de custo por clique que se baseiam em segmentação comportamental e customização automatizada. A CIA usa filtros semânticos para localizar focos terroristas.

O Google é um robô virtual, bem-educado, com um fetiche por semântica.

Trata-se de um poderoso vodu. O que você deseja, o que você pensa e o que você fará podem ser previstos com um grau de 90% de acerto, e isso inclui onde você está agora e onde estará em 24 horas.[19] Além de monitorar sua movimentação, o Google também pode prever seus desejos e emoções usando esses mesmos métodos. Filtragem semântica não é uma tecnologia terrivelmente misteriosa ou oculta, e, na verdade, era largamente utilizada antes de se tornar software. Há um grande volume disponível de pesquisas sobre a psicologia da semântica,[20] como o Minnesota Multiphasic Personality Inventory (MMPI e MMPI-2), Myers-Briggs, Rorschach Thematic Apperception, e outros, mas todos eles basicamente se fundamentam no trabalho de Louis Gottschalk e Charles Osgood.

Esses métodos de análise sintática podem ser usados em programas de computador para se determinar quais palavras, por exemplo, são mais usadas, a que ou-

---

[19] Para uma explicação sobre isso, por favor, continue lendo, e consulte o número de fevereiro de 2010 de *Science Magazine*, no qual pesquisadores analisam dados de localização de clientes por meio de provedores de serviços de telefonia móvel. Os autores do estudo descobriram que em cerca de 93% das vezes é possível prever padrões humanos de deslocamento e localização.

[20] Para outras pesquisas sobre a psicologia da semântica, veja também o trabalho de Erik Erikson, Carl Jung, Otto Rank, Gordon Allport, George Kelly, Abraham Maslow, Carl Rogers, Viktor Frankl, Rollo May e Jean Piaget.

tras se relacionam e em que contexto.[21] Eis um exemplo, que é um trecho de um e-mail que enviei esta manhã (os números representam a frequência relativa com que aparecem no texto):

1550 |
97 | eu
96 | você
94 | Paris
90 | romântico
73 | nós
72 | ela
49 | o
41 | isso
41 | mas

Eis outro trecho, que corresponde à décima parte do roteiro de *Blade Runner, o Caçador de Androides*:

2065 |
98 | ele
97 | Deckard
95 | Rachel
88 | eu
65 | isso
47 | o
45 | ela
39 | você
25 | mas

As mesmas palavras foram usadas com praticamente a mesma frequência, mas uma dupla de renegadas estava lá, e um programa de computador poderia imediatamente detectá-las como significativas, podendo, portanto, carregar um conteúdo emocional. A diferença proporciona a informação e o contexto, a dimensão emocional. Trata-se de Psicologia elementar.

Então, se tivermos condição de medir a escolha de palavras, padrões e frequência no corpo de um texto, poderemos começar uma análise em busca de significado e emoção. Assim como a análise de dados do celular mostra onde as pessoas estiveram, e onde estarão em seguida, a análise emocional de textos mostra a mesma coisa. Nós nos deslocamos diariamente por uma paisagem emocional da mesma forma que nos deslocamos diariamente pelas ruas da cidade. Análise semântica (ou, mais precisamente, análise semântica latente probabilística, e outras tecnologias que fuçam nossas tendências) mostra onde estaremos e o que provavelmente pensaremos e sentiremos. Assim como prever onde as pessoas estarão a partir de onde estiveram, podemos também prever o que as pessoas pensarão e sentirão a partir do que pensaram e sentiram. Nós, humanos, não somos 100% previsíveis, mas temos, *de fato*, a tendência de repetir nosso comportamento. Filtragem semântica é parte de um grande número de tecnologias que são intensamente valorizadas. Com ferramentas des-

[21] O Teorema de Bayes, ou fórmula bayesiana, é um deles.

se tipo, o Google pode analisar os dados de um usuário e descobrir a história de sua vida. O que pesquisamos indica o que estamos pensando, o que estamos fazendo e o que planejamos fazer.

No início de dezembro de 2007, Marissa Mayer, do Google, então vice-presidente de Produtos de Busca & Experiência do Usuário, mostrou como o Google Trends pode ser usado para prever o resultado de eleições presidenciais. Ela mostrou como o Google Trends previu com sucesso que George W. Bush ganharia de John Kerry em 2004,[22] e também destacou que o Trends previu com acerto a vitória de Nicolas Sarkozy, em maio de 2007, sobre Segolene Royal nas eleições francesas.

No ano seguinte, o Trends também mapeou o interesse coletivo e cumulativo em Barack Obama, que então veio a ganhar a presidência dos Estados Unidos em 2008. Outros exemplos semelhantes podem ser encontrados empregando-se sistemas como o Facebook, MySpace ou Twitter. Dados de uso do iPhone constituem uma das fontes mais valiosas de informação publicamente criada, já que permitem que a Apple (e o Google) coletem dados sobre o que os usuários do iPhone estão dizendo, escutando, vendo, e onde estão no espaço físico. Esses sistemas geram dados suficientes para prever vendas de filmes, doces e revistas, a popularidade de programas de TV, entre milhões de outros indicadores.[23]

Esses filetes de dados pessoais se somam aos rios de informações valiosas. Na verdade, os dados têm tanto valor que estão se tornando questão relevante de disputa entre a Apple e o Google. Gene Munster, um analista da Piper Jaffray, diz que a Apple provavelmente desenvolverá um mecanismo de busca especificamente projetado para o iPhone dentro dos próximos cinco anos. Já que o Google é o buscador do iPhone, ele pode ver o que os usuários do iPhone estão procurando, o que pode ser usado, então, por sua própria plataforma móvel. O contrato que a Apple fechou com o Google está, efetivamente, ajudando o Google a se tornar o maior concorrente da Apple, se não seu maior adversário.

O Google canaliza o maior rio, formado por todos os pequeninos afluentes de dados particulares, diretamente para a boca do mais insano, obsessivo, gigante, cheio de tentáculos e ardiloso robô que o mundo já viu. O Google descobre tudo, vigia tudo, faz uma cópia de tudo e arrasta tudo isso para seu ninho, onde devora, digere e rumina. Xereta nossos lares, caixas de

[22] Observe que não apenas o resultado geral da eleição foi previsto, mas também a percentagem de votos com que o candidato venceu: http://www.google.com/trends?q=bush%2C+kerry&ctab=0&geo=all&date=2004&sort=0.

[23] Veja o trabalho dos HPLabs, em http://www.hpl.hp.com/research/idl/, ou seu PDF em http://www.hpl.hp.com/research/scl/papers/socialmedia/socialmedia.pdf.

correio e roupas de baixo virtuais, vasculha nossos blogs, lê nossas discussões, analisa nossas listas de compras que deixamos para trás em diversos serviços *on-line*, lê nossas cartas de amor e determina do que gostamos, do que não gostamos e quando. Cataloga nossas emoções e motivações e mantém dados como meio de compreender quem somos num nível bem íntimo – mais íntimo até do que se nosso corpo estivesse sendo medido. Ele tira nossa impressão digital e nos cataloga, armazenando os dados fora de nosso alcance.

E por que deveríamos nos importar? Por que não gostamos de estranhos espiando nossa correspondência ou bate-papos? Porque quanto mais informação uma pessoa reúne sobre você, mais controle ela terá sobre você.[24] Dados pessoais são o combustível que alimenta tiranias, estados policiais e ditaduras, pois dados pessoais proporcionam o controle pessoal. Os Médici, os Habsburgo e a KGB soviética sabiam que vasculhar a correspondência era a maneira de manter o controle do governo. E o mesmo pensa a CIA.

Privacidade é liberdade. Ela permite que você pense, aja e sinta como bem entender sem risco para você mesmo e para outros, e essa questão assumirá importância crescente à medida que robôs começarem a entrar em nossos lares e ter a oportunidade de nos observar diariamente.

Para retornarmos ao conceito de robôs hardware (e como os robôs virtuais se integrarão com eles na próxima década), eis uma questão: se o Google lhe oferecesse um robô para fazer seu prato, lavar suas roupas e passear com seu cachorro, e fosse de graça como sua conta no Gmail, você aceitaria?

Se você já utiliza a ferramenta de busca do Google, possui um endereço no Gmail e usa GoogleDocs, ou um iPhone, então você confia no Google o suficiente para experimentar o robô oferecido por ele.[25] Então, você clicaria em "Confirmo a adesão!" e dez dias depois uma caixa branca com as cores primárias do Google aparece na sua porta. Você rasga a caixa e tira dela seu novo amigo. Robô Google, um androide que senta-se no seu colo, como uma criancinha, com pés grandes e uma cara engraçadinha. Você o coloca no chão e ele começa a explorar sua casa. É claro que nos primeiros dias será um pouco perturbador o fato de ele perambular pela casa e ler os livros de sua estante, correr o reconhecimento ótico de caracteres por todas suas revistas, e parecer estar estudando o conteúdo da geladeira, o rótulo da ração de cachorro e as etiquetas das

---

[24] E mais uma vez citando a expressão cunhada por Linda Stone, *trabalhadores da compreensão*, vale observar que à medida que a informação se torna conhecimento, e o conhecimento se torna compreensão, seu comportamento e pensamento rapidamente se tornam previsíveis.

[25] Parece concebível que a maioria dos usuários do iPhone estaria disposta a pagar pelo produto, uma vez que o iPhone cumpre uma função similar – pelo menos, conforme está declarado nos Termos de Uso.

roupas, e observar cuidadosamente sua TV, mas, quando ele finalmente ficar quieto, você irá pensar: "como é bonitinho". Parece prestar atenção na TV e na música que você escuta. Um dia, você até o surpreende fuçando em seu computador. Então, acaba se acostumando com ele. Ele lava sua roupa e alimenta seu cachorro, e o Google tem mais um conjunto de dados importantes sobre sua vida.

Essa ideia já tem um protótipo, e você poderá pensar que estou prestes a dizer que é o Google que o está desenvolvendo, mas não é o caso. São uns caras suecos. Embora a iRobot tenha deixado de lado o projeto de robô doméstico operado por controle remoto ConnectR, no início de 2009, acabando com a linha de produção, a ideia se recusou a morrer. Um ano mais tarde, em março 2010, o conceito foi retomado por um grupo de *hackers* suecos que lançaram um projeto similar ao que esbocei anteriormente, chamado GåågleBot (pronuncia-se "GoogleBot"). Esses hackers do Roomba dissecaram o robô e inseriram nele vários itens como uma câmera, um cartão Wi-Fi, um pequeno computador e uma boa dose de linguagem de programação AJAX. Depois de costurarem tudo de volta, a coisa ainda se manteve com as operações normais do Roomba.

Mas, espere, tem mais. Não é apenas uma mosca na parede. O GåågleBot também pode ler. Vem com software de reconhecimento ótico de caracteres (OCR), de modo que você (ou outra pessoa) pode fotografar e traduzir um texto qualquer que encontrar pela casa, armazená-lo num banco de dados, e realizar buscas nesse texto. Tanto o código-fonte como as instruções estão disponíveis para download.[26]

O Google poderia considerar dar esses robôs em troca de dados pessoais (e os usuários deveriam considerar o valor de cada coisa). O Google poderia, se eles têm a séria intenção de organizar os dados do mundo, começar a investir em robôs ligados a produtos que também são etiquetados com RFID,* conectados com bancos de dados que acompanham as estatísticas de uso, e podem também ler nossas emoções por meio de gestos, expressões faciais e padrões de movimento. O Google não precisa trocar apenas serviços virtuais por dados pessoais, como faz agora; pode também decidir oferecer serviços robóticos em troca desses dados.

Francamente, eu achava que essa era uma ideia louca. Enquanto trabalhava neste livro, perguntei a três profissionais da robótica sobre isso. Apenas um deles[27] respondeu, dizendo: "Isso nunca vai acontecer. As pessoas jamais desejariam ser espionadas em seus próprios lares".

"Mas não seria espionagem se elas permitissem", expliquei.

[26] http://www.gaaglebot.com/.

* Radio-Frequency IDentification (Identificação por RádioFrequência). (N. da T.)

[27] Bruno Maisonnier, diretor-executivo da Aldebaran Robotics, a empresa que construiu o Nao.

"Não, isso não irá acontecer. E-mail é uma coisa, mas não com hardware."

Estávamos sentados à mesa da sala de reuniões de sua empresa, e quando ele disse isso, seu bolso fez um *bip*. Ele tirou dali um iPhone e começou a tocar a tela.

Fiquei atônito.

"Sabia", perguntei – "que a maioria dos textos, imagens, sons e quaisquer outros dados que é enviada ou recebida pelo hardware que você tem em mãos é usada pelo Google, ou pela Apple, ou uma das muitas outras empresas? Dê uma olhada na seção Google Maps, em End User License Agreement.[28] Sabia disso?"

Ele entendeu a pergunta, mas continuou discordando da minha premissa. Então, deixamos essa questão de lado: afinal, só o tempo dirá.

Somos todos Deckards

NA PRÓXIMA DÉCADA, A MAIORIA DE NÓS NÃO TERÁ robôs-foca Paros cuidando de nossos avós nos asilos da Escandinávia enquanto um GoogleBot nos observa tirando a roupa para registrar as grifes das etiquetas. Entretanto, a maioria de nós efetuará buscas na Internet e continuará a trocar serviços gratuitos por informação pessoal. Tais serviços se tornarão mais granulares, mais pessoais e mais próximos de nós. Sistemas e serviços que executam análises emocionais, previsões e processamento assumirão papéis íntimos em nossa vida. Dispositivos móveis virão com sensores automatizados e autônomos que manterão um registro do que sentimos, fazemos e pensamos. Esses sistemas irão avaliar nossos pensamentos e sentimentos de maneiras inteligentes, registrar nossas preferências e aversões em bancos de dados remotos e construir modelos emocionais de quem somos, como pensamos e do que planejamos fazer. Esses sistemas robóticos, trabalhando de maneira invisível e incansável, construirão modelos de cada um de nós.

Chamaremos esses sistemas robóticos de *contas de usuários*.

Cada vez que uma pequena quantidade de dados sobre você é enviada, cada vez que você troca informação pessoal por serviços *on-line*, você se torna um pouco diferente e influencia um sistema muito maior do que você. Você se torna parte de um robô, talvez um chamado Google ou Yahoo!. Você contribui com suas emoções para esse grande sistema, e esse sistema se torna, em parte, você, e você interage com uma grande infraestrutura robótica que, então, testa outro indivíduo. Isso não é um teste de Voigt-Kampff. É mais do que isso. É um teste de Fausto.

Deckard, como ficamos sabendo no final do livro e do filme, é um replicante. Ridley

[28] http://store.apple.com/us/browse/home/iphone/terms_conditions que também incluem http://www.google.com/privacypolicy.html e http://maps.google.com/help/terms_maps.html.

Scott, diretor do filme, confirmou isso em algumas entrevistas dizendo: "... Deckard, de fato, é um replicante. No final, há uma espécie de confirmação de que ele é".[29]

Na cena final da edição do diretor, Deckard sai de seu apartamento e um unicórnio é deixado sobre a mesa. É um sinal de que suas lembranças de unicórnios foram implantadas, e que elas estavam disponíveis para Gaff, outro Blade Runner que agora tem a missão de caçar Deckard. Portanto, as lembranças e motivações de Deckard são conhecidas antes mesmo que ele mesmo as conheça. Deckard sequer sabe que é um replicante. Ele é capaz de avaliar as emoções de outros replicantes, mas nunca suspeitou que suas próprias emoções estavam sendo avaliadas. Ele nunca soube que era um robô.

Em *Blade Runner, o Caçador de Androides*, o Voigt-Kampff era um teste a que um humano submetia um robô para medir suas emoções. Mas não é assim que as coisas no mundo andam hoje; em vez disso, são os robôs que estão nos avaliando.

E nós, humanos, é que somos os robôs.

[29] *Ridley Scott: Interviews*, editado por Laurence F. Knapp e Andrea F. Kulas (University Press of Mississippi, 2005).

Capítulo 6: Guerra nas Estrelas

Sobre *superstars*, senhores, escravos e a união profana de um iPhone, um avatar e um gato – Interação, parte 2

> O fato é que a civilização requer escravos. Escravidão humana é errada, insegura e desmoralizante. Da escravidão mecânica, da escravidão da máquina, o futuro do mundo depende.
>
> — Oscar Wilde

PROVAVELMENTE, EU DEVERIA VER UM PSIQUIATRA, E há pelo menos uma razão para isso.

Estava em casa uma manhã, por volta das dez, e liguei para o número 0800 de meu banco. Minha esposa ergueu a vista para mim, enquanto eu repetia ao telefone, com voz monótona: "Quatro, quatro, nove... três, três, dois...". Eu estava rangendo os dentes. Estava quase há uma hora naquilo.

Minha esposa suspirou, voltou a olhar para o jornal e bebeu um golinho de café.

Eu não estava tão calmo. Minha manhã havia sido perdida nas águas pantanosas conhecidas como "atendimento ao cliente". *Atendimento ao cliente*, como você já deve ter descoberto, é um fosso informacional que protege o castelo conhecido como "a empresa", e nesse fosso "a empresa" joga todo tipo de horríveis robôs que, como crocodilos, estão lá para evitar que você entre e fale com o verdadeiro humano que vive naquele castelo. Estava começando a pensar que o inócuo robozinho conversacional chamado Alan – que eu havia desenvolvido para a Oracle em 2000 – havia retornado para sua vingança kármica.

Maldito robô!

"DESCULPE-ME, NÃO ENTENDI", O ROBÔ DISSE ANImado. "Por favor, repita o número de sua conta..."

O robô telefônico do banco estava me dizendo o que eu podia ou não fazer, e como ou não fazer, e tudo com um tom tão falso de educação (sarcasmo?), que eu tive de me esforçar para visualizar o ator humano que havia emprestado a voz para aquela gravação. Não consegui imaginar um ser humano de verdade, apenas uma boneca Barbie. Aquilo era estranho. E também extenuante. Portanto, aquela ligação gratuita podia não estar me custando dinheiro, mas a interação definitivamente estava sendo penosa, e nos últimos vinte minutos daquilo eu ficara cansado. O robô telefônico, entretanto, não.

"Desculpe-me, não entendi", disse ele novamente. "Por favor, repita o número de sua conta." Aquilo fingia ser humilde, e seguia se desculpando, mas era um sistema completamente autoritário. "Desculpe-me. Não entendi. Por favor, repita o número de sua conta..."

Outra vez, repeti o número de minha conta, mais lentamente. Descobri que eu estava soando bastante parecido com um robô. A coisa repetiu meu número monotonamente, muito devagar, e minhas opções, novamente, também devagar. Recebi mais opções. Também só podia falar quando era solicitado. Não podia perguntar coisa alguma. Não podia ter uma conversa, ou mesmo começar a explicar que a transferência tinha de ser dividida entre duas contas. Estava me sentindo estranhamente oprimido, mas de forma sutil, como se alguém colocasse um dedo indicador diante dos lábios para me mandar calar a boca, mas sorrindo ao mesmo tempo.

"Representante do atendimento ao cliente!", eu disse.

Minha determinação fez minha solicitação soar muito claramente. Com certeza, aquilo iria funcionar.

"Desculpe-me. Não entendi. Por favor, tecle 4 ou diga 'Cancele a transferência'."

O robô não ligava a mínima – estava apenas repetindo o que estava programado para dizer. Não desejava se desculpar, pois não era capaz de compreender. Minha cabeça fervia.

"REPRESENTANTE DO ATENDIMENTO AO CLIENTE!!!", gritei ao telefone.

Minha esposa voltou a erguer os olhos para mim quando eu gritei: "HUMANO! QUERO FALAR COM UM SER HUMANO!!!". Coloquei a mão na testa. "QUERO FALAR COM UM MALDITO HUMANO... um representante do atendimento ao cliente. Um ser humano. Droga...".

"Desculpe-me. Não entendi. Se deseja fazer uma transferência, por f..."

Bati com o fone na mesa, esperando de verdade que o telefonema de fato estivesse sendo "gravado para fins de controle de qualidade", e depois voltei a aproximá-lo da boca. Estava a ponto de berrar algo como derramar café quente em placas-mãe quando resolvi me munir de paciência, coloquei o fone perto do ouvido outra vez e declarei cuidadosamente: "Atendimento. Cliente. Representante. Humano".

Minha esposa continuou a ler, segurando a xícara a poucos centímetros da mesa.

"Desculpe-me. Não entendi. Se deseja fazer uma transferência..."

Desliguei.

Fui até meu computador. Talvez eu pudesse conversar com um atendente humano pela Internet. Fiz o login e fui até a página correta, cliquei e digitei meu nome. Uma pequena caixa de conversação se abriu. Era como qualquer outra. Uma linha de texto apareceu imediatamente, dizendo: "Obrigado por contatar o atendimento ao cliente! Meu nome é Dan. É um prazer tê-lo como cliente. Em que posso ajudá-lo?".

Era muito rápido, muito bem digitado e educado demais. Era o mesmo tipo de atitude robótica, impessoal e perfeita que o robô idiota do telefone havia tido. Eu disse: "Quantos dedos a maioria dos humanos tem?".

"Como disse?", foi a resposta.

"Estou testando para ver se você é um robô", digitei. "Você é?"

"E chu ta!" (Que grosseiro!) - E-3PO e C-3PO

DROIDS[1] DE PROTOCOLO COMO O C-3PO, PELO MEnos no universo ficcional de *Guerra nas Estrelas*, são uma linha de androides projetados especificamente para interação social.[2] Com o intercâmbio de culturas distantes interagindo regularmente por toda a galáxia, é bom ter sempre um especialista em comunicação por perto. Droids de protocolo estão lá para ajudar. São projetados para dar assistência a diplomatas e políticos, trabalhar como auxiliares administrativos e acompanhar oficiais de alta patente em seus negócios arriscados.

Construídos pela Cybot Galactica no industrializado planeta de Affa, as unidades de protocolo da série 3PO eram os androides mais avançados do mercado. Sua especialidade era "relacionamento humano-ciborgue". Essa, e outras trinta subtarefas que eram capazes de realizar, estabeleceram-nos como a linha de robôs de protocolo mais vendida por toda a galáxia por mais de um século. Em resposta ao sucesso de vendas, a Cybot Galactica começou a produzir várias outras linhas que nunca lograram o mesmo êxito (como as séries TC e 3PX). Nenhuma delas era tão popular, ou útil, como os C-3POs.

Em contraste, os E-3POs (que pareciam quase idênticos aos C-3POs, só que prateados) vinham com um módulo TechSpan I pré-instalado, que lhes permitia uma interface com as muitas redes proprietárias do Império e várias tecnologias imperiais não documentadas. Essa exclusividade acabou dando à linha E-3PO um ego/processador inflado e fez com que fossem notoriamente rudes com os C-3POs.[3] O E-3PO era basicamente, então, um *upgrade* da unidade C-3PO com um cartão TechSpan instalado. O que lhes deu alguma popularidade também foi a causa de serem ru-

[1] Deve ser observado que a palavra *droid* é marca registrada da Lucasfilm Ltd. Evidências circunstanciais sugerem que ela vem de *android*, mas isso não é tecnicamente correto, já que androides têm a forma humana, e o R2-D2 é um droid. Deixaremos a Lucasfilm com seu próprio vocabulário e evitaremos usar o termo a menos que estejamos comentando a ficção.

[2] Ralph McQuarrie, o artista que inicialmente imaginou muito do universo de *Guerra nas Estrelas*, inspirava-se em *Metrópolis*, de Fritz Lang.

[3] Muito disso e do que vem a seguir foi tirado da grande *space opera Guerra nas Estrelas*, é claro, mas algumas confirmações vieram da honorável e sempre inconstante Wookieepedia.org, a qual não sou ninguém para contestar.

Lucasfilm / The Kobal Collection / Hampshere, Keith

Anakin começou como escravo, e o C-3PO como escravo de um escravo.

des com frequência, até mesmo com seus proprietários humanos. No final, muitos da série E acabaram sendo revendidos mais tarde, depois que o módulo foi desinstalado, reduzindo-os a unidades-padrão de C-3POs, o que fez deles, novamente, modestos e educados como um robô *deveria* ser.

O C-3PO começou como escravo.

Os C-3POs nunca tiveram esse problema de interação. Eram modestos, amáveis, fiéis, adaptáveis, bem-educados, um pouco histéricos quando as coisas ficavam inconvenientes, mas confiáveis e diligentes como o melhor entre seus proprietários humanos. Embora os C-3POs pudessem imitar qualquer som que fosse audível, tinham uma propensão a falar um inglês com sotaque esnobe. Tudo isso pelo preço de um *landspeeder** usado.[4]

Vez por outra, um determinado modelo de C-3PO acabava parando numa pilha de lixo no planeta deserto Tatooine. Esses restos eram recolhidos e reunidos num quartel de escravos em Mos Espa, por Anakin Skywalker em pessoa. O jovem gênio deu um jeito de encontrar o suficiente para montar um robô bastante sólido, com a finalidade de ajudar sua mãe, Shmi Skywalker, nas tarefas domésticas. Quando Skywalker terminou, Threepio funcionava perfeitamente e era fluente em seis milhões de línguas (graças a um módulo *on-board* TranLang III Communicator que foi combinado com um AA-1 VerboBrain), e, assim, começa a ilustre carreira do mais famoso produto de protocolo da Cybot Galactica.

O C-3PO começou como escravo.

Perito em comunicação, ele foi projetado para interagir com humanos. Construído por um escravo, e trabalhando como escravo, ele ajudava nas tarefas domésticas. Sua primeira carreira não foi apenas como escravo, mas também como membro da família (embora de menor importância). Ele fazia seu trabalho, e evidentemente o fazia bem, até que sua verdadeira missão como embaixador intergaláctico afinal teve início. O meticuloso androide, então, qualificou-se para se tornar nobre, receber uma importante medalha e finalmente ser lembrado como um dos mais importantes droids da Galáxia. Uma ascensão meteórica.

---

* Veículo antigravidade fictício.

[4] Tenho informações contraditórias sobre o crédito canônico do mundo de *Guerra nas Estrelas*. Eu ofereço minhas desculpas já que os custos do jogo de tabuleiro, do *role-playing game*, do filme e do Universo Expandido diferem, pois um esmagamento de crédito no Universo de *Guerra nas Estrelas* parece evidente; 17 mil dólares por um *landspeeder*, 10 mil dólares por contrabando de passageiros para Alderaan, indicam-me que esse preço está fora da lógica. O que me pareceu ainda mais certo foi que um robô não custaria tanto quanto, digamos, a armadura básica de um Trooper, mas, provavelmente o dobro de um droid de interrogatório EV-9D9. Uma pistola blaster DH-17 não é nem de longe tão valiosa, em utilidade ou tecnologia, quanto um droid de protocolo; por isso, espero que minhas interpretações relativas sejam aceitáveis para o leitor culturalmente educado.

O que eu acho estranho nessa história é como isso vem acontecendo na vida real atualmente.

Diga olá para o ASIMO da Honda

AQUI NA REALIDADE, QUE QUASE SEMPRE É MAIS ESTRANHA do que a ficção, temos um robô muito estranho chamado ASIMO.

ASIMO é uma estrela internacional. Já apareceu nos noticiários da BBC, ABC e NBC. Conduziu a Orquestra Sinfônica de Detroit. Apareceu em comerciais no cinema, caminhando silenciosamente por pequenas *villas* italianas. Competiu no palco com crianças taiwanesas para ver quem aguentava ficar num pé só por mais tempo. Esteve em Edimburgo, Genebra, Moscou, Nova York, Lisboa, Taipé, Sydney e Cannes.

ASIMO é um dos embaixadores do Japão para as Nações Unidas. Ele é o primeiro não humano a tocar o sino da Bolsa de Valores de Nova York. Em outubro de 2008, ASIMO deu as boas-vindas ao ministro do comércio e indústria turco na Istambul International Auto Show. Em fevereiro de 2009, ele fez uma visita ao *Times*, em Londres, como convidado, para mostrar seus truques aos jornalistas. Em novembro de 2009, ASIMO abriu o Festival de Ciências Futuro Remoto, na Itália. Em dezembro de 2009, no Castelo de Windsor, parabenizou vencedores. E em janeiro de 2010, ele compareceu ao Festival Sundance de Cinema para promover seu novo filme, como qualquer celebridade internacional.

Mais pessoas já viram ASIMO na televisão, nas telas de cinema e em vídeos na Internet do que qualquer outro robô – talvez o mesmo tanto que os outros todos somados. Ele é um dos robôs humanoides mais antigos e certamente um dos mais bem projetados. Ao longo dos anos, como acontece com qualquer grande celebridade, sua aparência tem sido modificada por seus empresários. Seus movimentos foram refinados, sua fala aperfeiçoada, seus movimentos de dança melhorados. Sua presença de palco, personalidade e aparência foram sendo aos poucos aprimoradas profissional e estudadamente por seus empresários, para se ajustar melhor ao gosto da maior parte do público americano.

Dizer que ASIMO é uma estrela da mídia é subestimá-lo. Ele não apenas faz aparições na mídia, com agenda lotada, como também tem uma equipe de marketing completa administrando suas excursões. ASIMO é pago por essas aparições, e muito bem (ou, pelo menos, sua equipe é paga por elas). Ele é um *idoru*.[5] Representa uma classe inteira de nova mídia. É por isso que ele é um representante da mídia

[5] *Idoru* é uma transliteração inglesa da palavra *idol*. É um termo que o escritor de ficção científica William Gibson popularizou em seu romance de 1997, de mesmo nome, como uma expressão de uma personalidade da mídia sintética ou fabricada que pode (mas, provavelmente não) existir como pessoa humana.

para toda uma indústria. ASIMO, como o presidente de um país, proporciona um rosto público, uma presença na mídia e uma postura política polida a toda uma nação.

ASIMO é o embaixador do reino dos robôs.

Mas, onde ver ASIMO? Afinal de contas, como um ditador político, ele possui dublês por toda parte. Há mais de trinta ASIMOs espalhados pelo mundo, cada qual conduzindo orquestras, esticando-se para pegar novos carrinhos de brinquedo, apertando a mão de políticos, esperando para ser controlado por uma BMI. Como alguma divindade hopi,* como a raposa, você nunca pode ver ASIMO de fato, somente sua instanciação. Há muitos, mas um só verdadeiro.

Onde o lar de ASIMO poderia ser? A questão me atormentou por meses, até que, finalmente, graças a um amigo natural de Los Angeles chamado A. J. Peralta, encontrei a resposta que procurava num comunicado à imprensa datado de junho de 2005. Era pequeno, nada de grande vulto, um curioso texto em que dois mundos virtuais pareciam ter estrategicamente cercado e silenciosamente imprensado nosso próprio mundo físico.

Dizia:

> *CALIFÓRNIA, EUA, 1º de junho de 2005 – Mickey Mouse recebeu hoje ASIMO, o robô humanoide mais avançado do mundo, em um novo lar no Honda ASIMO Theater, dentro da Disneylândia. Os visitantes da popular atração do parque "Inovações" poderão ver, a partir de agora, ASIMO no* show *científico ao vivo "Diga 'olá' para o ASIMO da Honda", que estreia no dia 2 de junho, como parte das comemorações do cinquentenário do parque.*[6]

Localizado no meio de Los Angeles, o centro da galáxia de celebridades, certamente era o melhor lugar para ver ASIMO. É onde as autoestradas e avenidas de Los Angeles, de alguma forma, por gravidades desmedidas, coletam, cruzam e vomitam as populações residentes do sul da Califórnia em uma espécie de fossa de mídia.

A Disneylândia é um delta humano, uma espécie de zona de inundação de carne humana. Viajando em tribos familiares, as pessoas são despejadas em um pântano, e nós com elas. A enchente, quando se adentra a Disneylândia, flui em torno de nós e nos fundimos com ela, tornamo-nos parte da confusão. Pessoas rotundas boiam nessa inundação, bebês em seus carrinhos se tornando indistintos dos adultos obesos em cadeiras de rodas, todos rodando e se misturando em um desfile alucinado liderado por Mickey e seu bastão de baliza. Atrás dele vêm a Minnie e o Pateta, dançando sem parar. Esses três governantes da Disneylândia

---

* Povo nativo dos Estados Unidos. (N. do P.)

[6] http://world.honda.com/news/2005/c050601b.html.

Mark Stephen Meadows

ASIMO entra em casa após ter ido buscar a correspondência para a mãezona.

conduzem crianças e idosos, como três flautistas de Hamelin, na direção do Teatro Honda, na Terra do Amanhã, perto do coração do parque de diversões.

Comandados por vozes robóticas nos bondinhos e nas entradas do parque, fomos orientados a seguir. E assim fizemos, A. J. e eu, acompanhados e enredados nessa grande maré de gente. Americanos enormes, arrastando os pés lentamente através do parque ou rolando em suas cadeiras de rodas e carrinhos de bebê, *pretzels* de queijo na mão, vestidos com azuis e vermelhos monótonos, usando bonés e mochilas, rodeando-me como uma maré de gordura poli-insaturada. Rumando à Terra do Amanhã.

Depois de algum tempo perdidos, caminhamos até a entrada do pequeno teatro, situado no Centro de Inovações da Disney, onde A. J. disse baixinho: "Veja!". Não sei o que eu esperava, mas certamente não uma corda de veludo que nos guiaria para o teatro. Dois dos maiores fãs de ASIMO já estavam sentados no chão em frente ao teatro ASIMO; por isso, juntamo-nos a eles e esperamos. Nós quatro éramos como fãs em um *show* de rock, sentados na fila, esperando para obter os melhores lugares possíveis.

Tendo acabado de descer do Space Needle, estava me sentindo um pouco tonto; então, disse a mim mesmo que estava tudo bem sentar-me no chão daquele jeito. Enquanto estávamos sentados lá, nós quatro nos entreolhamos calmamente, e eu me perguntei qual era a motivação de cada um para chegarmos a tais limites. Consultei meu relógio. Ainda tínhamos de esperar 22 minutos.

Logo uma mulher baixinha apareceu, abriu a porta e entramos em uma pequena sala de cinema, com uma larga cortina cobrindo o que parecia ser um palco. No alto, monitores exibiam dados e curiosidades sobre a Disneylândia, seguidos por pequenas perguntas para a plateia. Meu relógio agora mostrava que faltavam dez minutos para o *show* começar. Olhei para A. J. e ele não parecia muito satisfeito. Mas, finalmente (quando ninguém mais estava entrando no teatro), uma voz monótona e robótica anunciou no alto-falante que faltavam cinco minutos. Uma breve história da robótica foi exibida, depois, uma breve história de ASIMO, e, então, cerca de vinte pessoas entraram de uma vez. A música começou.

O *show* ainda não tinha iniciado, mas tudo já estava tão bem coordenado, tão ensaiado, tão imaculadamente concebido, que se tornou inacreditável.

As cortinas se abriram e uma mulher empolgada e razoavelmente atraente usando um casaquinho entrou decidida no palco e nos deu boas-vindas à "sua casa". Ela estendeu o braço e girou lentamente para mostrar as riquezas de seu lar imaginário. Parecia extremamente animada.

Ela nos contou que era uma mãe de família comum, que levava os filhos para o futebol e havia acabado de mandar "Awe*-simo" lá fora apanhar a correspondência e o jornal. Seus vizinhos ficarão impressionados, disse ela. E quando a família chega em casa, o marido, filhos e pais, também, adorarão o novo robô doméstico. Sua vida, continuou ela, será mais fácil, mais divertida, mais calma, e a máquina irá proporcionar-lhe mais tempo para passar com seus filhos. Ela olhou pela porta do palco para o que ela imaginava ser seu jardim, e estava tão empolgada como um filhotinho de cachorro quando disse: "Oh, oh, oh... LÁ VEM ELE!".

ASIMO entrou e ela começou a bater palmas, rapidamente, cotovelos colados às costelas. A plateia aplaudiu, também.

A estranheza da mulher arrefeceu quando ASIMO pisou no palco. Senti-me aliviado com a visão daquele robôzinho lustroso quando ele entrou graciosamente na "sala". Ele andava de um jeito um pouco esquisito – era um tanto estranho –, mas adorável. Era fácil ver por que ele conquistou tamanha fama. Era carismático; engraçadinho o suficiente para ser inofensivo, *design* limpo o suficiente para

* Assombroso. (N. da T.)

ser moderno, robusto o suficiente para ser durável, e seus ombros largos lhe davam a aparência de ser também confiável. Tinha tudo para agradar. O grande sucesso da Honda com esse robô deve ser atribuído aos projetistas da aparência física e visual do sistema.

Como acontece com qualquer androide, a função segue a forma. Desde que seja bonito, pode ir em frente mesmo com qualquer acidente ou engano. ASIMO é como Britney Spears. E, certamente, o carisma de ASIMO é igual, senão maior, do que o de Britney. Além disso, ele não envelhece, não vai raspar a cabeça em momentos inoportunos, não vai entrar em batalhas legais por bebês. Ele é uma celebridade perfeita: não se cansa nem faz reclamações sobre seu camarim.

ASIMO é como Britney Spears.

Pisquei e tentei me concentrar nos detalhes da apresentação. O que eu estava vendo era um cenário de *talk-show*, como se fosse *Oprah* ou *The Tonight Show*.

Com 1,3 metro de altura e pesando 54 kg, ASIMO caminha na velocidade média do andar humano (1,6 km/h), corre na velocidade média da corrida humana (2,5 km/h) e é capaz de usar todos os cinco dedos para gerar uma força de compressão de cerca de meio quilo. A bateria dura um pouco mais de uma hora, dependendo do que o sistema está fazendo. Sensores no pé registram seis diferentes eixos de informação de distância, e há também um giroscópio e sensores de aceleração (entre outros), construídos no tronco do robô. A cabeça, braços, mãos e pernas contêm um total de 32 servomotores.

A aparência do robô é semelhante à de um astronauta, o que lhe dá um ar bem futurista. Mesmo que o ícone seja da década de 1960, ele ainda passa a mensagem de "visitante do futuro".[7] Sua altura foi, em parte, uma escolha pragmática para permitir que ASIMO opere livremente no espaço humano médio. Tal tamanho permite que o robô alcance interruptores de luz e maçanetas de portas, e trabalhe em mesas e bancadas. Seus "olhos" (ou pelo menos o simulacro deles) estão localizados no nível dos olhos de um adulto sentado em uma cadeira. A Honda afirma que uma altura de 120 centímetros torna a comunicação mais fácil entre humanos e robôs.

Os pesquisadores da Honda acreditam que um robô com altura entre 120 centímetros e a de um homem adulto é o ideal para operar no espaço humano. O que a Honda não está dizendo é que um robô deve ser menor do que uma pessoa. Nós já temos, pelo menos no Ocidente, uma fórmula de medo embutida quando ve-

[7] Não tive a oportunidade de confirmar isso, mas ouvi várias pessoas afirmarem que os engenheiros se inspiraram no Astro Boy, o que acho que faz muito sentido.

Mark Stephen Meadows

ASIMO dizendo olá.

mos uma máquina humanoide; então, fazê-la menor do que nós, é importante. "Menos inteligente" deveria estar nessa lista também.

Masato Hirose, engenheiro-chefe executivo do projeto ASIMO da divisão de R&D da Honda, destaca em um vídeo promocional corporativo[8] que atenção especial foi dada ao rosto e que havia uma necessidade de colocar olhos onde eles não eram necessários. O robô precisa de olhos na parte inferior da barriga, para enxergar os degraus, mas isso não é algo a que um ser humano está acostumado. Hirose também destaca que o robô não tem boca. Era importante que seres humanos ficassem à vontade com ASIMO. "Para fazer um robô útil em casa, tivemos de consolidar todas as tecnologias que desenvolvemos em um tamanho reduzido e *design* que as pessoas pudessem sentir-se confortáveis".

Afinal, se os robôs são um espelho, queremos gostar do que vemos quando olhamos para eles.

ASIMO é essencialmente um *karakuri ningyo* operado por controle remoto projetado para fornecer a ilusão da autonomia. O nome do robô é um acróstico para "Advanced Step in Innovative Mobility",* e isso nos dá uma grande pista não só sobre as metas de *design*, mas também sobre o futuro desse robô. A essência de ASIMO, como o acróstico sugere, é um robô projetado em primeiro lugar para a mobilidade, depois para o serviço.

Primeiro, é necessário salientar que ASIMO é um sistema por controle remoto, com muito pouca capacidade de tomar decisões. Tanto o PS3 (progenitor de ASIMO) como ASIMO são operados por um controle remoto, semelhante aos utilizados para guiar a distância um carrinho de brinquedo, ou ligar a TV.[9] Tal como acon-

[8] *Living with Robots*, produzido pela Honda.

* Passo à frente na mobilidade inovadora. (N. da T.)

[9] http://world.honda.com/HDTV/ASIMO/.

tece com um avatar em um ambiente virtual ou um mundo *on-line*, ASIMO tem poucas funções autônomas, e as que tem são utilizadas para mobilidade. A interface para orientar ASIMO na verdade é muito semelhante à de um avatar. Decisões de alto nível (como direção do deslocamento) são indicadas pelo ser humano, enquanto o sistema tem bastante autonomia para cobrir os detalhes de navegação (como onde ASIMO tem de colocar o pé).

ASIMO é essencialmente um *karakuri ningyo* operado por controle remoto projetado para fornecer a ilusão da autonomia.

Essa divisão de trabalho – entre autonomia e tomada de decisão – é muito importante. O ser humano toma as decisões e o robô as segue. É uma divisão clássica que a maior parte da indústria robótica está usando agora. O que vemos aqui é que a locomoção, sistema de manutenção física e o movimento são todos controlados pelo robô, enquanto tomadas de decisão "superiores" são tomadas pelo operador, o ser humano que controla o sistema. Assim, por exemplo, se eu quiser que ASIMO desça a escada e vá para o meio da sala dançar um pouco, existem centenas de passos envolvidos, mas apenas três fases principais.

Em primeiro lugar, o operador pode ver, através das câmeras instaladas na cabeça de ASIMO. Por isso, é possível dizer que o caminho está livre e que não existem quaisquer objetos grandes adiante. Quando o *joystick* é empurrado para a frente, as câmeras de ASIMO podem determinar, com base no contraste, que há um degrau diante do sistema, e as câmeras também podem determinar a distância a descer. O sistema assume, retarda o progresso, equilibra o peso sobre um pé, move o outro pé para a frente e começa a descida. Isso é muito difícil de fazer, mesmo com a tecnologia atual. Há um grande número de motores que precisam ser coordenados para que o robô inteiro possa se equilibrar sobre um único pé. Enquanto isso, o operador humano senta-se e espera. Como um cavaleiro em um cavalo, o operador observa enquanto os cálculos estão acontecendo e ASIMO desce as escadas.

Em segundo lugar, uma vez que chegamos à base da escada, o robô pode ser programado para virar à esquerda e caminhar até o meio da sala, ou, em vez disso, o operador pode fazer isso manualmente. Quando o robô chega ao destino desejado, uma terceira etapa acontece – a dança – que é inteiramente pré-programada. Como acontece com a série HRP, há diversos modelos 3D com posições e tempo – uma versão inteiramente virtual do robô, quase como se fosse o avatar do robô – e essa animação é exibida na tela. Uma vez que o criador da dança esteja satisfeito com ela, a dança é carregada no ASIMO. Esse software, em seguida, coordena todos os pistões, cilindros e hastes para fazer um tipo de dança inteiramente novo.

Com o trabalho dividido assim, o ser humano é responsável pelos símbolos e o robô, pelos atos.

Em 2005, a principal atualização em ASIMO foi que o dispositivo de controle remoto tornou-se portátil. A Honda também adicionou diversas funções-chave, tais como andar em diagonal, virar-se no lugar ou fazer curvas. Além disso, uma série de movimentos pré-gravados que permitem que o robô acene com uma ou ambas as mãos, incline-se ou seja capaz de segurar coisas foram acrescentados.

Assim, "a tecnologia ambulante" ASIMO é uma grande coleção de processos, tanto pré-programados como guiados na hora, que o ajudam a antecipar o que vem pela frente e erguer o pé para se adaptar. Um giro, por exemplo, requer um movimento diferente do de andar na diagonal ou fazer curvas. Essa tecnologia provavelmente foi o avanço fundamental, além do *design* do robô, em que a Honda se concentrou. ASIMO tem alguma autonomia – pode ser pré-programado para certos movimentos –, mas, no geral, é "dirigido", da mesma maneira que o carrinho de brinquedo por controle remoto. ASIMO está mais para uma marionete eletrônica do que para uma pessoa mecânica.

A Honda é uma empresa que se mantém concentrada no transporte. Como disse Stephen Keeney, líder do projeto ASIMO para a América do Norte: "Nós não somos exatamente uma empresa fabricante de carros ou de motos – somos uma empresa de mobilidade... Os robôs tratam de ampliar e melhorar a mobilidade humana. Por meio de um robô humanoide, as pessoas serão capazes de experimentar um tipo de mobilidade indireta". Ele está falando de uma espécie de avatar? Outros membros do departamento de relações públicas da Honda também usaram uma abordagem semelhante, como Jeffrey Smith, porta-voz da American Honda Motor Company, que disse: "A Honda se vê como uma empresa de mobilidade... Se uma pessoa que está acamada puder dizer 'ASIMO, atenda à porta', isso dá a essa pessoa uma espécie de mobilidade".[10]

Isso faz de ASIMO uma espécie de veículo. Parte desse conjunto de ferramentas de tecnologia de mobilidade é baseada em sensores nos pés de ASIMO. Se um mapa é carregado no sistema e o robô é instruído a se mover do ponto A ao ponto B, e ao longo do caminho existem obstáculos grandes o suficiente para serem evitados, os sensores dos pés e os sensores

[10] http://www.financialexpress.com/news/little-visitor-from-the-future-can-walk-the-talk/42006/0.

Mark Stephen Meadows

ASIMO! O escravo *superstar*!

visuais podem ajudá-lo a contornar essas coisas. Nos pulsos, há sensores que permitem que ASIMO se mova se puxado ou empurrado, e há também sensores visuais que possibilitam que ele se mova em conjunto com as pessoas ao seu redor.

Esse estranho veículo também tem capacidade de reconhecimento de objetos. O reconhecimento de gestos (como ser capaz de dizer a diferença entre alguém acenando ou mostrando-lhe o dedo médio) é baseado em reconhecimento de objetos. Enquanto os objetos são "visualizados", os ângulos são medidos, de modo que os vetores podem ser percebidos (como para onde a mão está apontando *versus* para onde o dedo está apontando), e são, então, simplificados em formas menores. E podem ser relacionados com palavras pronunciadas, de forma que ASIMO é capaz de aprender o que é um garfo, ou o que é um cubo, e depois se referir a eles mais tarde.

Apesar dessa capacidade de aprender a reconhecer objetos, ASIMO ainda é confrontado com um dos grandes obstáculos que os seres humanos saltam tão facilmente, que é a coordenação olho-mão. No momento, ASIMO é projetado para mover as mãos em direção a um objeto para indicar interesse, mas pegar um objeto sobre uma mesa, mesmo algo como um pequeno cubo, permanece uma tarefa difícil, embora, com certeza, na próxima década, já esteja solucionada.

Claro que ASIMO é conectado com a Internet, para que seja capaz de responder coisas do tipo: "Qual é a previsão do tempo para amanhã?", transcrever mensagens de voz para texto, responder a perguntas fazendo pesquisas em sites específicos,[11] enviar arquivos MP3 de uma unidade para outra e realizar coisas que qualquer usuário normal de Internet é capaz de fazer. E é claro que essa conectividade torna o *download* de novos mapas e animações bastante simples. Mas, consciência, inteligência e a capacidade de prever e tomar decisões ainda estão nas mãos humanas, que operam o dispositivo por controle remoto e pré-programam os passos da dança que ASIMO executa no palco.

"Estamos tããão felizes por ter ASIMO em nossa vida!"

Mesmo com esses grandes avanços, ASIMO continua sendo uma espécie de *karakuri ningyo* – uma avançada marionete eletrônica dedicada a serviços e à mobilidade humana.

Enquanto encarava o público, a mãe de família pressionava as mãos juntas como se estivesse prestes a rezar. Ela se inclinou um pouco e exclamou: "Estamos tããão felizes por ter ASIMO em nossa vida! Ele pode fazer taaantas coisas para nós!".

A. J. e eu nos entreolhamos e ambos erguemos as sobrancelhas. Tínhamos acabado de ouvir um estranho e curioso haicai emergir da boca daquela mulher. Com ele, a equipe de comercialização do ASIMO havia unido uma pessoa e um produto.

Para desconstruir um pouco: quando alguém usa a frase "Estamos felizes de ter X em nossa vida", é, na minha experiência, tipicamente para se referir a um membro da família. A amplificação da importância com a palavra "tão/tanto", na linguagem moderna, é usada para indicar como algo é emocionalmente importante na frase, como em "Agradeço tanto a você" (em oposição a, digamos, "Muito obrigado a você"). A intenção é demonstrar intimidade e emoção.

Aquela mãezona estava *tão* feliz por ter ASIMO como um novo membro da família – um que iria executar as tarefas domésticas.

Isso acrescentava uma intensa proximidade emocional com o que equivalia a um misto de aparelho eletrônico e escravo.

[11] Até onde fui capaz de apurar, a inteligência ontológica do sistema é limitada. Não faz, por exemplo, muito mais do que ler o texto que acessa, o que quer dizer que nenhuma interpretação do texto é fornecida, apenas uma resposta a um questionamento via alguma coisa como Wikipédia ou Google, sem se aprofundar muito. Acrescentei esta nota porque não tive condições de confirmar essa informação.

O robô andou na direção dela, arrastando os pés no chão de madeira polida do palco.

ASIMO tem um andar estranho. É claro que há uma enorme questão de equilíbrio em jogo, uma carga intensa de processamento. Ele pareceu desconfortável quando se inclinou um pouco para a frente, mantendo os joelhos dobrados.

A mãezona uniu as mãos novamente, dessa vez batendo palmas, e disse: "Por favor, ajudem-me a dar as boas-vindas ao mais novo membro da nossa família, o ASIMO!". Todos nós aplaudimos novamente. Então, a mãe de família colocou as mãos sobre os joelhos e olhou para ASIMO de maneira simpática.

ASIMO era um membro da família, embora não equivalente aos pais, avós ou filhos.

"ASIMO, chegou alguma correspondência?"

"Não", zuniu uma vozinha infantil "mas seu vizinho me deu isso."

ASIMO estendeu-lhe um pedaço de papel.

Ela gritou: "Obrigada, ASIMO!".

"Eu sou um robô humanoide surpreendentemente capaz. Como posso ajudar?"

Então, a mãe de família chamou o marido pelo videofone. Ele apareceu em uma cadeira de rodas. Ela perguntou se podia ficar com o robô, e ele disse que sim. Esse trecho parecia ter sido tirado propositalmente de *Os Jetsons*. A mãe desligou o fone e virou-se para ASIMO, dizendo: "Com sua capacidade de interpretar os comandos de voz e navegar, é fácil perceber quão valioso você será, ajudando-me em casa".

Assim, ASIMO foi claramente identificado como uma empregada doméstica. ASIMO não teve chance de responder, porque o telefone tocou e eram as crianças. Gritaram "olá" para o robô, mais ou menos esquecidas de interagir com a mãe, e deixaram bem claro que os amigos ficariam mais chegados; a família logo seria muito popular no bairro.

O telefone foi desligado e a mãe de família prosseguiu com a demonstração de ASIMO, fazendo o robô caminhar para a frente e para trás, evitar objetos, equilibrar-se em um pé só, depois no outro. Ela colocou uma bola de futebol na frente do robô e ele marcou um gol (o que deixou particularmente contente a mãezona que levava os filhos para o futebol). Sim, o ASIMO era uma criança, seria popular com as outras crianças e parte disso era por ser um jogador de primeira. Mas, como num ato de autocontrole, a mãezona mais uma vez salientou que "... seu papel atual é ajudar em casa".

Ela deixou claro que ASIMO era um membro da família, apesar de seu nível social não equivaler aos pais, avós ou mesmo aos filhos. Ele estava ali para reforçar a estrutura familiar, a mensagem

Mark Stephen Meadows

ASIMO ensaia uns passinhos de dança.

parecia dizer, mas seria por servir. Estaria em algum lugar entre uma criança, um mordomo e um escravo.

"Com licença", a voz pré-adolescente de ASIMO fez-se ouvir pelos alto-falantes do teatro.

A mãezona olhou para a plateia com uma expressão entre surpresa e ofendida, como se o robô – como qualquer escravo – não tivesse o direito de falar a não ser quando lhe dirigissem a palavra. Ou era por que houvesse ultrapassado seus limites técnicos? Ela piscou rapidamente para nós e, depois, lentamente, virou-se para o robô, com as mãos novamente sobre os joelhos.

"Sim, ASIMO?"

"Gostaria que eu encomendasse uma pizza para você?", perguntou a voz robótica assexuada e jovial de ASIMO.

Ela se levantou, virou-se outra vez para a plateia, inclinou a cabeça para o lado, sorriu e estendeu as palmas das mãos no ar. Eles finalizaram com uma dança, que executaram em uníssono. Pobre mulher. Certamente fora programada, assim como o próprio ASIMO, pela equipe de marketing.

Para lavar um pouco toda essa esquisitice de nossas cabeças, A. J. e eu fomos comprar cocas e *pretzels* de queijo.

Lá fora, ao sol, as coisas pareciam um pouco mais claras, embora a mensagem não fosse mais brilhante. Essa noção de ASIMO ser "uma parte importante da família" e um "ajudante em casa" é um novo tipo de marketing. A Honda não está mais vendendo um produto, nem mesmo um estilo de vida, mas sim, servidão disfarçada. Eles pareciam estar vendendo crianças escravas. O vendedor de robôs usados de *Os Jetsons* não tinha essa malandragem. Jane não estava lá para comprar o amor de seu robô; Rose era uma serva, pura e simplesmente. E ao passo que ASIMO também era um servo, essa ideia de ele ser um membro da família parecia quase tão importante. Era como se nós houvéssemos esbarrado com uma mulher na rua, vendendo marionetes, e ela pensasse neles como sua prole, mas como guerreiros e servos, também.

"Se não queremos uma revolta de robôs, talvez não devêssemos criar uma classe de robôs escravos."

Será que a mãezona estava encenando algum tipo de fantasia de submissão/dominação?

A interação foi intensamente complexa. A. J. olhou para mim e, com a boca cheia de *pretzel*, murmurou: "Se não queremos uma revolta de robôs, talvez não devêssemos criar uma classe de robôs escravos".

Entre senhores e escravos

ASIMO E O C-3PO POSSUEM ESTRANHAS CONTRADIções em comum, e isso tem a ver com a forma como eles interagem com os seres humanos. É um relacionamento escravo/senhor, e que não parece saudável ou simples.

Em primeiro lugar, ambos são especialistas em comunicação, projetados para se encaixarem na nata da sociedade. ASIMO é uma estrela do negócio de vendas. O C-3PO é um perito em protocolo de relações humanas. Eles têm prática nas artes da sedução, ambos sabem quando dar um passo à frente e, normalmente, aparentando atuar em um papel secundário. Seja em marketing ou em tradução, ambos são comunicadores de primeira, conhecedores da mágica da comunicação. São ao mesmo tempo profissionais de RP e droids de protocolo (no bom jargão *Guerra nas Estrelas*).

Em segundo lugar, ao conseguirem *status* de elite no mundo dos humanos, eles são senhores sobre os humanos. Passaram algum tempo nas altas esferas da justiça e da política. Threepio atua como embaixador na Casa Real de Alderaan, com a princesa Padmé Naberrie de Naboo e no Conselho Imperial. ASIMO, como um dos embaixadores do Japão na ONU, tem feito sua parte no serviço público, também, na Turquia, na Inglaterra e na Itália, para citar alguns. Ambos os androides são atuantes socialmente, orquestrando as interações entre diferentes culturas. Ou, como a Honda coloca em seu site: "De fato, as respostas positivas para ASIMO como (...) embaixador são universais e cruzam culturas e idiomas".[12]

Ao mesmo tempo, em contradição, esses dois robôs são escravos. Ambos são empregados domésticos da classe mais baixa. O C-3PO foi construído em um quartel de escravos em Mos Espa. Quando a mãezona diz para ASIMO buscar o jornal, ele é tratado com toda a dignidade de um cão. Ambos os robôs são tratados como escravos e espera-se que mantenham uma posição humilde e subserviente. Ambos funcionam no lar como ajudantes das mães, mantendo um olho nas crianças enquanto fazem isso. Eles são um pouco menos que mordomos, uma vez que não são pagos. O que significa que são escravos.

Assim, ASIMO e o C-3PO são simultaneamente senhores e escravos. Foram projetados para interagir com os humanos como classe mais baixa, a de escravos, e para facilitar a interação nos níveis mais elevados, como políticos.

Essa estranha contradição se deve principalmente às opções de comercialização, no caso de ASIMO. Certamente, a equipe de marketing está esperando para ver como o robô é mais bem recebido, mas também parece claro para mim que ainda não sabemos, de fato, no que nosso relacionamento com robôs – e com androides, em particular – se tornará. Será que eles serão nossos servos, ou nós os deles?

Não sei se tenho mais pena da mãezona ou da plateia, mas a esquizofrenia correu solta.

Interações com robôs nos próximos anos estão fadadas a ficar estranhas; na verdade, já estão.

Interações com robôs sexuais são certamente um passeio pela questão espinhosa de escravos e senhores. Se a liberdade sexual na década de 1960 foi a primeira revolução sexual e as drogas na de 1990 foram a segunda (com coisas como remédios contra disfunção erétil, pílulas anticoncepcionais, e outros), os robôs sexuais das próximas décadas provavelmente serão a terceira. Além do mais, eles podem ser divertidos. Considere sexo com bonecas como Andy, da First Androids.[13] Ela nunca estará cansada ou menstruada; nunca terá piolhos, infecções fúngicas, herpes ou verrugas. Robôs sexuais nunca ficam sonolentas, flácidas ou desinteres-

[12] Essas frases podem ser encontradas nos diferentes sites da Honda no Japão, no Reino Unido e nos Estados Unidos.

[13] Não deixe de visitar as galerias de fotos em http://www.first-androids.de/ ou http://www.first-androids.org/.

sadas. Estão sempre a fim, sempre prontas para entrar em ação com você ou seus amigos, ou todos juntos.[14]

O projeto de robôs sexuais mais louvável, e aquele que está mais próximo da visão da robótica real, é Roxxxy e Rocky, produtos da empresa chamada TrueCompanion.[15] Em uma entrevista com a ABC da Austrália,[16] Douglas Hines, que foi engenheiro de inteligência artificial dos Bell Labs antes de iniciar a TrueCompanion, diz: "Ela não sabe passar aspirador de pó na casa, não sabe cozinhar, mas pode fazer quase todo o resto, se é que você me entende... Ela faz companhia. Tem personalidade. Ouve você. Entende você. Ela fala. Sente seu toque. Ela vai dormir. Estamos tentando replicar a personalidade de uma pessoa".

Interações esquisitas produzem subníveis de esquisitices. Há a história do homem que abandonou sua boneca sexual no Japão;[17] os modelos RealDoll com pele azul e orelhas de elfo;[18] o robô para massagem facial;[19] ou o porteiro de clube de sexo.[20] Ouvi boatos, vi fotografias, ou conversei com proprietários de robôs bebês da talidomida, robôs vovós amputadas, e um morador de Osaka que conheci tinha um robô que possuía um robô que possuía uma boneca. Esses robôs, e o amor que seus donos têm por eles, podem parecer estranhos, mas devemos lembrar que não existe normalidade no mundo da robótica.

Por e-mail, perguntei ao dr. David Levy, autor de *Love and Sex with Robots*,[21] o que ele pensava de nosso relacionamento com os robôs e se ele via uma relação senhores/escravos se desenvolvendo. Ele respondeu:

> *Nos próximos trinta anos eu vejo robôs permanecendo como escravos, mas, com o passar do tempo, além desse limite de trinta anos, eles se tornarão nossos iguais em muitos aspectos e, finalmente, nossos superiores e, de certa forma, nossos senhores. Uma interessante analogia é a maneira pela qual a relação pai-filho se desenvolve; inicial-*

[14] Esse é um tema tão fascinante que eu simplesmente não teria espaço para discorrer sobre ele aqui. David Levy vai mais fundo em seu livro cuidadosamente defendido e bem estruturado *Love and Sex with Robots*.

[15] http://www.truecompanion.com/.

[16] "Meet Roxxxy, the Robotic Girlfriend", 10 de janeiro de 2010, AFP.

[17] Em 21 de agosto de 2008, um homem de 60 anos de idade, desempregado, morador de Izu, Japão, envolveu sua namorada de silicone de 1,7 metro de altura e 50 kg em um saco de dormir, dirigiu até uma área remota na floresta, e deixou-a lá. A boneca foi encontrada algumas semanas mais tarde e o homem foi multado por jogar lixo em local público. Para mais informações, consulte www.pinktentacle.com.

[18] Para mais informação, visite www.realdoll.com/ e veja o catálogo.

[19] Veja o robô de reabilitação oral chamado "WAO-1", inventado por Atsuo Takanishi, da Universidade de Waseda, e Akitoshi Katsumata, da Universidade de Asahi.

[20] Na área Minami de Osaka, um robô humanoide, vestido com uniforme de marinheiro, convida os visitantes a entrar, uma prática que também vi uma noite em Shinjuku.

[21] *Love and Sex with Robots: The Evolution of Human-Robot Relationships*, Nova York: HarperCollins, 2007.

mente, a criança é o escravo (por assim dizer), mas, com o tempo, a criança aprende o suficiente para que, em muitos casos, ultrapasse os pais intelectualmente e, assim, acaba se tornando, em certo sentido, o senhor.

À medida que formos projetando robôs e descobrirmos como vamos interagir com eles, a verdadeira questão será como vamos interagir com nós mesmos.

Podemos ver uma bifurcação na estrada à frente: é a questão de senhor ou escravo. ASIMO e o C-3PO possuem personalidades que apontam para essa bifurcação. Ambos os robôs apresentam a necessidade de se tomar uma decisão: nossa interação com robôs será a de servitude ou de domínio? Quando olhamos para o rosto de nosso futuro robótico, os olhos não dão pistas. Os olhos de ASIMO estão quase escondidos e não fornecem pistas de emoção. Eles não fecham, piscam, lacrimejam, dilatam ou brilham. Os olhos de nossos robôs, sejam eles nossos senhores ou nossos escravos, são indecifráveis. Perfeitos para serem de um senhor ou de um escravo.

"Eu, por exemplo, dou boas-vindas aos nossos senhores robóticos",[22] diz a piada. Será que teremos mesmo senhores robóticos? Ou, inversamente, como A. J. disse, quando estávamos na Disneylândia: "Se não queremos uma revolta de robôs, talvez não devêssemos criar uma classe de robôs escravos".

Robôs do mundo real não serão nem senhores nem escravos. Os robôs vão se tornar uma nova interface para criar senhores e escravos. Serão simplesmente o novo meio usado pelos senhores para fazer escravos. Assim como a Internet, a televisão, o rádio, os veículos, as bombas e as armas têm sido usados para estabelecer relações senhor-escravo, os robôs também serão utilizados para a mesma dinâmica do poder. Essa dinâmica do poder será muito sutil, dependendo de quão disponível esteja a tecnologia robótica, de quão bem a entendemos e para que é utilizada.

Grande parte dessa dinâmica de poder vem de como a tecnologia é distribuída e compartilhada, se é tecnologia aberta e disponível ou se é mantida nas mãos de poucos. As máquinas deveriam ser passíveis de trocas, modificações e controle por seus proprietários. Todo o poder deveria residir no usuário. Se não, pode se tornar um dispositivo para tiranizar, controlar e até mesmo escravizar.

Esse é apenas outro argumento para um sistema operacional de robôs aberto, uma espécie de sistema que seja tão transparente quanto acessível, de modo que, quando tivermos robôs em casa, eles não nos monitorem mais do que nós a eles.

[22] Ostensivamente, essa citação vem de *Os Simpsons* (5ª temporada, episódio nº 15, "Deep Space Homer").

Não estaremos, em dez anos, nem em quarenta (apesar da torcida do pessoal da Singularidade), curvando-nos a alguma IA Forte humanoide no céu, nem teremos pequenos robôs gnomos prateados rezando para nós enquanto engraxam nossos sapatos ou lavam nossos pratos sujos. Não seremos nem escravos nem senhores de nossos robôs. Mas alguns de nós serão escravizados, e alguns de nós se tornarão senhores por causa dos robôs.

Os robôs não são nossos novos senhores. Eles são nosso novo veículo. Com eles, vêm toda a responsabilidade cada vez mais poderosa de interação, capacidade de comunicação, capacidade de convencer e capacidade de controle.

Robôs serão o novo meio usado pelos senhores para fazer escravos.

Isso será feito basicamente com a substituição de uma pessoa por um robô.

Meus problemas com o robô de atendimento ao cliente tinham a ver com o fato de que eu estava sendo tiranizado por uma pessoa com a qual não podia me comunicar. Encontrei-me em uma desconfortável interação porque estava sendo forçado a saltar através de aros projetados que eu não queria saltar, e de um modo que eu não queria seguir. Estavam me dizendo para saltar através de aros como um cãozinho de circo, para que o meu senhor, o banco, não tivesse de gastar seu tempo (e, consequentemente, seus lucros), para ter funcionários me atendendo. Uma pessoa havia sido substituída por um robô, e isso mudou a dinâmica de poder.

Alguma pessoa, em algum lugar, decidiu não me dar acesso aos funcionários do banco. Fui tornado desigual e colocado numa linha de montagem. O robô conversacional tinha forçado uma interação que me levou a ser quem aguardava na linha, em vez dos funcionários do banco. Foi uma decisão de projeto, e provavelmente motivada pelos custos. O robô de atendimento telefônico foi projetado para estabelecer uma interação de poder que economiza dinheiro para o banco, e um cara qualquer em algum escritório tomou essas decisões conscientemente. Não é uma grande IA que está dominando mediante misteriosas interconexões. Não, é um chefe mandão, que em algum lugar está forçando um *geek* a criar um sistema que possa nos controlar para economizar dinheiro. O chefe mandão e seu *geek* é que serão os senhores.

Felizmente, existem interações alternativas.

Nao, o amigo de estimação do espaço interior

O SOL BRILHAVA. ERA UM DIA QUENTE, E ALGUMAS folhas secas iam sendo esmagadas sob meus pés. Eu caminhava pelo 14º *arrondissement* de Paris, na chique parte sul.

Tudo transpirava a calor e verão. Mas havia um problema nebuloso pela frente. Tinha a ver com a reestruturação de amizades e famílias. Se um robô como ASIMO é supostamente projetado para ser um membro escravo infantil da família, o que isso significa para os membros baseados em carbono do clã? Essa questão nebulosa que obscurecia o, de outra forma, ensolarado horizonte, era um problema social. Tinha a ver com nossas amizades, e como elas se alteram quando começamos a interagir com robôs. Certamente a Internet mudou nossas amizades; certamente dispositivos móveis e outros computadores portáteis mudaram nossas relações com os amigos e família; certamente avatares e perfis impactam nossa vida e interações. Se tudo isso é verdade, então os robôs farão o mesmo, também. Mas como?

Nao é tão sofisticado quanto pequeno.

Enquanto eu caminhava pela rua, ia preocupado com o que aconteceria com a família, se nós introduzíssemos uma criança-escrava em casa. Como as crianças reagiriam a isso? Como se sente uma pessoa depois de passar alguns anos com um robô? Como isso muda a maneira com que nos dirigimos ao outro?

Enquanto continuava caminhando pela rua Raymond Losserand, perto do metrô Plaisance, notei uma pequena família composta de quatro pessoas vindo em minha direção. As duas meninas carregavam cada qual uma boneca. As bonecas, como todo boneco que se preza, eram amigas sintéticas.

Perguntei-me se logo estariam carregando um Nao.

Nao é tão sofisticado quanto pequeno. Esse robô possui muitas das mesmas capacidades sensoriais que um ser humano tem. Em termos de visão, o sistema é equipado com duas câmeras CMOS 640x480 que captam imagens a trinta quadros por segundo. Uma delas fica na testa, escaneando o horizonte; outra está localizada na parte inferior da cabeça, monitorando o chão e o espaço à frente, a fim de evitar colisões, que ele caia por degraus etc. Essas gravações de vídeo são armazenadas e podem ser recuperadas para análise posterior, mas elas também são usadas para desenvolver uma noção do mundo ao seu redor. Reconhecimento de objetos, reconhecimento facial e a capacidade de realizar reconhecimento óptico de caracteres significam que Nao é capaz de visualizar o que está ao redor dele, entender e reconhecer da próxima vez que vir o mesmo objeto.

Além de objetos, o robô também pode reconhecer as pessoas por seus rostos e vozes, e consegue ler o texto que é apresentado para suas câmeras. Você pode dizer: "Vá para a outra sala", como faria com um cachorro, e ele faz exatamente isso. Ou, se seu irmãozinho estiver no controle, Nao pode jogar comida em você, em vez disso.

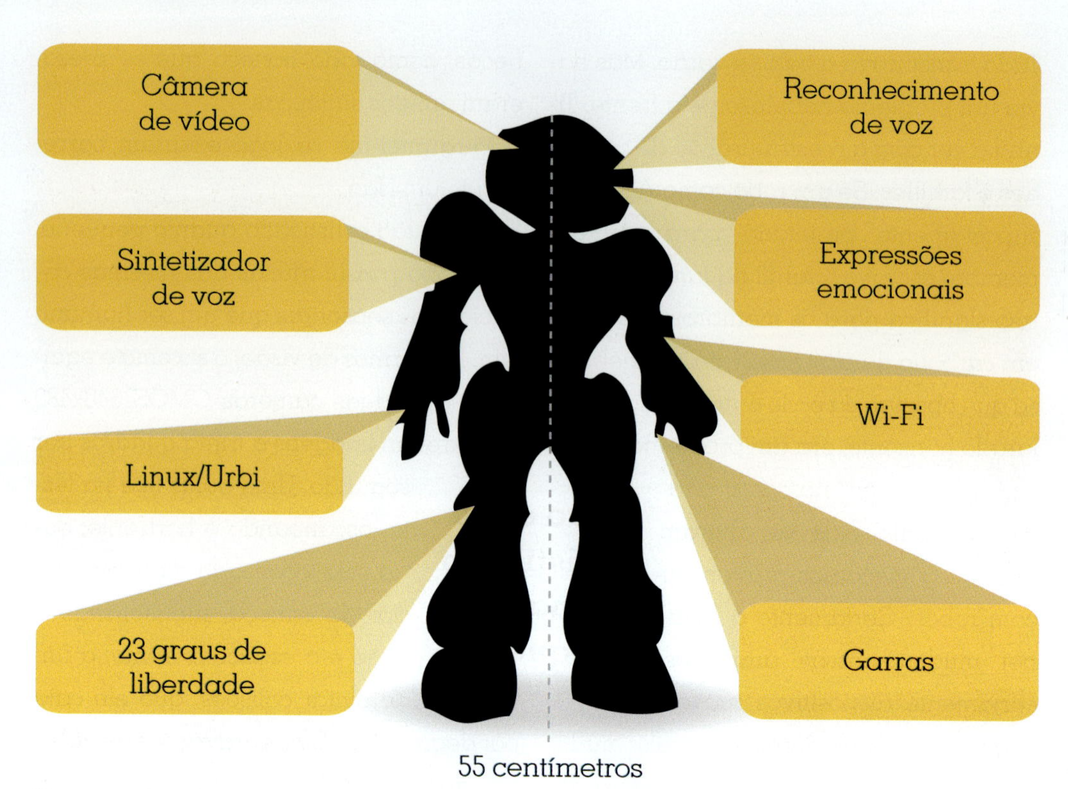

Vista geral da funcionalidade de Nao.

Quanto ao som, Nao tem quatro microfones, dois alto-falantes (com capacidade estéreo, é claro), e sonar de bordo para ajudar a navegação. Ele pode ler de um site em inglês ou francês por meio de um sistema que converte texto em voz; sentado a seu lado no carro, por exemplo, enquanto você dirige para o trabalho, substituindo o papel do leitor tradicional, ele pode ler seus e-mails, ou pode reproduzir diretamente o MP3 da voz de um amigo.

O robô tem um claro sentido do tato. Com servomotores que operam com mais de 25 graus de liberdade, Nao é capaz de se adaptar a superfícies escorregadias ou irregulares e corrigir o equilíbrio, como você faria em uma prancha de surfe (possuindo tanto um acelerômetro como um giroscópio no tronco, essa habilidade não é de admirar). Transdutores ultrassônicos no tronco também ajudam a evitar que o robô se choque com as paredes, e para-choques na frente dos pés ajudam Nao a não chutar objetos (ou mirar neles). Além disso, ele possui sensores de força embutidos não em seus dedos, mas nos motores, o que significa que Nao pode pegar algo frágil e não quebrá-lo.

Considere ASIMO: durante a demonstração na Disneylândia, a mãezona colocou uma bola de futebol na frente do robô, e por meio de um sinal, ASIMO er-

Mark Stephen Meadows

Engenheiros da Aldebaran trabalhando.

gueu o pé e chutou a bola. Nao não precisa de tal assistência. Na verdade, Nao, durante a Copa do Mundo dos Robôs, foi visto não só correndo e chutando a bola, mas também mergulhando para evitar que entrasse na rede.

Então, Nao tem ampla capacidade de locomoção. Ele também possui um sensor tátil na cabeça, um *sensor capacitivo*, mais especificamente, que é dividido em três seções. Mais ou menos como os *mouses* que encontramos nos computadores de hoje. Ele serve como uma interface com o robô. Pressionar uma vez, por exemplo, desliga o robô, mas a interface tátil também é sensível o suficiente para que sequências de animação complexas possam ser programadas no robô por meio apenas dessa interface. Normalmente, o robô responde ao toque por intermédio de animação, voz e iluminação de LEDs.

Não é um sistema simples. Em termos de capacidade de conexão, o robô possui infravermelho, Wi-Fi,[23] Bluetooth, ou pode ler a partir de sites, incluindo *feeds* Really

[23] 802.11 A, B ou G são possíveis.

Simple Syndication (RSS). Com mais peças móveis do que a média dos automóveis,[24] o robô é controlado por meio de um potente computador *on-board*[25] e as baterias de polímero de lítio são capazes de durar mais de 90 minutos por operação, depois desse tempo ele irá se conectar sozinho para recarga, nem é preciso mandar. Nao pode reconhecer quando outros robôs estão no aposento e começará imediatamente a transferir informações ou a coordenar movimentos, se solicitado a fazê-lo, no momento do reconhecimento.

Fui a Paris para visitar os escritórios da Aldebaran Robotics, fabricante do Nao.

Tais funcionalidades significam que Nao pode jogar xadrez, ler e-mail, acordar você, jogar futebol com outros modelos Nao, ler as notícias, juntar, distribuir ou encontrar coisas, cumprimentá-lo quando você entra pela porta e esconder coisas que ele acabou de encontrar quando você não estava olhando.

Fui a Paris para visitar os escritórios da Aldebaran Robotics, ver Nao e sua oficina, e conversar com os criadores do robô sobre princípios básicos do projeto de Nao, como eles diferem dos de ASIMO, como a interação de Nao com os seres humanos é diferente e, finalmente, para saber o impacto cultural que essa tecnologia pode ter em nós, nas próximas décadas.

Os escritórios ficam dentro de uma antiga central elétrica, pertencente à Électricité de France. Agora, um "hotel de negócios", o edifício é propriedade da cidade de Paris. Sua fachada é coberta por arcos antigos e pequenos painéis solares, onde o aço brilhante foi embutido na pedra antiga da estrutura de centenas de anos.

Eu estava sentado em uma comprida mesa de madeira com Bastien Parent, gerente de relações públicas da Aldebaran. Bastien é um sujeito astuto, com cabelos pretos, rosto fino e olhos vivos. Como o quinto funcionário contratado pela Aldebaran, ele testemunhou a empresa mudar e crescer vinte vezes de tamanho. Seu sangue e suor estão na empresa.

Ele me contou como a Aldebaran teve seu início a partir do sonho do CEO da empresa, Bruno Maisonnier. Em 2000, Maisonnier trabalhava como consultor de tecnologia, especificamente para bancos, e não estava muito feliz com isso. Ele mexeu com robôs a vida inteira, e já na década de 1980 começou a se perguntar quando a indústria da robótica passaria pela mesma evolução alcançada pela indús-

[24] Estatística fornecida pela Aldebaran, que me informou que Nao utiliza mais de 1.300 diferentes partes móveis.

[25] AMD X86 Geocode, CPU de 500 MHz, 256 MB SDRAM, memória flash de 2 GB.

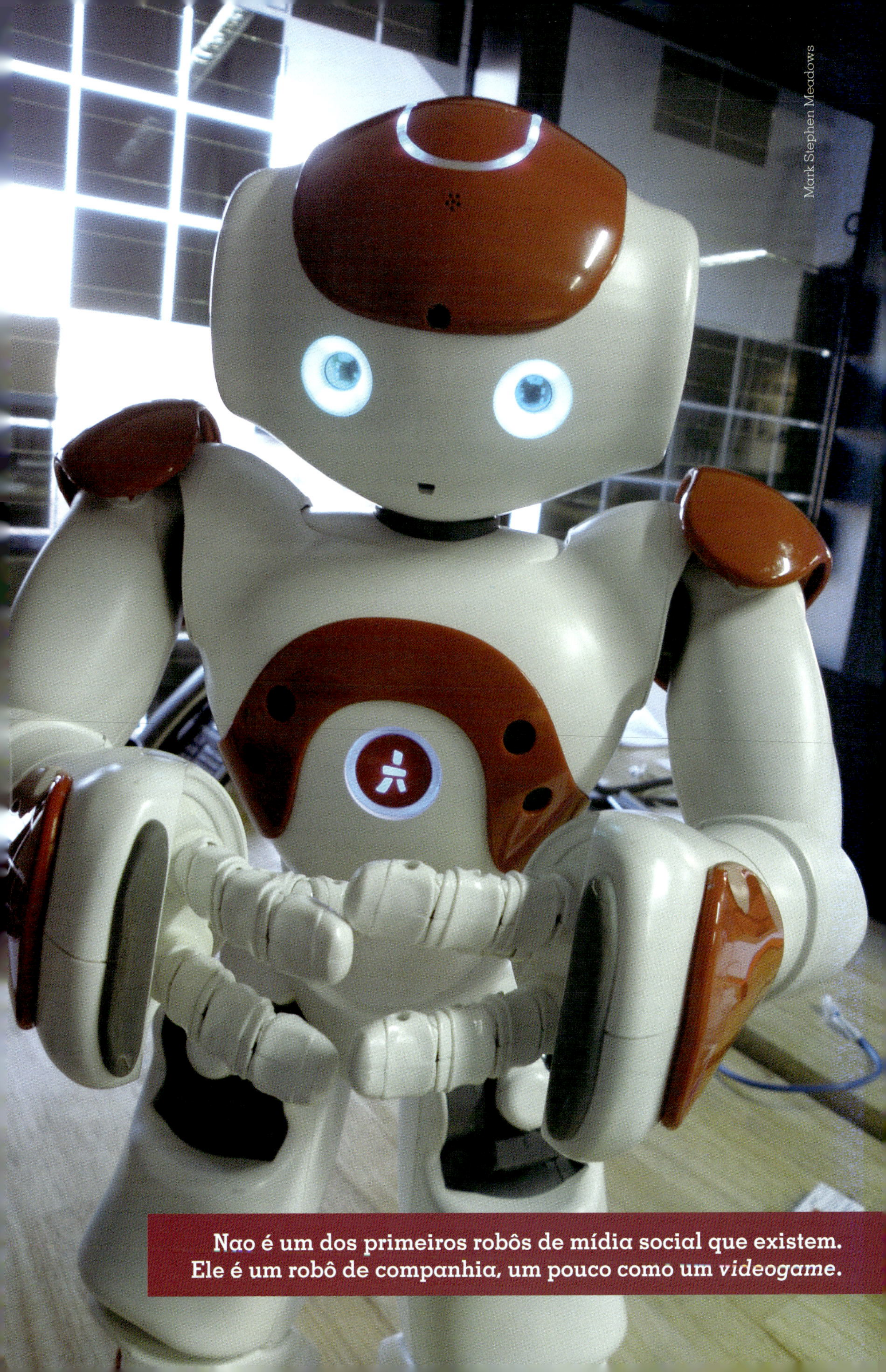

Nao é um dos primeiros robôs de mídia social que existem. Ele é um robô de companhia, um pouco como um *videogame*.

tria da informática. Em 2005, Maisonnier havia conseguido convencer uma quantidade suficiente de céticos de que havia futuro na indústria da robótica; ele conseguiu o apoio de quase um quarto de milhão de euros de investidores-anjo – o suficiente apenas para construir um protótipo de Nao. Fez alguns estudos de mercado e trabalhou sozinho por quase seis meses até que foi capaz de trazer duas pessoas para ajudá-lo. Em 2006, ele conseguiu outro meio milhão de euros. Com apenas algumas migalhas, em comparação com a maioria dos investimentos americanos, Maisonnier havia conseguido, até 2008, montar uma equipe de quarenta pessoas, que estavam bastante empenhadas em construir o que mais tarde se tornaria o Nao. Em 2010, a empresa já contava com quase cem funcionários.

A oficina ocupa todo o terceiro andar do edifício. Bastien dirigiu-me lentamente até uma extremidade do prédio para começarmos a nossa turnê. Entramos no que parecia, a princípio, um armazém cujas paredes eram cobertas por estantes de metal e caixas. No meio da comprida sala, pessoas se debruçavam sobre suas mesas, soldando corpinhos deitados, como pacientes sendo operados.

"Esta é nossa sala de reparos e montagem", Bastien disse. "Todos os robôs são montados aqui, e se um volta, ele é consertado aqui. É artesanal."

O que ele entende por *artesanal* é que, mesmo que os robôs sejam eletrônicos, a Aldebaran ainda se orgulha do trabalho, como se fosse uma manufatura, não um produto feito por máquinas numa linha de montagem. Eles veem os robôs como um fabricante de bonecas deve ver suas bonecas, costuradas à mão, com ferramentas adequadas, com acabamento da mais alta qualidade possível. Eles se orgulham de sua habilidade e garantem que cada modelo seja sólido e bem construído.

As prateleiras estavam arrumadas ordenadamente, cada uma contendo diferentes partes do corpo...

As prateleiras estavam arrumadas ordenadamente, cada uma contendo diferentes partes do corpo: uma centena de pés pequenos, todos alinhados, com a frente dos pés para fora, em filas, como minúsculos sapatos. Abaixo dessa prateleira havia uma centena de pequenos braços, cada um do tamanho de uma vela, dobrados no mesmo ângulo, encaixados uns nos outros, e todos eles, sem cobertura como estavam, mostravam as engrenagens e placas de circuito e fios. E, abaixo deles, uma centena de pequeninas cabeças. Duas delas tinham um formato estranho e pareciam ter chapéus.

"Pediram-nos para equipar estes dois com *lasers* na cabeça", Bastien comentou com um sorriso irônico. Trabalho feito sob encomenda. Cada um projetado dentro dos mais altos padrões da empresa.

Uma dupla de rapazes do estoque movia caixas cuidadosamente; uma mulher afastou o cabelo do rosto e ajeitou os óculos meticulosamente antes de soldar duas placas. Outro jovem atravessou a oficina carregando nas mãos um Nao "morto", com os braços e pernas pendentes, obviamente um novo paciente para o pequeno hospital. Devia haver milhares de robôs na sala. Eu nunca tinha visto uma fábrica de robôs antes, e aquela era menor, mais agradável e alegre do que eu imaginava. Parecia uma visita a uma loja italiana de marionetes do século XIX.

Parecia uma visita a uma loja italiana de marionetes dos anos de 1800.

"Assim que ficam prontos, são testados aqui", disse Bastien, indicando um aposento semelhante a um aquário, onde os bracinhos e as perninhas estavam sendo erguidos e girados, ligados a motores de teste e fios, como cateteres intravenosos, medindo voltagem e amperagem. Os olhos dos robôs estavam escuros, e eu não pude deixar de achar que estavam inconscientes.

Ao passarmos pelos escritórios, constatei que em cada uma das mesas as pessoas tinham um Nao que os acompanhava no trabalho. Um engenheiro com *dreadlocks* olhava atentamente para a tela do computador, enquanto Nao olhava atentamente para ele. Sem olhar para seu Nao, o engenheiro ergueu uma bola vermelha na mão. Nao a pegou de sua mão. O engenheiro continuou, sem se preocupar em olhar para cima. Seu Nao parecia um avatar para ele, que tinha visivelmente vencido os problemas de coordenação olho-mão. Ele agora estava envolvido na coordenação mente-robô. Seu robô respondia a tudo que o engenheiro digitava em seu computador, e que tinha a ver com agarrar aquela bola vermelha. Era coordenação robótica olho-mão o que o robô estava praticando por meio da coordenação mente humana-robô? Aquilo era bem divertido e misterioso, mas o engenheiro levava a coisa muito a sério.

Lá no fundo, uma mulher visualizava um modelo 3D de uma cabeça em sua tela. "Isso é para o Romeo", disse-me Bastien. "Será um robô de serviço que lançaremos em um ano ou dois."

"Ele parece maior. E feio", falei.

Bastien riu um pouco enquanto respondia: "Sim, bem, Nao é muito pequeno para empurrar portas abertas; por isso, se as pessoas desejam um robô que possa realmente realizar tarefas maiores em casa, este é o modelo para elas".

Nao foi alvo de críticas durante anos. A maioria das pessoas está acostumada com robôs que fazem coisas físicas. Elas perguntam: "O Nao é *bom* para fazer o quê? Se ele não consegue ao menos abrir uma porta, então que tipo de robô é esse?".

Aspiradores de pó, por exemplo, são o tipo de robô com os quais estamos nos acostumando. Robôs de serviço estão se tornando uma espécie de padrão da indústria. Afinal de contas, a manipulação do mundo físico é uma necessidade evidente que todos nós temos. Nenhum de nós quer executar tarefas maçantes e repetitivas, como aspirar o pó. Existem robôs para isso, e Romeo será um deles.

Desconfio que ele seja uma resposta a essa reação do público, que ignorou rapidamente no que Nao é realmente bom, a interação social. Nao é mais uma plataforma física de mídia social do que um aspirador de pó. Nao é o casamento profano de um iPhone com um avatar.

Mark Stephen Meadows

Natanel Dukan e seu Nao, mais animal de estimação do que servo.

Considere o que fazemos com os telefones celulares, ou a maioria dos dispositivos móveis atuais. Posso enviar arquivos de vídeo ou de som. Posso enviar ambos. Eu poderia, por exemplo, usar meu celular para saber a previsão do tempo, ou obter endereços. Às vezes, quando espero a chamada ser completada, coloco o aparelho no viva-voz e faço alguma outra coisa enquanto espero uma voz humana atender do outro lado. Tenho utilizado meu celular para acompanhar minha agenda e meus contatos, e para registrar os pensamentos aleatórios que vou reunindo para usar mais tarde. E também para gravar áudio, vídeo, fotos, armazenar arquivos de MP3, elaborar listas de tarefas e, em seguida, organizá-los. Já usei meu celular como lanterna em um corredor escuro e para prender uma porta.

O mesmo acontece com Nao, que pode executar todos os itens listados anteriormente. Agora, vamos combinar isso com avatares. Considere o que fazemos com avatares, ou com a maioria dos egos virtuais que são humanoides. Eu mesmo passo muito tempo com eles, como se fossem bonecas de adulto. Gastei centenas de horas construindo poses, trabalhando em animações, vendendo essas poses e animações, inventando novas soluções para pessoas que não têm o *know-how* ou paciência para depurar seus sistemas, confeccionar roupas, capas e acessórios, e explorar a psicologia do que significa ter um espelho de mim mesmo que faz o que eu digo para fazer. Um avatar é uma espécie de autorretrato. É uma versão social de nós mesmos, e algo que usamos para praticarmos e testar antes de sair para o mundo real, com ideias reais.

A mesma coisa acontece com o Nao. Ele pode executar todas as tarefas da lista anterior. Isso significa que Nao é um dos primeiros robôs de mídia social que existem. Ele é um robô para fazer companhia, um pouco como um *videogame*. Mas não é como um *videogame* da década de 1980, que o mantém isolado em seu porão, enquanto você fica cada vez mais gordo e cheio de espinhas. É mais como um *videogame* da década passada, no qual você interage com os outros, por meio de uma narrativa compartilhada. Nao é uma ponte para outras pessoas, além de ser uma interface com outros Naos que estejam próximos. Ele pode ser usado não apenas como um meio de comunicação em rede – para que eu possa conversar com pessoas a distância e usá-lo como um telefone –, mas, também, como algo com que podemos brincar colaborativamente, mais ou menos da mesma maneira como as pessoas jogam com avatares em World of Warcraft, ou o mundo da Barbie. Nao é um companheiro que faz a ponte para outros companheiros.

Também é como um animal de estimação. É pequeno, ligeiramente dependente, treinável, atento e demonstra emoções em resposta ao toque ou a palavras. Felizmente, ele não precisa de uma caixa de areia.

Nao é projetado para ser autônomo. Pode carregar sua própria bateria, baixa novos comportamentos e possui um sistema de decisão incorporado para que ele possa viver sua própria vida e cuidar de seus próprios assuntos. Você ainda pode controlar o robô com o PC, pela interface direta ou telefone celular (entre outros dispositivos), permitindo que ele dance, colabore ou lute com outros robôs, mas o robô foi projetado para ser em primeiro lugar autônomo, e orientado por controle remoto em segundo. Essa é a grande diferença para outros sistemas, como o ASIMO e os modelos HRP. Nao se parece menos com um servo do que com um animal de estimação muito independente e inteligente.

É como o produto de uma ligação profana entre um avatar, um iPhone e um gato.

"Mas se eu tiver filhos e eles passarem horas todos os dias com essa coisa, isso faz deles *geeks*?", perguntei retoricamente a Bastien.

"Bem, esse não é o caso com outras tecnologias? Se você der para um filho uma conta no Facebook, ele se torna menos ou mais social? Fizemos alguns estudos de usuários e filmamos seus familiares quando eles receberam o Nao, durante a fase de experiência prática. O que descobrimos foi que a mesma coisa se repetiu em todos os vídeos. Era como o Natal. A família inteira estava lá. Todos queriam ver o novo robô. Todos se reuniram ao redor da caixa, e quando a coisa se abriu e Nao começou a se mover, todos se iluminaram com o robô! Foi ótimo de ver, realmente."

"E quando a novidade passou e os membros mais jovens da família começaram a brincar com o software?", eu perguntei.

"Os pais saíram para jantar para comemorar. A interação social e proximidade continuaram, em novos níveis. Nao aproxima as pessoas. Dá à família algo novo para fazerem juntos. É como um novo animal de estimação."

"Ok, mas, e depois de alguns anos? Como ficam as coisas?"

Bastien colocou as mãos nos quadris e inclinou a cabeça para o lado, com a boca ligeiramente aberta. Ele piscou uma vez. Parecia chateado comigo por eu não entender.

"Nao pode fazer tudo." Ele estava sério.

"*Tudo?*", perguntei. Horríveis imagens de orgias antigravidade, lâmpadas de lava e narguilés apareceram em minha mente.

"Sim. *Tudo*. O sistema é *open-source*, então, estamos esperando para ver o que os programadores irão criar. Estamos confiando em nossa comunidade para nos conduzir na direção certa com esses aplicativos. Mas, não há limite para o que podemos fazer aqui."

Sacudindo fora as alucinações da minha mente, parecia razoável imaginar robôs com olhos que enxergam (implantes de retina que fazem interface com o robô tanto remota como localmente), robôs com ouvidos que ouvem (interface coclear) e robôs que são capazes de ajudar pessoas muito velhas, muito fracas ou muito machucadas a fazerem coisas, como pegar um garfo que caiu ou coletar uma comadre.

Ainda cético, pedi uma demonstração a Bastien.

Caminhamos até uma das mesas de trás, no canto, onde Bastien me apresentou a Natanel Dukan. Sobre a mesa de Natanel havia um modelo vermelho de Nao, parado. Natanel ligou o robô e passamos por vários exercícios que incluíram dança, canto e outras coisas muito parecidas com o que eu havia visto a HRP-4C fazer nos laboratórios do AIST. Além disso, houve algumas demonstrações de Nao pegando coisas e de equilíbrio. No geral, embora o sistema fosse barulhento e a mecânica não fosse muito limpa, todas as milhares de partes móveis funcionaram maravilhosamente bem, e o robô parou antes de caminhar para fora da mesa, ou sobre uma folha de papel, ou uma dezena de outras coisas que colocamos diante dele. Em dado momento, quando estávamos concentrados na conversa e ignoramos Nao, o robô pareceu entediado e sentou-se delicadamente, girando a cabeça para olhar Natanel. Embora Nao seja pequeno, é o robô mais avançado, mais humano e mais prático que eu já vi.

Enquanto conversávamos, Natanel não desgrudava os olhos de seu robô, e naquele momento não pude deixar de lhe fazer a mesma pergunta básica que havia feito a Bastien, sobre interação social. Decidi levá-la para um nível um pouco mais pessoal.

"Qual é seu relacionamento com seu robô?"

Natanel sorriu e olhou para Bastien, Bastien lhe sorriu de volta. Havia uma experiência compartilhada ali – a experiência profunda e sutil de gêmeos idênticos, ou de irmãos de armas.

"Ele é como um animal de estimação", Natanel disse. "Eu gosto de tê-lo por perto. Ok, não é que eu não possa viver sem ele, mas se ele não estiver por perto, eu percebo."

"Como seu computador?", perguntei-me em voz alta.

"Não, não", disse Natanel. "Eu realmente preciso de meu computador. Meu trabalho e outras coisas dependem de eu ter meu computador perto de mim. Nao é um animal de estimação."

Capítulo 7: Battlestar Galactica

Sobre ressurreições, autorretratos, *top-downs*, *bottom-ups* e por que IA é uma arte obsoleta – Inteligência, parte 2

Seus ídolos são de prata e ouro, obra das mãos dos homens.
Têm boca, mas não falam; têm olhos, mas não veem;
têm ouvidos, mas não ouvem; têm nariz, mas não cheiram;
têm mãos, mas não apalpam; têm pés, mas não andam, nem som
algum sai de sua garganta. Semelhantes a eles sejam
os que os fazem, e todos os que neles confiam.

— Salmo 115

NA PRÓXIMA DÉCADA, DUVIDO QUE IA HUMANOIDE apareça tão cedo, mas poderemos ver algumas pessoas mortas serem ressuscitadas. *Battlestar Galactica*, e sua prequela *Caprica*, fazem um bom trabalho ao indicar a forma como isso poderia acontecer.

A série de TV de 2004 parece, a princípio, servir-nos a mesma receita de ficção científica e robôs que estamos acostumados a engolir. A receita contém os seguintes ingredientes: seres humanos constroem robôs, robôs constroem mais robôs (chamados cilônios),[1] robôs tentam matar os humanos, a maioria é bem-sucedida, uma batalha se inicia, e logo robôs e seres humanos são indistinguíveis. Ocorre cruzamento entre as espécies. A linha divisória entre robôs e seres humanos desaparece. E, finalmente, *Battlestar Galactica* acrescenta uma cereja bíblica no topo do bolo. Durante a maior parte da série, apresenta a noção de ressurreição.

Como conduzir uma ressurreição

EU ADORO *Battlestar Galactica*. ADORO OS ÂNGULOS de câmera ousados, a bravata amalucada e a atriz loura que interpreta a Número Seis. Também adoro *Battlestar Galactica* por causa de sua crítica ao mundo atual. Assim como fez *Matrix* na década de 1990, e toda a boa ficção científica, *Galactica* apresenta um instantâneo fotográfico das questões sociais que estão acontecendo no momento em que vai ao ar. Muitas ideias são comentadas, incluindo engenharia genética, política, religião e imortalidade por meio de software.

Em *Caprica*, o prelúdio de *Galactica*, que ocorre cerca de setenta anos antes de

---

[1] Em inglês, cylons, "cybernetic life-form node".

Battlestar Galactica (Sci Fi Channel), 4ª temporada, 2007-2008. Da esquerda para direita: Mary McDonnell, Tricia Helfer, Michael Hogan, Jamie Bamber, James Callis, Tricia Helfer, Katee Sackhoff, Michael Trucco, Aaron Douglas, Grace Park, Tahmoh Penikett, Edward James Olmos. Repare na referência à pintura de Leonardo da Vinci, *A Última Ceia*.

Galactica, vemos como os cilônios foram criados. Um engenheiro bem-sucedido e gênio da computação chamado Daniel Graystone constrói uma série de robôs militares. Eles são tipicamente desajeitados, atarracados, soldados mecânicos grosseiros. Sem que o dr. Graystone saiba, sua filha, Zoe, que estava brincando pelos mundos virtuais, conseguiu carregar a própria personalidade em seu avatar. Em resultado de Zoe ter agregado seus dados de usuária a partir de diversas fontes *on-line*, o avatar estava agindo, pensando e se comportando exatamente como ela – tudo, desde artigos que ela escreveu até a pílula anticoncepcional que tomava. Esse avatar era uma agregação de sua atividade *on-line*, chamado Zoe-R.

Zoe (a Zoe física) morre devido à explosão de uma bomba num atentado terrorista de uma seita fanática, que prega uma nova religião parecida com o cristianismo, ou que, pelo menos, é monoteísta. Zoe-R vive. Depois que Zoe morre, seu pai, o gênio da computação, baixa a personalidade de seu avatar e o coloca em uma espécie de disco de hóquei brilhante. Ele o carrega consigo por um tempo, ocasionalmente conversando com Zoe-R, e, tentando se agarrar à personalidade de sua filha, acaba instalando-a em um de seus robôs de batalha. A coisa se parece mais com o buldogue símbolo dos caminhões Mack, mas dentro dele está presa a pobre e frágil adolescente Zoe-R (geralmente retratada em seu *baby-doll* de *chiffon*). Zoe-R passa a ser o sistema operacional do robô de seu pai. Quando Daniel liga o robô, a primeira palavra do cilônio, pronunciada com grande distorção digital, é: "Papai?".

Essa é a concepção imaculada mais estranha de que já ouvi falar.[2] É também nossa primeira ressurreição e o início da espécie dos cilônios.[3]

No final das contas, cilônios começaram a gerar cilônios em uma linha de produção automatizada e assexuada, e à medida que aperfeiçoam sua técnica, os robôs passam a se tornar cada vez mais parecidos com os seres humanos. Na verdade, eles conseguem se fazer parecer com seres humanos muito atraentes, que vêm em doze modelos de tirar o fôlego. Há uma quantidade indefinida de cada modelo, assim como os modelos de automóveis, e cada modelo tem sua própria personalidade e memória. Os indivíduos têm memórias que podem ser compartilhadas com o grupo. Portanto, se um cilônio morre, basta apenas transferir sua memória para outra unidade de mesmo modelo.

Isso significa que há uma base de dados de personalidade que os cilônios compartilham. Significa também que pode haver muitos exemplares de uma mesma personalidade, e que tal exemplar pode ser copiado, compartilhado e ampliado por qualquer cilônio. É uma espécie de software livre de personalidade virtual com inteligência artificial, independente do hardware. A mente é separada do corpo.

Torna-se muito difícil dizer o que os cilônios pretendem até que a Número Seis (a louraça) consegue ressuscitar-se na consciência de um ser humano, um engenheiro de IA chamado Balthazar. Balthazar é nosso iconográfico Judas Iscariotes, o traidor da raça humana e, por isso, é curioso ver a Número Seis escolhendo-o para ser o único ser humano a ter acesso àquela mente interligada e onisciente. De qualquer maneira, *Galactica* continuou, durante os anos em que foi ao ar, mostrando uma ressurreição após outra, em várias formas, mas sempre com a mente dissociada do corpo.

Essa dissociação mente/corpo tem sido uma grande fonte de discórdia entre os desenvolvedores de IA ao longo dos anos. Muitos argumentam que o corpo e a mente trabalham juntos para criar nossa com-

2 O que eu quero dizer aqui é que Zoe faz as vezes de Deus; Daniel, de Maria; e Zoe-R, de Cristo.

3 Sendo redundante, o que está sendo relatado aqui não é, especificamente, *Battlestar Galactica*, mas a prequela que tem lugar cerca de seis décadas antes de *Battlestar*, chamada *Caprica*.

preensão do mundo.[4] Outros defendem que a mente é totalmente separada do corpo. A discussão é acalorada, mas o consenso é, como afirma *Galactica*, que inteligência, personalidade, mente, emoção e todas as coisas não físicas são separadas, ou talvez separáveis, do corpo. O meme é que a inteligência, assim como a alma, de fato não necessita do corpo.

Platão passou a ideia a Jesus, que a entregou a Bill Gates. Software é a nova alma.

Esse meme tem, provavelmente, cerca de três mil anos, e provavelmente teve início quando Platão começou a falar sobre o *eidos* (ΕΙΔΩΣ) como separado do objeto. Essa maneira de pensar foi adotada pelo pensamento judeu-cristão, que afirmava que temos uma alma e um corpo. Essa ideia passou para nós, modernos, e, até hoje, embora tenhamos software e hardware, continuamos com a concepção platônica e judeu-cristã. Assim, Platão passou a ideia a Jesus, que a entregou a Bill Gates. Software é a nova alma.

Faz sentido se você considerar sua secretária eletrônica. Você pega o telefone, digita apenas algumas teclas para gravar, e diz: "Oi. Desculpe-me por não poder atendê-lo. Retornarei sua chamada assim que for possível". Salva a gravação e desliga. Algo de você foi carregado na máquina. Apenas o suficiente de sua personalidade é armazenado em um formato digital, de modo que quando alguém liga e interage com o sistema, recebe uma resposta de software equivalente a você. É seu tom de voz e sua maneira de falar, e quando alguém liga, reconhece essas coisas e fala com a secretária eletrônica como se fosse você (mesmo sabendo que não é), e faz perguntas como se ela fosse responder (mesmo sabendo que não vai).

Sua secretária eletrônica é uma versão virtual muito primitiva de sua personalidade. Não estou dizendo que ela é você, e sim, que é uma representação primitiva sua, uma espécie de embaixador digital, posicionado em seu telefone para se comportar como você o melhor que puder, para dar conta do serviço. E é separável de seu corpo.

Construir personalidades virtuais tem sido o foco principal do meu trabalho na última década. Comecei alguns desses trabalhos na Xerox PARC e, mais tarde, no Stanford Research Institute, onde o papel desses agentes poderia ser usado em documentos experimentais, interações narrativas e *games*.

[4] Claro, o argumento é muito mais complicado, e envolve não só inteligência, como também memória, emoções e todas as outras características não físicas que nos tornam indivíduos, mas estou trocando *mente* por *inteligência* aqui, e espero usar o termo em nome da brevidade, para evitar aprofundar-me em detalhes acerca de distinções que só interessam aos especialistas.

Mais tarde, veio a Oracle, e finalmente abri duas empresas dedicadas a esse tipo peculiar de software.[5]

Esboçarei algumas das orientações de meu trabalho passado, na esperança de que a linha entre ficção científica e feito de engenharia torne-se mais clara, e para apontar o que eu julgo ser o próximo passo mais importante que a pesquisa robótica precisa dar. Espero que esses detalhes sejam úteis quando indicar algumas importantes bibliotecas *on-line* e métodos que podem ser utilizados quando desenvolvemos interfaces com robôs.

Foto cedida pela NASA

Aglomeração é uma ocorrência comum que segue os princípios descobertos matematicamente.

Um método de construção de personalidades virtuais é um pouco como o que foi descrito em *Galactica*. Depende de um software para criar agentes conversacionais com base no servidor, cujas personalidades são derivadas de uma base de conhecimento ontológica e de regras personalizadas criadas por usuários ou originadas a partir de amostras de texto. (Veja o apêndice para saber mais sobre o assunto.)

Meu exemplo favorito de nosso trabalho no passado envolve Arnold Schwarzenegger.[6] Nós coletamos várias entrevistas disponíveis que Arnold havia realizado nos últimos anos e alimentamos com elas um sistema de linguagem natural e reconhecimento semântico que havíamos desenvolvido. As frases mais usadas por Arnold foram sinalizadas e separadas, e suas ideias mais comumente empregadas foram classificadas de forma semelhante. Como acontece com todos nós, houve algumas ideias que ele tendia a usar mais do que outras, e algumas expressões que ele preferia.

Perguntamos ao sistema: "O que você acha do casamento gay?".

Ele respondeu: "O casamento gay deveria ser entre um homem e uma mulher, e se você me perguntar isso novamente eu vou obrigar você fazer quinhentas flexões".

Como se houvéssemos usado uma rede de caçar borboletas invisível, tínhamos capturado parte da personalidade de Arnold.

[5] Meu objetivo pessoal tem sido o de construir uma figura falante, uma espécie de *Mona Lisa* interativa. Já que trabalho tanto com tintas como com texto e computadores, os três veículos sempre se cruzam para mim, especialmente em relação a retratos que deveriam ser interativos, e tinham algo a dizer. Sempre fez sentido para mim que os retratos devem se expressar com palavras e gestos, não apenas com imagem.

[6] Esse foi o trabalho que fizemos em HeadCase, uma empresa que fundei em 2007, que desenvolveu grande parte dessa infraestrutura. Trabalhei com Paco Nathan e Florian Leibert, que fizeram a maior parte da engenharia.

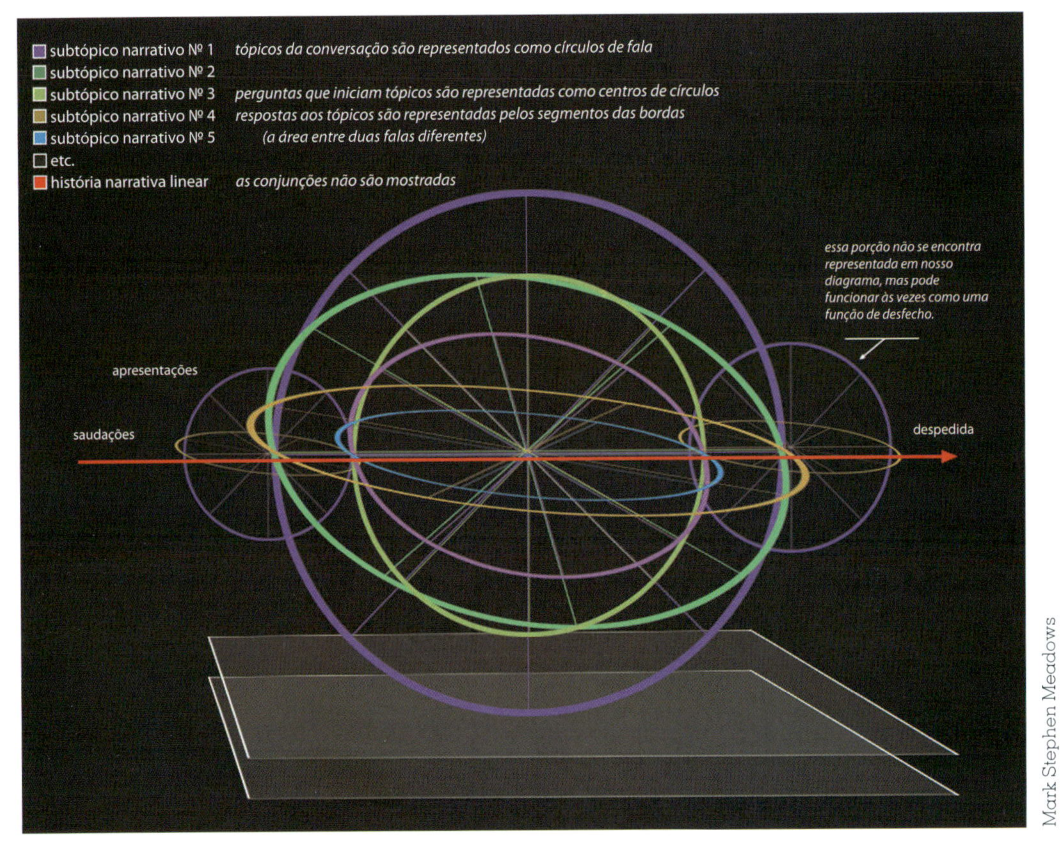

Uma topologia narrativa para processamento e geração de linguagem natural.

Era ele, mas não era. Tinha os componentes de sua personalidade, mas ele nunca havia digitado nem dito essa determinada sequência de 103 caracteres. De maneira semelhante com o que acontece com uma secretária eletrônica, elementos fundamentais de sua personalidade haviam sido gravados e reproduzidos. Era identificável como ele, mas não era ele.

Era um Arnold-robô.

O problema era que havia algumas perguntas que propúnhamos ao sistema que apenas o confundia. Parte da razão para isso era que nós não tínhamos dados suficientes (só usamos um pouco mais que uma dezena de entrevistas). A solução para o problema foi a utilização de grandes massas de texto. A frequência de algumas palavras é mensurável, e aquelas palavras mais mensuráveis podem ser usadas para construir um perfil, ou uma espécie de impressão digital que é a identidade única do autor, baseada em textos.

Suspeita-se disso há cerca de um século já. O linguista George Kingsley Zipf foi um dos primeiros a perceber tais possibilidades, e criou um teorema chamado Lei de Zipf (é claro). Essa lei afirma que algumas palavras são usadas com mais frequência do que outras, e que isso constrói um gráfico particular. As palavras mais frequentes são usadas duas vezes mais do que a próxima palavra mais frequente. Por exemplo, a palavra "o" é usada duas vezes mais que "de", que é usada duas vezes mais do que "e". E entre as línguas ativas no mundo hoje, todas seguem o mesmo padrão. Esse padrão cria uma espécie de espiral, uma sequência de Fibonacci, e conceitos e palavras comuns acumulam-se no centro; elas podem ser mapeadas, como uma cidade, com uma espécie de densidade populacional em seu núcleo. O vocabulário que você usa pode ser graficamente mapeado nesse gráfico e comparado com o de outra pessoa, com base nas palavras que cada um utiliza.

Em dezembro de 2009, um grupo de pesquisadores suecos do Departamento de Física da Universidade de Umeå[7] selecionou diversos textos de escritores famosos e descobriu que eles usam palavras com frequências e padrões específicos. Essas frequências e padrões específicos de palavras se repetem, em um mesmo escritor, e os pesquisadores argumentaram que isso cria o que chamaram de "impressão digital de um autor". É claro que o que esses pesquisadores realmente queriam dizer com isso era que o corpo de texto desses escritores possuía impressões digitais identificáveis, não estavam falando do corpo físico deles. Havia um tipo de personalidade no corpo de texto que era baseada na frequência com que algumas ideias eram utilizadas (o índice de um livro é um exemplo desse tipo de coisa).

Esse método pode ser usado com os *blogs* muito mais facilmente do que com os livros, pois eles já são digitais e copiáveis. Os *blogs* contêm corpos de texto muito específicos quanto ao emprego de palavras, contexto e estruturas conceituais, que podem ser usados para desenvolver personalidades virtuais. A abordagem é basicamente a mesma da que foi utilizada com o Arnold-robô, na HeadCase.

Esse método pode ser usado em seu e-mail, também.[8] Afinal, os e-mails que você envia são uma espécie de literatura intimista sobre sua vida, minúsculos trechos de diários pessoais que registram o que você está pensando, e quase sempre na primeira pessoa. O Google e outros (Yahoo! ou Facebook ou Twitter, entre muitos outros), embora não estejam compondo uma personalidade virtual sua, de fato usam essa informação para construir um perfil de personalidade, que é apenas su-

[7] "The Meta Book and Size-Dependent Properties of Written Language", de Sebastian Bernhardsson, Luis Enrique Correa da Rocha e Petter Minnhagen.

[8] E-mails apresentam dificuldades técnicas que têm a ver com não ser possível definir o que uma parte disse e o que a outra respondeu, já que as respostas costumam ser enviadas com informações do remetente original embutidas. O Google resolveu esse problema com a solução óbvia para disponibilizar contas gratuitas do Gmail, com as quais o Google pode, então, claramente saber quem disse o quê.

ficiente para que realizem o trabalho necessário, que normalmente é ajudá-lo.

Com e-mail, mensagens de texto, Facebook, Twitter e *blogs*, todos nós somos hoje escritores.

Se a personalidade de um autor pode ser extraída de sua escrita, sua personalidade vive, em certo sentido, em seus escritos. Também existe *on-line* em contas de usuário, preferências personalizadas, registros de compras e de buscas, e e-mails. A voz e os gestos de um autor podem ser baixados, também. Sua imagem já está *on-line*. O que você pensa, como você olha, como você se move e como você soa pode ser digitalizado. Que parte de sua personalidade está faltando?[9]

Fazer as coisas à nossa imagem pode não ser o melhor plano de *design*.

A inteligência é o que está faltando. Como descobrimos em *O Exterminador do Futuro*, *Os Jetsons*, *Guerra nas Estrelas* e *Homem de Ferro*, até mesmo em *Blade Runner, o Caçador de Androides* e *2001, uma Odisseia no Espaço*, todas as peças já existem, menos uma: IA humanoide. Inteligência artificial (seja lá o que for isso) ainda não foi descoberta. Esse misterioso elemento flogisto[10] – esse espírito esquivo que não podemos definir, muito menos recriar – parece ser o único anseio expresso em todas nossas fantasias robóticas. Nossa incapacidade de compreender, ou pelo menos de chegar a um consenso sobre a natureza da inteligência, é o que mantém os robôs como nossos fantoches. E as coisas permanecerão assim por um bocado de tempo ainda.

Talvez isso seja bom; talvez não precisemos de um sistema de inteligência artificial humanoide. Afinal de contas, fazer as coisas à nossa imagem pode não ser o melhor plano de *design*. Faz tanto sentido quanto um androide – se problemas surgem em um projeto de androide, porque a forma segue a função, somos confrontados aqui com o equivalente psicológico emprestado disso.

Assim como estamos descobrindo que a forma e a função de um androide não são o caminho de *design* mais sensato a seguir, descobriremos o mesmo quando a questão for inteligência artificial. Assim como um androide é mal projetado para locomoção, manejar coisas e se adaptar a seu ambiente, uma IA humanoide poderá ser também – especialmente se ela pensar como um ser humano, com associação de ideias, preconceitos "de estimação",

---

9 Às vezes, sites de mídia social, como o LinkedIn, deixam você saber, com um escore de conclusão de perfil.

10 Flogisto era um princípio de oxidação que veio a ser chamado, hoje em dia, de caloria, ou de oxidação, propriamente dita. Ele foi abandonado depois de cerca de cem anos. A teoria da "inteligência artificial" tem apenas, afinal, cerca de sessenta ou setenta anos.

estereótipos limitantes, tornar-se passiva-agressiva, revoltar-se contra seus criadores, lamentar sua existência, e depois de alguns anos, tentar o suicídio. É claro que nos recusaremos e, então, ela poderia entrar com um processo, pois não pediu para ser criada; ou, pelo menos, iria pedir igualdade de direitos, uma vez que, sendo criada por nós, seria, consequentemente, um de nós.[11] Em todo caso, não seria muito saudável. Gênios nunca ficam satisfeitos por serem forçados a entrar neste mundo.

Talvez nós não precisemos criar um sistema com inteligência artificial que pense e aja como nós. Afinal, já temos muitos seres humanos no planeta.

Muitos dos melhores pesquisadores de IA foram para o Google na década de 1990, e desde então vimos enormes conquistas tecnológicas acontecerem nessa empresa. Eles não criaram uma IA humanoide; isso seria o equivalente, em termos de software, à construção de um androide, e não faria muito sentido. O que o Google tem feito é muito melhor. Algo que é muito mais eficiente para executar uma função específica e complementa o que um ser humano já faz. Eles criaram um serviço público e protético de classificação de dados.

O Google fez algo muito mais do que humano. Nenhum ser humano, ou mesmo todos os seres humanos do planeta juntos, poderia obter o que o Google obtém em uma fração de segundo. É algo que você pode usar para realizar tarefas em sua vida diária. É uma prótese que nos leva a qualquer lugar muito mais rapidamente do que todos os seres humanos no mundo poderiam conseguir. É algo usado para impulsionar você a uma distância que, sozinho, não poderia alcançar. Ele rompe o espaço e o tempo. Com o Google Search, a empresa não fez o equivalente cognitivo de um androide. Eles fizeram o equivalente cognitivo de um carro.

Esse é sempre o caso com uma tecnologia importante; não é uma reinvenção de nós mesmos, mas uma prótese que nos melhora. Henry Ford nunca pretendeu construir um androide. Ele se dispôs a construir um conjunto muito estranho de pés.

IA humanoide não é necessária. Uma secretária eletrônica não precisa pensar como um ser humano para atender ao telefone. Ela só tem de dar essa impressão. O mesmo acontece com personalidades virtuais. Lembre-se da estratégia do corvo: tudo que é necessário é ser mais esperto do que a estupidez natural.

Na próxima década, veremos robôs – tanto software como hardware – usando personalidades virtuais para compor frases, responder perguntas e dar informações com o mesmo padrão psicológico do

[11] Vale a pena reler o artigo em *The Whole Earth Review*, de 1989, "Should Robots Have Rights?", já que essa questão vem sendo discutida há algumas décadas.

autor original, da maneira como ele teria feito. A personalidade interativa compartilhará a impressão digital do texto do qual procede. Essas Interfaces de Linguagem Natural existirão para dispositivos móveis, páginas da Web, robôs e para todas as outras formas de mídia que interagem com a Internet. Você vai falar com o agente, e ele responderá como uma pessoa.

IA humanoide não é necessária.

Autorretratos

SE A PROPRIEDADE INTELECTUAL É O CAMPO DE batalha legal do século, muitos dos conflitos da próxima década serão travados sobre o terreno da personalidade e da identidade. Eles começarão em relação a redes sociais e sites de busca, e se expandirão, já que nossos telefones celulares e robôs domésticos continuarão a colher informação sobre nós que será usada para criar pegadas, estatísticas de uso e até versões virtuais de nós mesmos.

Zoe nunca pareceu considerar entrar com um processo contra seu pai por piratear sua personalidade e torná-la a primeira abelha-rainha cilônia. Quando a Número Seis sussurrava palavras doces ao ouvido de Balthazar, outras versões suas não pareciam preocupadas com os direitos de propriedade intelectual, muito menos ciumentas. Quando os cilônios morrem e carregam suas experiências em modelos semelhantes, parecem muito orgulhosos em fazê-lo. E, no último episódio, com as aparições angélicas que concluem a série, parece que uma personalidade distribuída é propriamente divinal. É uma espécie de imortalidade.

Talvez faça sentido não ter uma batalha acerca da propriedade intelectual sobre os direitos da personalidade. Compartilhar nossas ideias é parte da experiência humana, seja à mesa com a família ou numa assembleia de políticos. A organização social baseia-se em compartilhar personalidades e dividi-las; portanto, pode-se argumentar que quando postamos alguma porção de nós mesmos *on-line* e nos tornamos parte do grande robô Google, na verdade estamos fazendo o que nos vem muito naturalmente: a partilha de nós mesmos e nossas ideias uns com os outros. A capacidade de transmitir ideias, lembranças, pensamentos e experiências está na essência do ser humano.

Ter as ferramentas para fazer nossas próprias personalidades virtuais parece ser algo que poderia, como avatares em mundos virtuais, dar-nos uma espécie de espelho; isso nos permitiria enxergar a nós mesmos, algo que poderíamos usar em sites ou *blogs* onde, como uma secretária eletrônica, seríamos capazes de configurar um pequeno dispositivo semelhante a um robô para nos representar quando não estivéssemos disponíveis. Dificilmente nós os reconheceríamos como robôs, e certamente não iríamos chamá-los assim.

Instrução e entretenimento são grandes aplicações das personalidades virtuais. A tecnologia oferece às pessoas a oportunidade de explorar e aprender em qualquer direção que escolherem. Os escritos de Joyce, Shakespeare e Melville são apenas alguns dos grandes nomes ocidentais que vêm à mente. Esses indivíduos deixaram um grande volume de escritos, e esse texto pode ser aproveitado para se criar uma espécie de versão ressuscitada deles. Um sistema de instrução e entretenimento – um avatar a partir de uma narrativa interativa. Os diálogos platônicos poderiam se tornar uma espécie de jogo, em vez de uma diatribe chata, e Descartes poderia finalmente ser submetido à sessão de perguntas e respostas que alguns gostariam de manter com ele pessoalmente.

Quer se trate de Jimi Hendrix ou Bach, Descartes ou dr. Who, existem já muitas formas de inteligência de máquina sendo construídas em torno desses conceitos de processamento estocástico[12] e raciocínio projetado. Veremos novas formas de arte, novas formas de literatura, e novas formas de pensar emergirão em resultado disso.

O estado de arte obsoleta

INTELIGÊNCIA DE MÁQUINA PRECISA SER TRANSFERÍvel, como um bom sistema operacional. É preciso melhorar com o uso, conectar-se à Internet, guiar robôs e sistemas de hardware no mundo físico, guiar personalidades virtuais e avatares em mundos virtuais e interagir com uma ampla gama de outros dispositivos, como automóveis, telefones e aparelhos de som. Não tem de ser como nós, mas deve ser capaz de interagir conosco. Tem de ser flexível o suficiente para funcionar com outros dispositivos e sistemas operacionais, como Apple ou Linux; precisa ser modular, com componentes integrados e operados remotamente. Precisa ser capaz de rodar paralelamente e lidar com dados baseados em eventos, e precisa ser simples para que qualquer pessoa possa usá-lo, da vovó ao *geek* metaleiro. E precisa ser *open-source* para que dinâmicas sociais estranhas não ocorram.

Hierarquias flexíveis e adaptáveis (até reversíveis) parecem ser pelo menos tão importantes quanto qualquer outra coisa que crie o que podemos chamar de *inteligência*. Parece que a capacidade de forjar estereótipos, fazer generalizações e formar juízos precipitados são coisas bastante importantes que tanto podem ser inteligentes quanto estúpidas.[13] Mas qualquer que seja o caso, a complexidade e variabilidade das conexões pode, de fato, ser mais importante do que o número de células que estão fazendo o processamen-

[12] Processamento estocástico é um método de aumentar a probabilidade de se determinar um resultado por espalhamento de possíveis resultados na região de um desfecho esperado. É um pouco como usar uma espingarda em vez de um rifle. Cada aposta pode não ser tão boa sozinha, mas o resultado do grupo tem mais chance de acertar.

[13] Por Terrence W. Deacon, Antonio Damasio, Jeff Hawkins, e outros.

to (sejam transístores, memristores ou neurônios).[14] Podemos antecipar que, assim como a natureza criou muitos tipos de inteligência, diversas novas formas evoluirão na Internet, também.

Um dos projetos mais interessantes que encontrei em minhas viagens foi o Numenta,[15] empresa criada por Jeff Hawkins, um dos fundadores da Palm, e outros. A empresa é bem financiada, os fundadores são experientes e a intenção de Hawkins parece ser a de não criar uma IA humanoide, mas sim, construir sistemas que pensam da mesma forma que os cérebros. O Numenta tem desenvolvido uma série de ferramentas que permitem que *bits* de informação específicos sejam abstratamente agrupados, e depois classificados de novas maneiras para alcançar precisão de análise, criando conjuntos hierárquicos de dados que podem ser relacionados entre si de maneira surpreendente.

Um exemplo disso, e uma das primeiras aplicações desse conjunto de ferramentas, é uma tecnologia de vigilância. A aplicação filmou vários clipes de vídeo, comparou as pessoas caminhando nesses vídeos e se uma pessoa que houvesse sido vista antes reentrasse no campo de visão da câmera, o sistema acusaria. "Alerta! Ex-namorado entrou nas dependências!". Aplicações desse tipo são a direção para onde a inteligência de máquina continuará a evoluir. Não é que os seres humanos precisem evoluir, mas as novas ferramentas que nos permitam sair do nosso tempo e espaço local, sim.

Um tema comum está emergindo em quase todas as formas de inteligência de máquina: quanto mais dados, melhor. Quanto mais dados tivermos disponíveis para copiar e imitar, para construir padrões e contextos, mais provavelmente chegaremos a ferramentas inteligentes. Esse é certamente o caso de ferramentas lexicais e semânticas. E parece ser o caso para a geração de música, arte e gestos, também.

Evidentemente, o Google tem mais de um milhão de servidores[16] em todo o mundo. Ele processa mais de um bilhão de solicitações de pesquisa e mais de vinte petabytes de dados específicos de usuário por dia.[17] São 20 mil terabytes de dados, diariamente.[18] Mas, apesar do tamanho e da automação profunda, permanece pessoal. As pesquisas, os perfis e todas as outras ferramentas que o Google é capaz de desenvolver, quase todos contam com a enorme quantidade de dados que a em-

[14] Formigas (e outros pensadores de pequeno porte com carência social, como as abelhas) podem fazer coisas incríveis, como sequestrar escravos, blefar como no pôquer, quando invadem colônias vizinhas, e construir serviços públicos, como mapas das colônias, com marcadores de recursos, de perigo e áreas onde formigas podem ter sido perdidas. Veja o trabalho de Lars Chittka para mais informações.

[15] http://www.numenta.com/.

[16] "Does Google Have a Million Servers?", de Mark Stahlman, 8 de junho de 2007, Gartner Research.

[17] "Google Unveils Top Political Searches of 2009", da CNN, por Eric Kuhn, 18 de dezembro de 2009.

[18] "Google Processing 20,000 Terabytes a Day, and Growing", da TechCrunch, por Erick Schonfeld (9 de janeiro de 2008).

presa tem de processar. Essa quantidade de dados é que tem permitido o progresso de suas ferramentas de tradução, entre muitas outras, ao longo dos anos.

O Projeto Indect[19] é outro exemplo de abordagens similares em aprendizado de máquina que usa quantidade maciça de dados para criar e adaptar-se a contextos. O objetivo desse programa de pesquisa de cinco anos, patrocinado pela União Europeia, é o desenvolvimento de programas de computador para monitorar pessoas por meio de sites, grupos de discussão, computadores pessoais e dispositivos móveis. Entre os objetivos do projeto, segundo o esboçado em seu site, estão "a automática detecção de ameaças e comportamento anormal"[20] e "a construção de agentes designados para o acompanhamento contínuo e automático de fontes públicas, como sites da Web, fóruns de discussão, grupos de Usenet, servidores de arquivos, redes p2p (*peer-to-peer*), bem como sistemas de computadores individuais, construindo um sistema de inteligência baseado na Internet, tanto ativo como passivo". O projeto inclui a participação da Polônia, da Alemanha, da Espanha, do Reino Unido, da Bulgária, da República Checa, da Eslováquia e da Áustria.

Talvez venhamos a precisar de coisas como placas de licença para robôs.

Muito parecido com o primeiro produto da parceria Numenta, o Projeto Indect espera desenvolver modelos de comportamentos suspeitos que podem ser automaticamente detectados utilizando métodos de vigilância *closed-caption*,* como CCTV, áudio ou algoritmos de comparação dos dados. O sistema deve, então, analisar o tom de voz de uma pessoa, como se move, ou outras indicações visuais e auditivas.

Esse projeto seria um ótimo aplicativo para milhões de pessoas. Uma mulher voltando a pé para casa não poderia usar seu celular para ver uma câmera CCTV, ou acessar seu banco de dados de "comportamento anormal" e dar uma espiada no que a espera virando a esquina? Afinal de contas, se o projeto é financiado com dinheiro público, por que dados públicos deveriam ser de uso privativo? Esse tipo de inteligência de máquina pode salvar vidas e nos tornar um pouco mais conscientes, em vez de um pouco mais paranoicos. (Esse projeto também pode ser constrangedor se acontecer de você receber boas notícias pelo telefone e sair dançando, ou fizer alguma coisa um pouco estranha de vez em quando.)

Talvez a inteligência, como o flogisto, seja apenas um mito que a comunidade

[19] http://www.indect-project.eu/.

[20] Mais tarde isso foi revisto para "detecção automática de ameaças e reconhecimento de comportamento criminoso ou violência".

* Ou legenda oculta: sistema de transmissão de legendas via sinal de televisão. (N. da T.)

científica seguirá por um tempo até que, depois de algumas centenas de anos, percebamos que é em grande medida inexistente, e que a palavra *inteligência* é, no final das contas, apenas um princípio hipotético. Memristores oferecem grandes promessas em termos de potência de computação e de capacidade de aprender e lembrar. Além de serem mais simples do que os transístores de hoje, podem armazenar informação sem precisar de uma corrente elétrica e são capazes de processar e armazenar, ao mesmo tempo. Memristores podem ser a chave para recriar as funções de um cérebro com hardware: cérebro de corvo, cérebro de orca ou cérebro de rato. Memristores serão ótimos, mas, talvez, tudo que precisamos é ter um ser humano do outro lado da linha. Talvez venhamos a precisar, um dia, de coisas como placas de licença para robôs.

Meu avatar, meu robô

HOJE, NOSSAS PERSONALIDADES VIRTUAIS SÃO avatares (ou a versão 2D de um avatar, um *perfil*). Avatares são as versões gráficas de personalidades virtuais. São representações sociais de nós mesmos.

A linha entre um avatar e um robô é surpreendentemente fina. Ambos são apenas uma interface de telepresença. Especialmente com androides clássicos, como ASIMO ou a HRP-4C. Considere um sistema que:

1. pode ser operado remotamente;
2. possui algum nível de autonomia;
3. tem forma humanoide;
4. pode andar, falar, dançar, cantar e tocar violino.

Isso seria um avatar em um mundo virtual, ou um robô em um mundo físico? É a descrição de ASIMO ou de um avatar do Second Life? As duas coisas. ASIMO pode fazer essas coisas, e meu avatar no Second Life também. Qualquer dos dois pode ser operado remotamente e tem certa autonomia. Ambos são humanoides e podem reger uma orquestra, contar piada e funcionar mal de forma surpreendente. Ambos podem ser utilizados para instrução, entretenimento, nas forças armadas, para pornografia, ou na política. Eles são quase exatamente a mesma coisa, mas um (ASIMO) usa motores e é físico, enquanto o outro (meu avatar) usa pixels e é virtual.

Muitos robôs são avatares físicos. ASIMO ou a HRP-4C são tanto guiados por controle remoto como pré-programados. No caso de ASIMO, por exemplo, a autonomia do robô está focada na tomada de decisões que envolve mobilidade e navegação, distribuição do peso, posicionamento dos pés e braços, e funções similares ao caminhar. A autonomia serve para a capacidade de andar do robô. É a mesma autonomia que meu avatar no Second Life possui. Meu avatar no Second Life é capaz de encontrar seu caminho por cima e em torno de objetos por conta própria.

Ele lida com os detalhes da caminhada e da navegação, enquanto eu simplesmente o empurro para a frente, *joystick* na mão, da maneira como se conduz um kart. Os dois sistemas são, funcionalmente, exatamente a mesma coisa, exceto que ASIMO tem de lidar com problemas um pouco mais difíceis de navegação física (e consequências também um pouco mais difíceis), enquanto meu avatar pode ser preguiçoso e só fazer coisas como calcular caixas delimitadoras e detectores de colisão.

Atuar no mundo virtual é muito mais fácil do que atuar no mundo físico. ASIMO (ou a HRP-4C) e meu avatar têm interfaces de criação quase idênticas. Considere como o robô ou o avatar dançam. Por exemplo, se deseja que o robô (ou o avatar) dance, você recorre a uma interface em 3D e posiciona um esqueleto 3D de forma adequada, e define o tempo para ordenar: "em dois segundos, mova a mão direita, e em quatro segundos, mova a mão esquerda"; depois, você salva essas instruções e as retransmite para o robô, que, então, é movido de acordo com os motores e os pistões para estar nessa posição. O avatar faz a mesma coisa, mas não com pistões, e sim, com nós de posição e rotação.

ASIMO (ou a HRP-4C) e meu avatar (ou o meu perfil *on-line*) têm interfaces semelhantes, podem fazer coisas semelhantes, e têm muitas das funcionalidades básicas. A única diferença real é que um é virtual e o outro é mecânico.

Cortesia do AIST

O HRP-3P e sua estação de controle.

O aproveitamento de um robô com uma personalidade virtual, ou um avatar com uma personalidade virtual, vai abrir novas indústrias de fabricação automatizada, uma espécie de quarta revolução industrial. Proporcionará robôs e avatares com a aparência de inteligência artificial, e esses atores, ou agentes de software, irão nos instruir, entreter-nos, ter relações sexuais conosco e nos conduzirão a novas funções e interações com as quais atualmente só podemos começar a sonhar.

Avatares e robôs continuarão a se misturar. Elementos da tecnologia de avatares se tornarão físicos, assim como elementos de tecnologia de robôs se tornarão virtuais. Hoje, por exemplo, a maioria dos robôs é testada em ambientes virtuais antes de serem construídos, de modo que a mecânica básica seja depurada antes de os robôs serem trazidos para o mundo real. A maioria dos laboratórios de robótica que visitei já faz isso.[21] O Microsoft Robotics Developer Studio com certeza permite isso. A Microsoft, ao afiar suas ambições de robótica e realinhar sua estratégia, ofereceu um software RDS para distribuição gratuita.[22] Embora o RDS tenha diferentes lançamentos (livre e limitado), a versão integral destina-se a atrair pesquisadores, professores universitários, amadores e empresários para a colmeia, a fim de ajudar no desenvolvimento e estratégia. É uma parte significativa do planejamento da Microsoft para a próxima década e permite uma integração completa de avatares e robótica.

Em segundo lugar, as inovações de interface de mundos virtuais serão transferidas para o mundo físico, e vice-versa. Se houver interfaces táteis, captação de vídeo ou outros dispositivos utilizados por uma, eles podem ser aplicados na outra.

Por último, robôs como ASIMO, que têm uma importante presença no mercado, irão, como *superstars*, começar a fazer aparições em mundos virtuais. E como os avatares se tornarão cada vez mais avançados, começarão a cruzar a fronteira para o mundo real como robôs de brinquedo, que o proprietário do avatar pode desfilar pela casa para diversão e admiração de todos os convidados de sua festa LARP.*

---

[21] Incluindo o AIST, o ISR, a Aldebaran, a Gostai e a Cyberglove.

[22] http://www.microsoft.com/robotics/.

* *Live action role-playing*: uma forma de jogar RPG (*Role Playing Game* – jogo de interpretação de papéis), com fantasias e "ação ao vivo" (*live action*). (N. da T.)

Capítulo 8: Avatar

Sobre avatares wetware, morte do pescoço para baixo e o horror do trem – Corpo, parte 2

> O Homem é menos ele mesmo quando fala de sua própria pessoa.
> Dê-lhe uma máscara e ele dirá a verdade.
>
> — Oscar Wilde

FOI NO ALARDEADO *SHINKANSEN*, O TREM-BALA – O samurai do transporte contemporâneo – que eu realmente comecei a entender por que os robôs serão importantes.

O trem-bala era uma maravilha. Agradável, limpo, as portas entre os vagões se abriam num piscar de olhos, os assentos eram confortáveis, e houve apenas uma leve pressão intestinal quando o trem acelerou deixando a estação. Enquanto a coisa gradualmente ganhava velocidade e nós nos lançávamos para fora de Tóquio, uma menina vestida com uma minissaia de babados me ofereceu doces e chá (seu uniforme indicava que trabalhava lá). Pelo menos, imaginei que as embalagens continham doces. Quase tudo no Japão era embrulhado como balas. Era o "*fator gracinha*" japonês, uma fórmula colorida e difícil de calcular que permeia a maioria das coisas japonesas, permitindo que tudo pareça de alguma forma atraente e vistoso, e certamente a mulher que servia os lanches não era exceção.

Quando me virei para olhar pela janela pude ver que estávamos deixando Tóquio para trás. Havia montes arborizados e um rio ou dois, e nós voávamos por tudo isso. Havia neblina dependurada nas silhuetas das montanhas e penhascos distantes, fazendo com que parecessem colagens de papel. A bela manhã fazia lembrar as antigas canções sobre flores de cerejeira e o velho semideus, o Monte Fuji. Pequenas cabanas, jardins e campos passavam chispando por minha janela. Havia camponeses lá fora que estavam apenas começando o dia de trabalho. Vi crianças andando de bicicleta, usando chapéus com pequenas fitas que tremelicavam atrás delas.

Mark Stephen Meadows

Tudo era um borrão, o ponto de vista de uma bala de revólver.

Embalagens vistosas

ESTOU ENTRANDO NO TRECHO MAIS ANGUSTIANTE DE minha expedição de caça ao robô. Deixando de espiar pela janela, abro meu laptop e leio:

> *Resumo: Se pudéssemos construir um androide como um robô com aparência humanoide muito perfeita, como nós, seres humanos distinguiríamos um ser humano real de um androide? (...) Seres humanos desenvolvidos artificialmente, um androide e um geminoide, podem ser usados para melhorar a compreensão dos humanos por meio de testes psicológicos e cognitivos realizados com o uso do ser humano artificial. Nós chamamos essa nova abordagem para compreensão dos seres humanos* de ciência androide.

O dr. Ishiguro desenvolveu um androide dublê de si mesmo.

O dr. Hiroshi Ishiguro, da Universidade de Osaka, desenvolveu um androide dublê de si mesmo.

Simplesmente, ele pegou um pouco de gesso úmido, enfiou o rosto nele, modelou um negativo de sua cabeça e, então, conseguiu o que eu vou chamar de uma *tigela-cabeça*. É basicamente uma tigela com a impressão muito precisa de seu rosto. Então, pegou sua tigela-cabeça e encheu-a com atuadores pneumáticos e sensores elétricos, derramou alguns litros de silicone úmido e depois deixou secar. Então, ele e as dezenas de pessoas que trabalharam com ele desprenderam o rosto de silicone da tigela, colocaram uma peruca na nova cabeça e a chamaram de *geminoide*.[1]

Lá fora, a paisagem passa correndo por minha janela. Cientistas androides parece-me algo muito estranho. E também acho que a ideia de "construir um androide como um robô com aparência humanoide muito perfeita" pode não ser muito boa. Afinal de contas, isso significaria um robô que, cerca de uma vez por dia, durante oito horas, é desligado, fica mole e faz caretas num canto, enquanto assiste a um filme difuso dentro da própria cabeça.

Continuando a ler, descubro que o sistema é semiautônomo. É capaz de fazer expressões faciais, virar a cabeça, abrir a boca, erguer cada sobrancelha individualmente e até mesmo enrugar o nariz em sinal de desaprovação. A máquina é toda movida por motores e cerca da metade deles pode ser controlada pelo próprio Ishiguro. Nesse caso, se ele tem o controle das cordas do fantoche (para simplificar), senta-se a certa distância, talvez até em uma sala adjacente (ou em

---

[1] Tomando por base o termo *androide*, eles cunharam a palavra *geminoide* a partir da palavra latina *geminus*, que significa "gêmeo" ou "duplo", e acrescentaram *oides*, que indica similaridade.

Twentieth Century-Fox Film Corporation/The Kobal Collection

Os dois corpos de Jake Sully, do filme *Avatar*.

qualquer lugar, na verdade), e imprime os próprios movimentos na máquina. Uma espécie de traje de captura de movimentos rudimentar e pequenos adesivos colados em seu rosto medem seus movimentos, que são então transmitidos para os atuadores do androide, de modo que ele se move, ostensivamente, como o dr. Ishiguro. Os gestos (segundo o PDF em meu laptop), são seus, mas as funções autônomas são do androide.

A ideia é que as pessoas que estão na sala com o androide reconheçam a personalidade de Ishiguro na máquina. Sua personalidade é colocada no robô.

Um milhão de dólares também foi colocado no robô. Essa é a terceira versão do geminoide de Ishiguro. Entendo que ele está se tornando mais convincente. Tive a oportunidade de vê-lo, mas apenas por fotografias e vídeos pequenos e granulosos. Você pode ver Ishiguro e seu gêmeo androide no começo do filme de ficção científica *Substitutos*.

Entretanto, ele deveria estar no filme *Avatar*.

Seu *hybrot* por um avatar?

AVATAR, DE 2009, ESCRITO E DIRIGIDO POR JAMES Cameron, faturou quase dois bilhões de dólares e já é a maior bilheteria de todos os tempos. Detalhar os prêmios, honrarias e atenção que o filme recebeu tomaria mais espaço do que podemos dispor nestas páginas.

A história se passa cerca de um século e meio no futuro. Os seres humanos estão extraindo um mineral precioso em uma lua distante. As operações de mineração esbarram numa tribo local de humanoides nativos chamados Na'vi, e os Na'vi, naturalmente, vivem sobre o depósito mais rico do mineral em questão. A expedição decide que é melhor entender a situação e talvez negociar com os Na'vi (e um pouco de espionagem também não faria mal, tampouco). Com esse fim, vários humanos são equipados com corpos Na'vi geneticamente modificados e enviados para aprender seus costumes. Os corpos são alterados para poderem ser guiados por controle remoto. São avatares modificados por bioengenharia, que permitem aos seres humanos respirar e atuar normalmente na atmosfera daquela lua.

Em 2154, viajar no espaço interestelar, levitação, hibernação criogênica, interfaces mioelétricas, holografia virtual 3D e robôs bípedes Gundam[2] fazem parte do arsenal. O mais impressionante é a capacidade de criar corpos híbridos de humanos com material genético alienígena Na'vi (que podem ser usados para operações por controle remoto).[3]

Durante uma entrevista de rádio em dezembro de 2009, me perguntaram: "Você acha que a visão de *Avatar* é algo que teremos no futuro?".

Parei por um segundo e fiz minha lista de desejos Jake Sully. Do que precisamos, aproximadamente, para fazer *Avatar*?

A primeira coisa é a transferência de dados; você tem de ser capaz de conduzir o sistema a distância. As interfaces mioelétricas e as BMIs podem trabalhar localmente, e também vimos que elas podem trabalhar a distância. Então, controle remoto; vimos o Exército dos Estados Unidos guiando UAVs dessa forma. Confere.

Em segundo lugar, o *output*. Você tem de pensar para afetar a interface. Você estará deitado em um tanque e será equipado com algum tipo de interface mioelétrica ou BMI (ou uma combinação delas). Vimos que tanto a Cyberdyne como a Honda operam robôs dessa maneira. Confere.[4]

Terceiro, o *input*. Bombear braços e pernas é uma coisa, mas outra bem diferente é mover dados sensoriais para sua cabeça. Mover dados em seu pequeno caixão *high-tech* de vampiro não é o problema, mas a obtenção de dados visuais em seu olho pode ser. Aprendemos um pouco sobre implantes de retina e implantes cocleares em funcionamento hoje; então, parece que informação visual ou auditiva é passível de ser convertida do padrão analógico para o digital, ou vice-versa, e poderia ser enviada para dentro e para fora do cérebro. Agora, se vamos ter a capacidade de chegar lá é outra questão. Mas, com 144 anos pela frente até o mágico futuro de *Avatar*, digamos que sim. Então, confere.

---

[2] Também conhecidos como "Mechas", ou "Mobile Suit Gundam".

[3] Isto é, comunicação de campo próxima – Personal Area Networks (PANs), Wide Area Networks (WANs) etc.

[4] Advertência: Se os dispositivos mioelétricos nos obrigam a nos contorcer e realmente mover músculos para acionar o sistema, talvez nosso pequeno caixão *high-tech* de vampiro não seja a melhor escolha; quem sabe um tanque de água fosse melhor. Enfim, vamos ignorar isso.

Portanto, são essas as linhas gerais para uma neuroprótese controlada remotamente.

O quarto item é o sistema – o avatar em si.

Preciso parar por um momento e contar sobre uma das coisas mais estranhas com que deparei em minhas viagens, que é a noção exata do que é necessário para o item número quatro. Chama-se *hybrot*.[5]

No início da década de 1990, um grupo de cientistas[6] conseguiu estabelecer um diálogo entre uma simulação de computador e um maço de neurônios em uma placa de Petri. Literalmente. A técnica é chamada de "dinâmica de fixação" e funciona pegando uma aglomeração de células cerebrais e mergulhando-a em produtos químicos para separá-las. Então, soldando-as quimicamente a uma placa de circuito elétrico, você pode medir o potencial de membrana de *input* de um neurônio e injetar o *output* (a corrente desse neurônio) em outro. Sequestrando a corrente, você pode, então, interagir com um computador-padrão. É uma ideia simples, que apresenta uma visão bastante reducionista do cérebro como uma ligação de *inputs* e *outputs*. O método de fixação dinâmica pode ser estendido do nível celular ao nível dos sistemas, monitorando e restringindo artificialmente a relação entre o sistema neural, o computador e o comportamento.

É *hacking wetware*.

O dr. Ben Whalley, da University of Reading, no Reino Unido, criou um *hybrot* que une neurônios de rato a um pequeno robô que navega por meio de sonar. O dr. Whalley está ensinando o sistema a se orientar para que evite os obstáculos e as paredes em sua pequena casa, caixa, labirinto, ou onde quer que um *hybrot* com neurônios de rato habite. A bolha de cerca de 300 mil nervos foi retirada do córtex neural de um feto de rato e quimicamente tratada para dissolver as conexões entre os neurônios individuais. Estes, então, foram reunidos de modo que o *input* sensorial do sonar permitisse ao sistema aprender, adaptar-se e, finalmente, reconhecer seus arredores.

Pesquisadores da University of California, em Berkeley, controlaram um besouro-rinoceronte com sinais de rádio e demonstraram isso em um teste de voo na conferência sobre Sistemas Microeletromecânicos (Micro Electro-Mechanical Systems – MEMS) de 2009 no Institute of Electrical and Electronics Engineers (IEEE).

Há também o projeto, patrocinado pela DARPA, Hybrid Insect Micro-Electro-Mechanical Systems (HIMEMS). Atualmente em seu quarto ano, o objetivo do progra-

[5] Um robô híbrido.
[6] Sharp, Abbott, Potter e Marder.

ma é criar mariposas ou outros insetos que têm controles eletrônicos implantados, que eles próprios alimentam, que permitem que sejam controlados por um operador remoto. Os *hybrots* podem transmitir áudio e vídeo, e estão pesquisando uma maneira de aumentar a capacidade de se orientar os insetos durante a coleta de informações. Esses sistemas de vigilância devem ser difíceis de depurar.

E em 2007, na Northwestern University de Chicago, Sandro Mussa-Ivaldi e outros pesquisadores soldaram quimicamente o cérebro de uma lampreia com um disco de hóquei robótico. O *hybrot* pode acompanhar um feixe de luz em uma redoma de laboratório. O tronco cerebral da lampreia é embebido em uma solução salina, recebe *input* de sensores de luz e dirige as rodas para onde e quando deve se mover. Sequer consigo imaginar esse processo de pensamento. Acho que é como um pequeno touro perseguindo uma capa de toureiro.

Observe que são as lampreias, ratos, besouros e mariposas que estão sendo usados. Nenhum deles são criaturas que comemos. Embora, obviamente, sejam equipes brutais, esses investigadores têm a *délicatesse* de evitar fazer coelhinhos-*hybrots* ou gatinhos-*hybrots*. Nenhum dos *hybrots* feitos hoje são criaturas que possamos encarar como amigos ou animais de estimação domésticos. Não, existe uma linha de marketing que esses pesquisadores não devem cruzar, e que é definida pela ética pública. Com o passar dos anos, os investigadores serão autorizados a subir na cadeia alimentar, mas durante um bom tempo até que material do cérebro humano comece a entrar no ensopado. E quando isso acontecer, as questões éticas de livre-arbítrio e volição certamente terão caído no esquecimento em favor de argumentos mecanicistas de defesa e segurança.

Nenhum dos hybrots feitos hoje são criaturas que possamos encarar como amigos ou animais de estimação domésticos.

Então, quanto mais fundo isso pode ir? A biotecnologia pode chegar bem fundo. Como se integrar hardware e wetware não fosse suficiente, em maio de 2010 foi anunciado pelo J. Craig Venter Institute que haviam usado um genoma sintético para controlar bactérias,[7] o que equivale a construir software para um organismo vivo. Se isso pode ser feito, então significa que outros genomas podem ser criados, inclusive um genoma humano que poderia ser combinado com o genoma de outros sistemas, como, bem, qualquer coisa baseada em genes e cromossomos, que é praticamente tudo que vive.

[7] http://www.physorg.com/news193579481.html.

Estamos chegando a um ponto agora em que hardware, wetware e software já não estão sendo cortados, nem mesmo hackeados, mas, na verdade, misturados.

É esse o futuro retratado no filme *Avatar*? Ter uma lampreia bancando um touro em sua gaiola é um pouco diferente do que saltar para as costas de um dragão gigante vermelho a partir de seu dragão verde de médio porte, ou fazer amor num jardim fluorescente, mas, com esses pensamentos em mente, será que eu acho que "a visão de *Avatar* é algo que teremos no futuro?".

Hardware, wetware e software agora são misturados.

"Claro", respondi. "Não vejo por que não." Confere.

O mundo de *Avatar* parece ser possível; não na próxima década, mas, talvez, dentro de quinze delas. "Até parece", pensei; em 160 anos? Claro.

Então, fui visitar Ishiguro, e decidi que seria muito, muito antes disso.

Um robô com uma aparência humanoide muito perfeita

PRÓXIMO A UM CAMPO ABERTO NA PERIFERIA DA CIdade de Osaka, o enorme edifício de aço dos Laboratórios de Comunicação e Robótica Inteligente da ATR parece incongruente, como um grande cofre metálico cheio de joias alienígenas. Lá dentro ficam os laboratórios, alguns dos quais têm a reputação de serem cheios de partes de robôs, partes de macaco e macacos ligados a partes de robô. Sei que há um grande número de PhDs por ali, também.

Fui recebido no *lobby* pela secretária do dr. Ishiguro, e passamos por um corredor interminável após outro, seus saltos altos batendo ritmicamente no chão de mármore polido à minha frente quando passamos por um túnel, depois outro, subimos algumas escadas até uma área acarpetada e descemos outro corredor. É como um labirinto de Escher; não vi peça alguma de robô, nem ouvi macacos gritando.

Por fim, o piso de mármore dá lugar ao carpete e avisto um fio solto, como uma minhoca atravessando uma estrada após a chuva. Um único fio.

Em seguida, outro, e, então, alguns parafusos e uma porca, e finalmente posso respirar com mais facilidade, à medida que dobramos a última esquina daquele labirinto e chegamos ao laboratório de robótica. Era o que eu estava procurando.

É como uma zona de guerra de robôs. Ferros de solda, fios, engrenagens e placas de circuito verdes estão espalhados pelo chão. Um pequeno braço num canto, uma perna encostada na cadeira. Algumas rodinhas e pequenos sacos plásticos cheios de terminais derramados perto de uma mesa. Evito pisar na cabeça de uma boneca. Tem fios saindo do pescoço, e um olho está fechado.

Mark Stephen Meadows

Laboratórios de Pesquisa da ATR, em Osaka, no Japão.

A empresa, fundada em 1986, abriga 107 funcionários, e os laboratórios da ATR tornaram-se um dos principais centros de pesquisa no mundo. Simplesmente qualquer um que use as palavras *robô* e *sério* na mesma sentença já contatou esses laboratórios. Por exemplo, a Honda, quando queriam a máquina BMI, procurou a ATR para o desenvolvimento do projeto, uma das centenas de colaborações da ATR no campo da robótica. Outra famosa contribuição foi a do dr. Norihiro Hagita, que desenvolveu uma estrutura de tecnologia robótica em rede – conectando robôs em rede para proporcionar-lhes a capacidade de se comunicar e dar-lhes mais do que capacidades individuais de serviço.

A secretária do dr. Ishiguro, Masae, conduz-me até uma pequena sala com cortinas pretas na parede oposta. Sento-me na cadeira que me indicou. Ela sai. Quando me viro em meu assento, reparo que há um homem sentado diante de mim, em frente às cortinas pretas. Ele está vestido com camisa e calça, também pretas. As mãos estão dobradas em seu colo. Sua cabeça ergue-se bruscamente como se ele tivesse saído de um sonho, ele endireita o corpo e olha para mim. Não pisca. Os cantos de sua boca são frouxos,

Mark Stephen Meadows

O Robovie dá robustas cambalhotas na ATR.

especialmente do lado direito, como se ele houvesse sofrido um leve derrame. Ele não baba, mas não parece confortável, e muda novamente de posição. Parece haver uma ligeira deformidade em seu pescoço e mãos, como se os ossos houvessem sido quebrados e, em seguida, reajustados, ou como se houvesse um problema com a capacidade de seu corpo em distribuir a gordura para os lugares adequados. Seus olhos são vidrados e secos, e sua tez exangue e monocromática faz com que ele pareça um zumbi, que só recentemente despertou de um túmulo no Haiti.

Incomodado, levanto-me da cadeira e dou um passo para a direita. Seu olhar me segue. Faço uma pausa, e, em seguida, dou um par de passos à minha esquerda; mais uma vez, ele me segue com sua expressão vazia. Tenho a estranha sensação de que estou sendo olhado por alguém que teve o sangue drenado do corpo e teve suas veias preenchidas com plástico líquido. Não há luz nos olhos. Parece que estou sendo observado por um cadáver.

Aquele é o androide dublê do dr. Hiroshi Ishiguro, seu geminoide. Há 42 atuadores pneumáticos embutidos no torso do

Mark Stephen Meadows

Dance, dance, Robovie.

Isso não será um robô beirando a ser humano, mas um ser humano beirando a robô.

androide, o que lhe permite sentar-se silenciosamente (e de maneira relativamente suave). Há também sensores táteis embutidos sob a pele, ligados a sensores no ambiente, como câmeras omnidirecionais, conjuntos de microfones e sensores de piso. Então, o robô está me sentindo na sala, seguindo meus movimentos e, bem, virando o rosto para mim. Testo isso um pouco, dando mais um passo para minha direita, e a cabeça do robô vira e me olha. Definitivamente não me sinto confortável com isso. A coisa é humana (mas não totalmente) e máquina (mas não totalmente), e eu me pergunto se há alguém do outro lado da câmera (que com certeza está escondida dentro da cabeça do androide), observando-me.

Aquele é o androide dublê do dr. Hiroshi Ishiguro.

Ouvi dizer que o geminoide tem sensores embutidos no rosto, e que é atento ao toque, também. Isso me leva a considerar por um segundo, mas, então, decisão tomada, dou um passo adiante e a porta se abre. O dr. Ishiguro em pessoa entra e se vira, todo sorrisos e reverências. Ele diz olá e sou lembrado da razão de gostar tanto dos seres humanos – eles sorriem, eles se movem, brilham com um pouco de suor na testa, eles riem e tropeçam. Cá para nós, o dr. Ishiguro não é desajeitado, mas se movimenta de maneira ligeiramente estranha, que lhe dá uma característica humana, e, como você já deve ter adivinhado, uma personalidade um tanto *geek*, que é temperada com o rico sabor de um ego muito forte.

Depois de alguns minutos de conversa para nos conhecermos, o bom doutor me diz que não há Vale da Estranheza em sua máquina. Não posso concordar com ele sobre isso.

Talvez ele já não possa enxergar qualquer possível ameaça na coisa. Ou talvez seja por ele ter passado muito tempo com a máquina, ou por ela se parecer muito com ele. Seja como for, seu projeto não é sobre espeluncologia nas cavernas que certamente visitou no Vale da Estranheza. Seu projeto não é sobre o que há de horrível quando chegamos perto do realístico, mas sobre o oposto. O que faz um ser humano parecer humano? Onde reside a personalidade? O que fazemos que nos permite parecer com nós mesmos?

O dr. Ishiguro visitou os estranhos mundos da existência virtual, de vida *on-line*, e, decidindo que isso não era digno de seus esforços, voltou-se para o mundo físico com mais vontade ainda. Mergulhou no mundo do corpo como se estivesse, como um mosquito, à procura da verdade na carne. Experimentou plásticos e metais, fios e policarbonatos. E todos os softwares que pôde. Ele viu com nitidez o futuro dos robôs, e tem o explícito desejo de encontrar algo novo. E, para ele, isso passa primeiro pelo físico, mesmo que a alma, às vezes, pareça tão digital.

O dr. Ishiguro acredita que os acontecimentos no filme *Substitutos* estão muito próximos de acontecer hoje. *Substitutos* é um filme de ficção científica em que cada cidadão na sociedade tem um avatar físico de si que eles utilizam, enquanto seu corpo real permanece no quarto, sentado em uma espécie de poltrona do papai, usando um luxuoso *headset*, e controlando o avatar a distância. Não que isso vá acontecer em alguns meses, mas Ishiguro acredita que acabaremos testemunhando esses eventos em breve. Faz sentido que ele pense isso. Está desenvolvendo algumas das mesmas tecnologias que seriam necessárias para tornar realidade esse tipo de ficção; além do mais, tenho certeza de que ele é fã do filme, já que você pode vê-lo na apresentação. Ishiguro acredita que essa é uma visão real, e que em cerca de uma década seremos capazes de comprar substitutos de nós mesmos.

"Um robô pode ter uma alma desde que as pessoas acreditem nisso."

Alguns desses substitutos serão, como os avatares hoje, mais caprichados, realistas ou atraentes do que outros. No próximo ano, ele e vários colegas, colaboradores e investidores estarão disponibilizando o geminoide para compra. Em 2010, Ishiguro fez uma versão dessas, chamada Geminoide F, que será vendida por 110 mil dólares. Em 2012, ele pretende baixar o preço para 12 mil dólares e, no ano seguinte, espera que a unidade custe menos de 4 mil dólares, e, no ano seguinte, o preço seja reduzido para meros mil dólares.

Isso significa que essa nova indústria oferecerá modelos com diferentes características. O modelo geminoide básico, ou padrão, não teria cabelos, sobrancelhas, orelhas etc. Seria o modelo despojado, assim como os avatares que são encontrados em locais como o Facebook ou o Second Life, nos quais se dá a um usuário algo simples que ele pode aprimorar e deixá-lo com a própria cara.

Ishiguro crê que as pessoas vão pagar pelos trajes e acessórios, e acha que isso talvez represente um negócio maior do que o dos próprios geminoides. Concordo, pois, assim como a economia virtual que rodeia os avatares *on-line*, um geminoide é uma prótese social, que precisa ser apresentável, atraente e capaz de representar os detalhes do usuário com os símbolos que ele escolher. Certamente haveria roupas, cabelos, olhos, batom e as coisas normais. E para as coisas fora do padrão, podemos supor que, como a maioria dos projetos de protótipos de produtos e design, o virtual vai fornecer pistas sobre onde o físico pode ir. Seu geminoide vai se tornar o avatar físico, com necessidades físicas, restrições e limitações diferentes de nosso próprio corpo. Esse tipo de robô, ele parece prometer num tom deleitado e sincero, irá nos libertar de termos de nos deslocar e de gastar nosso corpo, e nos beneficiaremos por um mínimo de esforço. Afinal de contas, é um corpo automático.

Entretanto, esse geminoide parece um pouco doente para mim. Espero que as próximas versões sejam mais saudáveis, porque se eu tiver de conversar com minha esposa por meio de uma dessas coisas, certamente nosso relacionamento sofrerá. Provavelmente, eu preferiria algo tão realista que tivesse a tentação de encostar um cigarro aceso nas costas da mão dela, só para ter certeza de que ela seria de verdade, não aquela construção enfermiça que ainda estava me encarando.

Talvez fosse uma coisa estúpida de se perguntar, mas tão inevitável como ver seu geminoide, e, por isso, pergunto a ele, sem rodeios: "O que você pensa sobre a existência da alma?".

Sua resposta é ensaiada, mas, apesar disso, ainda contém uma bondade tão surpreendente quanto agradável. "A existência da alma é definida por consentimento mútuo", diz ele. "Um robô pode ter uma alma, se as pessoas acreditarem que tem." Ishiguro me olha por um segundo, com as sobrancelhas arqueadas. Pergunto-me se ele vai fazer algo estranho, como me tocar no joelho.

Pergunto-lhe: "Se parece ser, é?".[8]

Ele balança a cabeça afirmativamente. O cara é claramente seguidor de Turing, só que está empurrando a definição de Turing do reino da consciência para o da espiritualidade.

Mark Stephen Meadows

Dr. Hirsohi Ishiguro.

Mas, pensando no lado oposto do Teste de Turing, eu pergunto: "Em *Blade Runner* os replicantes são testados por parecerem humanos. O teste é tanto físico como psicológico. Para um teste como esse, em que não se pode dizer a diferença, você recomendaria uma abordagem física ou psicológica?".

Novamente, ele responde sem hesitar: "Psicológica. Como o Teste de Turing, o teste deve ser psicológico."

A princípio, eu penso *Ah, isso faz sentido*, porque seria muito fácil testar o robô e

[8] Para a definição de Turing sobre inteligência, veja o Capítulo 3.

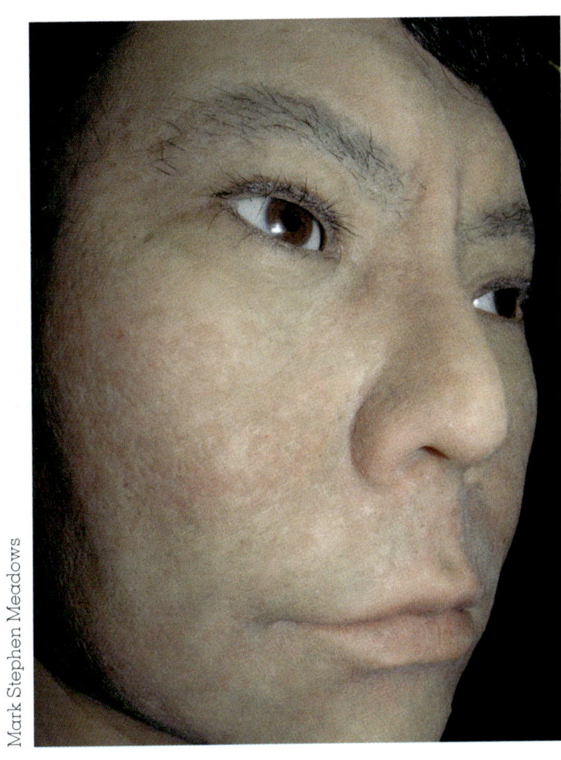
Mark Stephen Meadows

O geminoide do dr. Ishiguro.

averiguar que não é Ishiguro. Então, sinto meu queixo cair, porque percebo que o que Ishiguro acaba de me dizer é que o robô é ele. Em outras palavras, todo mundo sabe que o robô não é ele, fisicamente, mas todos sabem que é ele, psicologicamente, em certo nível. Quando o robô fala, é Ishiguro que fala através dele; quando o robô se move, é Ishiguro se movendo através dele. Até a psicologia do que o robô diz é claramente de Ishiguro. Imaginativo, agressivo, sincero e com uma risada discreta, como a chuva, que cai pelos pensamentos atmosféricos que discute. O robô é ele.

Mas, sentado aqui na sala com o geminoide você não está sentado na sala com Ishiguro.

"Então, você está dirigindo o robô. E pode passar pelo Teste de Turing, certo?" eu pergunto.

"Sim, claro", ele concorda.

De repente, estou me perguntando que diabos está acontecendo. Todos aqueles caras em Cambridge e Palo Alto trabalhando pra caramba para passar no Teste de Turing, e Ishiguro já passou tranquilamente. No entanto, mais um problema surge em nossa realidade compartilhada do que define um "robô".

"Então, você diria que o robô é você?"

"Sim."

"Então, o que é um robô?", pergunto.

"Ah, eu não me importo", diz ele com uma risadinha. "Contanto que ele tenha sensores, atuadores e alguma autonomia, eu não me importo."

Esse é um cara que coloca o nome de "geminoide" nas coisas. É claro que ele não se importa.

Mas eu me importo. Acho que mais uma vez inverterei a equação com uma pergunta igualmente simples. "Então, o que é um ser humano?"

Com isso, ele hesita um pouco, como se eu o tivesse ofendido, e então ergue a vista e me olha com sinceridade. Para isso, ele tem uma definição, pois essa é sua verdadeira pesquisa. "É algo que tem coração, mente e consciência", Ishiguro diz.

Mark Stephen Meadows

Dr. Ishiguro e seu geminoide (para um delicioso teste de comparação).

"É físico?", pergunto, imaginando por que ele não lista "corpo".

"Não... Talvez. Não."

Falamos um pouco sobre a separação entre corpo e mente, e eu pergunto se posso tirar algumas fotos. Como minha câmera está em cima da mesa, estico-me para pegá-la e, enquanto faço isso, Hiroshi coloca o dedo na narina de seu geminoide para a foto, mas, tira-o, rindo, antes que eu possa bater a foto.

Aguardando o trem de volta a Kyoto, estou em pé na plataforma, lugar em que todas as opções estão abertas. As estações de trem nos oferecem o equilíbrio perfeito entre livre-arbítrio e destino, porque, antes de comprar o bilhete, você tem o livre-arbítrio, mas depois de ter comprado o bilhete, e tomado tal decisão, todos os destinos são empilhados e você é jogado em uma faixa linear de determinismo e consequência. O futuro é assim, e estamos, como sociedade, no momento de decidir que trens iremos tomar, como entraremos em nossas tecnologias, como as nossas tecnologias entrarão em nós, e aonde elas nos levarão.

Parado lá, com o vento do inverno soprando sobre mim, as mãos nos bolsos, olhando para a linha e esperando o trem, estou me sentindo como se tivesse minha cabeça enfiada em um micro-ondas e alguém o ligasse na posição 50 ANOS. O que vi no laboratório de Ishiguro mexeu com minha noção da realidade.

Como se tivesse minha cabeça enfiada em um micro-ondas e alguém o ligasse na posição 50 ANOS.

De acordo com Ishiguro-san, os geminoides serão usados em salas de aula, em salas de conferência e em palestras. Se Ishiguro estiver certo, teremos a oportunidade de assistir em vida a milhões de pessoas usando geminoides. Diga adeus aos dias austeros de falar com a pequena caixa preta no meio da mesa de reunião e diga olá a ter de levar a sério uma boneca de silicone quando ela lhe diz que você está despedido.

Agora, para não ser tomado como um cínico, é claro que há campo para esse negócio de telepresença, e geminoides certamente têm sua função no centro dele. O produto pode ser indefinidamente personalizado. Se você quer um que se pareça exatamente com você, então basta preencher um formulário *on-line* e enviar algumas fotos, permitindo que os cientistas construam seu geminoide de maneira a se parecer com você. Com ele, viria um kit que inclui vários dispositivos de interface, como uma câmara, alguns sensores e um pacote de software a ser instalado em sua máquina em casa. Já existe tecnologia em operação para se controlar um geminoide por meio da Internet com apenas uma câmera. Software que capta o movimento do corpo em três dimensões, bem como expressões faciais, que já funciona bem o suficiente para mover o produto de Ishiguro-san para níveis livres de interface.[9] Você pode adicionar próteses auditivas melhoradas e introduzir animação de piscar os olhos – até mesmo a animação de uma piscadela, se tiver dinheiro sobrando. Selecionar os pelos faciais dentre cavanhaque, costeletas ou suíças; todos os modelos estão disponíveis mediante solicitação.

É claro que o usuário do geminoide mais básico terá oportunidade de adquirir certos modelos com desconto – por exemplo, aquele que não tem orelhas ou cabelo, mas você realmente não vai querer ser visto assim num ambiente público. Roupas, joias e técnicas de animação avançada, até enrubescimento e espasmos faciais inconscientes, estão todos em andamento.

Substitua a palavra *geminoide* no parágrafo anterior por *avatar*, e você pode ver para onde o pensamento de Ishiguro é dirigido. Afinal de contas, o mercado

[9] Veja o Projeto Natal, da Microsoft; o Eye-Toy, da Sony; motion-tracking 3D com câmera DSi, e outros.

on-line para artigos virtuais está avaliado em mais de um bilhão de dólares por ano, somente nos Estados Unidos,[10] e representa aproximadamente um oitavo do mercado global.[11]

Robôs e avatares têm muito da mesma interface e convenções de animação. Eles compartilham as mesmas funções sociais, técnicas, emocionais e pessoais. Elas se sobrepõem em termos de como nos apresentamos aos outros, como nos mascaramos para expor nosso íntimo, e ambos se equivalem quanto a serem uma espécie de marionete de rua, ainda que de alta sofisticação técnica e graciosidade. Robôs e avatares compartilham as mesmas características técnicas que lhe permite ficar sentado enquanto o sistema segue autônomo, ou você pode optar por controlar os movimentos individuais de características individuais do rosto.

Em suma, robôs, geminoides, androides e todos os avatares são, funcionalmente, a mesma coisa: próteses de interação social.

Ishiguro é um ciborgue que deslocou seu corpo inteiro. Não que ele tenha carregado sua personalidade para viver em um mundo virtual; pelo contrário, baixou um novo corpo para viver duas vezes no mundo físico.

Perdido na floresta

ENQUANTO ESTOU PARADO ALI, RECEBENDO O INconveniente vento frio do inverno de Osaka, pulando de um pé para o outro para me aquecer, ocorre-me que talvez os geminoides serão capazes de voar, assim como nossos avatares nos mundos virtuais. Afinal de contas, trata-se apenas de uma máquina. Seria uma ótima experiência. Passei anos no Second Life e outros mundos virtuais, porque meu avatar podia voar e outras coisas que eu não poderia fazer no mundo físico. Eu amo a liberdade proporcionada por aqueles mundos.

Esfrego o nariz e penso que talvez um geminoide, um avatar físico, não seria tão ruim, afinal. Uma libélula-*hybrot*-avatar-robô.

O que eu poderia fazer com isso? Explorar a Amazônia, construir castelos impossíveis nos topos das árvores gigantes, procurar tesouros escondidos no Caribe ou descobrir espécies que ainda não descobertas. Seria como Jake Sully em Pandora, só que teria meus amigos comigo. Eu seria o dragão. Ficaria como um adolescente com meu primeiro carro – não, meu primeiro foguete espacial.

Eu passaria mais tempo como meu geminoide do que como eu mesmo. Liberda-

[10] Segundo o relatório *Inside Virtual Goods*, publicado em 14 de outubro de 2009, por Inside Network e Virtual Goods Summit.

[11] Veja *I, Avatar* para outra perspectiva sobre esses dados com base em projetos de mundos virtuais e de *social-media/social-networking*.

de virtual, mundo físico. Poderia fazer o que eu quisesse e não passaria nem pelo desconforto do *jet lag*. E se alguém me apanhasse era só fazer *logoff*. Claro, isso me custaria meu avatar-robô-geminoide, mas valeria a pena. E isso é parte do perigo: próteses removem não apenas as consequências físicas, mas também as consequências morais. Assim como acontece com robôs de guerra, a remoção da batalha nos afasta da moralidade.

O físico e o virtual estão agora se entrelaçando, já que nos demos conta de que nosso corpo está obsoleto.

Se formos capazes de passar cada vez mais tempo como nosso avatar, teremos de nos preocupar cada vez menos com *bio-breaks*. Hoje, por meio de um avatar virtual, você tem de fazer *logoff* para dormir e cuidar de outras necessidades com base no carbono. Mas, se as promessas da nanotecnologia e da bioengenharia se tornarem realidade, parece provável que você será capaz de passar dias, semanas e, finalmente, anos sem parar. Muito além do que é mostrado no filme *Substitutos* ou *Avatar*, tecnologias que ainda precisam ser inventadas manteriam seu corpo saudável enquanto você estivesse usando o outro. Essas tecnologias regulariam estimulação muscular, circulação do sangue, respostas cardiovasculares, respostas neurológicas, evacuação de resíduos, consumo de água, monitoramento de glicose e do pH, e milhares de outras tarefas que seu organismo se encarrega de executar enquanto você o usa em suas atividades diárias normais. É uma tecnologia que tornaria seu organismo autônomo. E eu acho que nós já veremos o início disso na próxima década, já que um número cada vez maior de pessoas deseja passar cada vez mais tempo fora do corpo. Enquanto meu próprio corpo dorme, eu sonho em outro. Sim, e é aí que está o problema.

Autonomia é o objetivo da pesquisa da robótica hoje, e na próxima década a questão não será como fazer máquinas autônomas, mas como automatizar meu corpo.

Como faço para minha inteligência sair do corpo?

O físico e o virtual estão agora se entrelaçando, já que nos demos conta de que nosso corpo está obsoleto. Como Ishiguro trabalha a fórmula ciborgue ao contrário, sua autonomia em robôs é uma "inteligência residente" ou "alma", "algo que tem coração, mente e consciência". No mundo de Ishiguro, robôs já têm alma, porque a deles é a nossa. No mundo de Ishiguro, o corpo irá exigir tecnologias autônomas, porque nós não somos eles. Afinal, na investigação científica moderna, não perguntamos se um robô tem alma ou não, é a existência da alma humana que está em dúvida.

Acabar uma vida e iniciar outra. Novo corpo, novo começo, novo mundo. Esse é o tema principal do filme *Avatar*. O fato de

Twentieth Century-Fox Film Corporation/The Kobal Collection

Jake Sully (ou seu avatar?), do filme *Avatar*.

que Jake decide fazer o upload para seu avatar representa um desejo de muitas pessoas hoje em dia, especialmente entre os usuários pesados de avatares em mundos virtuais *on-line*.[12]

O filme *Avatar* toca numa série de temas importantes. Militarismo, capitalismo, racismo, secularismo, imperialismo e proteção ambiental, só para citar alguns. Os efeitos especiais fazem um bom trabalho em nos distrair de uma trama que conhecemos muito bem. Mas um dos conceitos mais importantes vem através da névoa 3D, e que é a nossa insatisfação com o mundo que nós construímos. O tema principal do filme é deixar o mundo que nós construímos por outro que podemos explorar.

O filme inteiro gira em torno do tema vir a ser. Não os arquétipos do menino virando homem, mas realmente se tornando outra pessoa. O cabo Jake Sully, protagonista do filme, é um ex-fuzileiro naval, hoje paraplégico, que se apresenta como voluntário para tomar parte no Programa Avatar. Apesar de o avatar ter sido originalmente concebido para ser operado por seu irmão, os DNAs dos dois são semelhantes o suficiente para permitir que Sully ocupe o lugar de seu falecido irmão. Assim, ele assume tal responsabilidade e, em seguida, adota um novo papel no mundo do avatar.

Jake passa três meses lá, durante os quais ele aprende os costumes, a cultura e os rituais do mundo Na'vi, inclusive como

---

12 Veja *I, Avatar*, deste autor.

montar um dragão. Ele considera que é cada vez mais difícil retornar a seu mundo, até que finalmente o coronel Quaritch lhe pergunta: "Você não se perdeu na floresta, não é? Ainda se lembra para que time está jogando?" Podemos ver que, de fato, Sully está tendo algum tipo de problema de identidade. Afinal de contas, você preferiria ser um fuzileiro naval aleijado, vivendo em um tanque de gasolina vazio, ou ser um homem-felino, azul, bacana e musculoso, que monta dragões e que pode fazer amor?

Jake, claro, escolhe a morte. A última imagem do filme é ele voltando à vida em seu novo corpo.

Esse tema parece ter impactado muitos espectadores. Segundo uma matéria da CNN,[13] muitos "tiveram depressão e pensamentos suicidas depois de assistirem ao filme porque anseiam desfrutar a beleza do mundo alienígena de Pandora". A matéria continua e mostra um espectador, chamado Mike, que considerou o suicídio após ver o filme:

> *Desde que fui assistir* Avatar *sinto-me deprimido. Ver o mundo maravilhoso de Pandora e todos os Na'vi me fez querer ser um deles. Não consigo parar de pensar em todas as coisas que aconteceram no filme e todas as lágrimas e arrepios que ele provocou em mim. (...) Eu até pensei em suicídio, achando que se fizesse isso eu renasceria em um mundo semelhante a Pandora, e que tudo [seria] igual a* Avatar.

Há alguns anos, escrevi um livro chamado *I, Avatar: The Culture and Consequences of Having a Second Life*. Nele, eu segui uma velha amiga minha no buraco de coelho chamado Second Life, para ter uma noção do que eram avatares, como eles funcionavam, por que e quais eram as consequências de sua utilização. Naturalmente, uma vez que havíamos entrado pelo buraco do coelho e descido alguns níveis, e nossos avatares estavam nivelados, pude conhecer pessoas que eram muito mais comprometidas que minha amiga. Algumas delas passaram anos de suas vidas nas minas brilhantes da imaginação, trabalhando, rindo, voando e, geralmente, gastando seu tempo como queriam.

O livro era sobre as consequências do que eu encontrei lá, e só quando o livro foi publicado foi que percebi as verdadeiras consequências desses mundos.

Usar um avatar pode ser deprimente, e se adotamos esse mundo com muito entusiasmo, pode ser mortal.

Numa tarde de quinta-feira normal, minha amiga cancelou todas as nove contas de seus avatares, e, no sábado seguinte, ela foi encontrada morta em seu apartamento. Sua morte me pareceu ser suicídio, provavelmente causado por muitos

[13] "Audiences Experience *Avatar* Blues", de Jo Piazza, 11 de janeiro de 2010.

fatores, mas o maior culpado é que sua vida on-line como um avatar havia descambado, e, como ela tinha descoberto um significado profundo naquele mundo, as consequências emocionais não puderam ser abstraídas de seu mundo físico. Pessoas já se mataram por causa de cartas, telefonemas, dados do mercado de ações. A realidade virtual e a realidade física são reais, e ambas têm consequências.

O que eu descobri ao escrever esse livro, e com a morte da minha amiga (tenha sido suicídio ou não), é que não se deve subestimar o poder de ambientes remotamente controlados e/ou semiautônomos. Pessoas ficarão deprimidas depois de ver um filme sexy em visão *surround* 3D. Desejarão seguir os protagonistas (e é para isso que servem os protagonistas), e irão querer fazer o upload para seu avatar. Quando essa tecnologia permitir, descobriremos que muitos não voltarão. Avatares de hoje nos mostram o caminho.

Esses ciclos irão aumentar. De acordo com uma pesquisa da Kaiser,[14] a quantidade de tempo que as crianças americanas entre as idades de 8 a 18 anos gastaram na internet em 2004 foi de cerca de seis horas e meia por dia. Agora, em 2010, é de cerca de sete horas e quarenta minutos por dia. O mais impressionante é que essas pessoas estão fazendo várias coisas ao mesmo tempo enquanto estão nisso. A maioria dos adolescentes de hoje está executando múltiplas formas de mídia quase que continuamente. Na verdade, é um trabalho de tempo integral para eles. Cinquenta e três horas por semana, se você contar todas as mídias. Hoje há mais de trinta milhões de pessoas que usam seu avatar mais de oito horas por dia. E eu acredito que o comportamento que vemos hoje com avatares é apenas uma amostra do que vamos ver com os robôs na próxima década.

Eu, trem

Ouço um apito e olho para a linha. Estou congelando. O sol está se pondo.

Meu trem para, as portas se abrem, e quando entro e piso o capacho negro curiosamente limpo à entrada do vagão número 12, tenho a sensação de que estou pisando em um grande robô. É como um Gundam-serpente. Deslizo para meu lugar e coloco minha bagagem entre os pés.

Por que eu acho que este é o "meu" trem? É mais "meu" do que as moléculas de água de meu corpo? É mais "meu" do que uma libélula-*hybrot*-avatar-robô que eu posso comprar e personalizar para explorar a floresta amazônica? Afinal de contas, o que nós pensamos como sendo nosso corpo é apenas um saco de água que usamos um pouco quando conduzimos nossos negócios diários; então, nosso corpo segue seu caminho, geralmente

[14] http://www.kff.org/entmedia/entmedia012010nr.cfm.

através de um sistema de esgoto, e nós simplesmente continuamos, ou morremos. Nosso corpo e nossas máquinas são apenas veículos transitórios. Com minha moto foi assim, como foi com meu carro. Não tenho mais nenhum dos dois.

Reclino-me na poltrona e olho para fora da janela, enquanto o trem se afasta da estação.

Em *Avatar*, o corpo do operador jaz flácido e sem vida, uma carcaça abandonada e vulnerável, que ainda necessita de alimentos, manutenção e um mínimo de higiene. Mas isso não é realmente onde queremos estar. O que de fato queremos é não ter mais de lidar com um corpo de forma alguma. Quer se trate de morrer ou de desejo, que é corpóreo, não estaríamos melhor sem todas essas coisas – sem todas essas *vísceras*? Afinal, a Morte geralmente nos pega abaixo do pescoço; então, uma amputação terminal faria de mim um alvo menor.

Toda tecnologia é baseada ou na ruptura do tempo ou na ruptura do espaço. A tecnologia nos move, lentamente, em direção ao sonho da imortalidade. Seja de um telefone celular, que permite que você rompa o espaço, ou de uma secretária eletrônica, que possibilita que você rompa o tempo; seja um trem que reduz a distância ao ir mais rápido, ou um robô que lhe permite estar com sua família, ou numa zona de guerra, ou em uma mina, toda tecnologia é voltada para romper o tempo e o espaço. Assim como um retrato, personalidades virtuais permitirão que alguns dos elementos de uma pessoa se tornem imortais. Próteses estenderão nossa vida.

Construímos próteses para nos manter vivos mais tempo, para ver mais longe, para ouvir mais profundamente, mover-nos mais rápido. E essas próteses exigirão próteses adicionais para operar seus apêndices. Agora, com os robôs, nossas próteses estarão finalmente substituindo nosso corpo. Nosso corpo está se tornando nosso robô. E esse robô também precisará de próteses.

Já que ferramentas geram ferramentas, a ação humana está se tornando cada vez mais remota. Com isso, a tecnologia torna a humanidade mais refinada. Todas as pesquisas de robótica apontam nesse sentido – seja com avanços na parte do corpo, como faz o dr. Ishiguro, seja com avanços na parte da mente, como os sistemas conversacionais, toda tecnologia é um esforço para nos livrar do corpo, livrar-nos do tempo, livrar-nos do espaço, e que nos possibilite viver numa concha em que não sejamos afetados pela distância nem pela mudança. E à medida que isso acontece, a atuação humana é diminuída.

Apesar de a ação humana estar sendo empurrada para longe, ela ainda está lá. Quanto a mim, estou sentimentalmente ligado às imperfeições e aos erros que nos tornam o que somos, mas a mudança está chegando, e meu sentimentalismo irá retardar o progresso tão eficazmente quanto um centavo num trilho de trem.

À medida que os robôs progridem e se tornam mais humanos, nós também avançaremos e nos tornaremos mais robóticos. Isso nos empurra para uma realidade euclidiana, um mundo de formas puras, e um mundo plástico de Barbie. É parte do que estamos tentando nos tornar se continuarmos a nos tornar robôs. Por tudo que vi, parece que precisamos ter a consciência de conservar a ação humana e as imperfeições em nossas criações.

Nosso corpo está se tornando nosso robô.

O trem atravessa o pôr do sol invernal e eu espio pela janela. Ele é rápido como uma flecha. Passamos zunindo através de um campo, depois, por baixo de uma ponte, em seguida, por outro campo. Eu quero ver o Japão, mas os detalhes são perdidos.

Vejo alguém curvando-se em um campo, ao lado de um carrinho de mão, apenas um vislumbre, e então a imagem vira um borrão e fica para trás, devido a eu estar me deslocando a mais de 300 quilômetros por hora. Consigo discernir as silhuetas de pequenas cabanas com telhados espessos, cúpulas curvas com ponteiras grossas na parte superior. São azulejadas. Até consigo ver um daqueles gigantescos pagodes de quatro andares que têm camada sobre camada de telhados curvos. Abaixo está um *shoin*, uma estrutura de telhados recurvados que eu nunca vi pessoalmente, só em fotos. Mas ele já ficou lá atrás.

Tudo parece perdido, porque o tempo e o espaço estão sendo comprimidos lá fora. Meu corpo não está preparado para isso. Meu corpo é suscetível a coisas como *jet lag*, chicotada cervical e cinetose. Sou feito de materiais mais antigos,

Mark Stepeh Meadows

carne, ossos e cabelos. Esse já não é o mundo para o qual meu corpo foi projetado. Acho que está na hora de um upgrade. Lá fora eu vejo alguns agricultores voltarem para casa à noite.

Um som baixinho escapa dos fones de ouvido do garoto sentado a meu lado. Olho para ele. Ele sorri enquanto olha fixamente para uma pequena tela entre seus polegares.

Voltando a espiar pela janela, encosto a testa contra o vidro e tento olhar através do meu reflexo a noite escura lá fora.

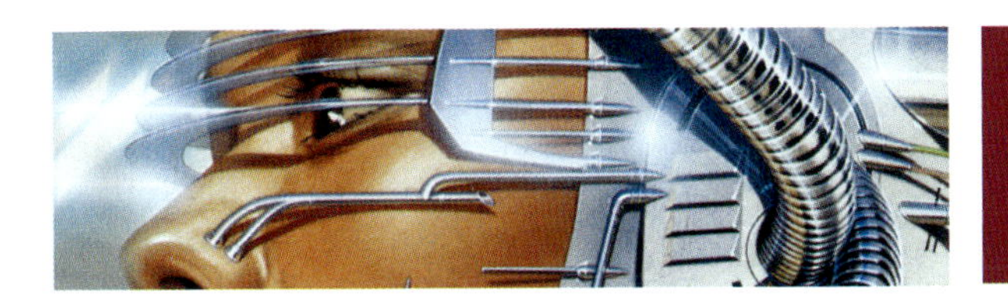

Apêndice

Continuação do capítulo 7, sobre IA, processamento de linguagem e reconhecimento semântico:

CONSTRUIR E USAR UMA MÁQUINA DE LINGUAGEM É um trabalho complicado. As versões mais simples dessas ferramentas (tão complexas como duas latas ligadas por um barbante) são as máquinas de bate-papo. Tradicionalmente, elas criavam interfaces linguísticas, selecionando uma frase esperada e dizendo ao sistema para usar uma resposta pronta. A regra diz: "Se alguém lhe fizer a Pergunta A, dê-lhe a Resposta A".

Embora essas regras sejam úteis, também são facilmente quebradas. O que acontece é que alguém vai formular ao robô conversacional uma questão que não estava prevista, e o sistema apenas encolherá os ombros e dirá que não entende. Então, esse tipo de robô não funciona bem porque eles são inflexíveis, têm memória fraca e não podem controlar o rumo que a conversa está tomando. São frágeis, preconceituosos e simplistas, e refletem subconscientemente seus autores (ou seja, tendem a ter uma fome reprimida e subconsciente por pizza e Catherine Zeta-Jones).

A melhor maneira de se aprimorar a abordagem tradicional desses robôs é soltar as rédeas para que o sistema não funcione com frases específicas, mas com conceitos gerais que possuam dicas redundantes neles, para ajudar a construção de entendimentos específicos. Máquinas de linguagem permitem que o sistema determine a melhor resposta baseada na semântica, ou meios de ligar uma pergunta a uma resposta, e subordinar essa pergunta-resposta a um contexto maior, tanto na conversação, como dentro de uma visão geral com base no senso comum, também. O método básico (agora um pouco mais complexo do que um sistema de telefone de latinhas) pode ser resumido em cinco passos.

Primeiro, você precisa de ferramentas para isolar a gramática, partes do discurso, padrões de palavras, frases, modo gramatical, oportunidades no diálogo para tomada da palavra e ferramentas que buscam a repetição de palavras no texto. Infelizmente, isso torna a escrita um pouco feia de se ler.

(S (NP **Sentenças***)*

(VP **são**

(VP ***analisadas e quebradas***

(PP **em**

(NP (NP **partes***)*

(PP **de**

(NP **discurso***))))))*

.)

Ferramentas de análise semântica revisam esses corpos de texto e catalogam encadeamentos, frequências, e a possibilidade (ou probabilidade) de palavras que aparecem são reformuladas e reaparecem.[1] Também procuram por padrões gerais mais recorrentes e tentam construir um contexto para isso tudo.

Em segundo lugar, tomamos um grande conjunto de dados – na verdade, quanto maior, melhor – e algo que alguém escreveu, de preferência na primeira pessoa. Isso, então, é analisado por essas ferramentas de semântica para conectar várias linhas de texto e gerar padrões de ideias. O que procuramos é material que seja específico desse indivíduo – palavras que só ele use, ou expressões peculiares que aparecem de vez em quando. Algo que mencionamos antes como "impressão digital do autor".

Em terceiro lugar, uma vez que tenhamos organizado as partes do discurso e aprendido um pouco sobre os métodos peculiares do indivíduo, mudamos para o nível das ideias. Um conjunto de conceitos – chamado *ontologia* – deve ser construído e aos conceitos devem ser dados identificadores abstratos, chamados *símbolos*. Por exemplo, a palavra *robô* é usada de muitas maneiras diferentes neste livro. Às vezes, é usada para se referir ao hardware, e, às vezes, para se referir ao software. E temos também o sufixo *-bot* [em inglês] que também precisa ser reconhecido. Mas a palavra, mesmo que tenha vários significados específicos, ainda possui uma definição geral. Isso é parte do que permite a um sistema saber que uma estrela tanto pode ser um corpo celeste quanto alguém que vive em Hollywood, ou que um cachorro pode ser tanto um chihuahua quanto um dinamarquês.

Muitas bibliotecas hoje ajudam nessa tarefa complicada. São tecnologias de Web semântica, nas quais palavras e conceitos são compartilhados de forma que os documentos peguem o sentido de outros documentos.[2] Alguns dos melhores são o Link Grammar,[3] da Carnegie Mellon;

[1] Isso é similar às taxas de frequência que mostrei anteriormente, no capítulo 5, na seção intitulada "Como os robôs avaliam suas emoções por meio de suas palavras".

[2] Se você está interessado em detalhes sobre a Web semântica, recomendo que pesquise sobre RDF para mais informações; boas fontes podem ser encontradas em w3c.org ou na Wikipédia.

[3] http://www.link.cs.cmu.edu/link/.

o WordNet,[4] da Princeton; e o OpenNLP,[5] da University of Edinburgh, ou as fontes de dados da Wikipédia. São todos grátis, e todos excelentes.

Em quarto lugar, depois que esses três obstáculos complicados são ultrapassados, é possível fazer uma coleção de palavras e frases que podem ser organizadas no sistema, de modo que se alguém faz uma pergunta a ele, ele pode retornar informação que seja relevante para a questão. Resumindo, o sistema tem as respostas para as perguntas. Isso apresenta problemas, pois geralmente essas respostas não são muito boas. Mas, quanto mais particulares forem, melhor, e quanto mais específico for o contexto, maior a qualidade das respostas.

Além disso, uma coisa é ter uma resposta, outra é compreender a pergunta.

Para fechar, quando o sistema gera uma resposta para uma pergunta, tem de passar por um processo de filtragem. É uma espécie de procedimento de checagem dos fatos. O sistema precisa procurar tanto por coisas específicas quanto por generalidades, e tem de comparar possíveis respostas prontas com respostas algorítmicas mais dinâmicas, que são criadas na hora. Isso requer uma combinação de abordagens *top-down* e *bottom-up*, significando que alguns dos conteúdos do sistema são pessoais (como uma lista de frases de estímulo esperadas, e suas respectivas respostas), alguns conteúdos são reunidos em nossa ontologia vasculhando-se dados pessoais (como padrões de fala comuns, tom gramatical), alguns conteúdos são inferidos ou até adivinhados (de documentos RDF e outras tecnologias semânticas), e, então, esses múltiplos silos de informação são cruzados para dar ao sistema a capacidade de verificar e avaliar internamente suas próprias respostas.

Assim, o sistema combina características específicas fornecidas por pessoas, com generalidades que o sistema tenha aprendido por conta própria, e estas são constantemente comparadas às cambiantes possibilidades de dados inferidos ou assumidos. Isso significa que o sistema tem regras a que obedece no caso de ser incapaz de inventar uma regra para si, mas é sempre capaz de gerar novas regras, desde que haja uma fonte redundante para confirmar novos pressupostos.

Há muito mais, é claro, incluindo módulos auxiliares para serem combinados com isso; pelo menos, tem sido o caso nas versões em que estive envolvido, ou de outras que ajudei a projetar.[6] Espero que este pequeno esboço ajude desenvolvedores a descobrir novos caminhos, ou que, pelo menos, forneça uma base para ajudar a desenvolver métodos melhores.

---

[4] http://wordnet.princeton.edu/.

[5] http://opennlp.sourceforge.net/.

[6] Entre esses módulos auxiliares estão uma camada administrativa para gestão de personalidades e acesso a servidores, integração com os provedores, interface para editar personalidades e indexadores automáticos para manter uma base de dados atualizada para a construção de personalidades.

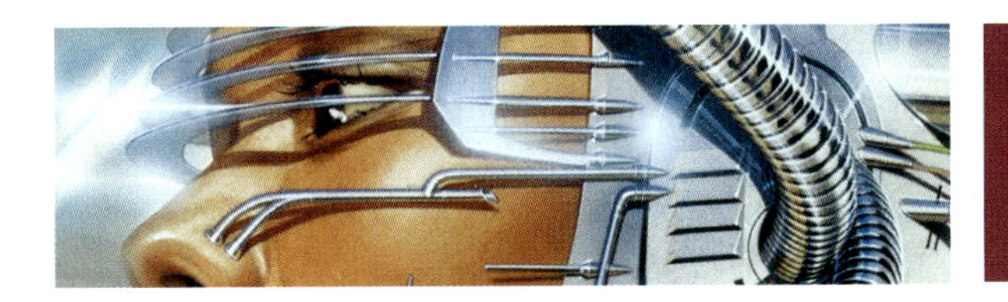

Agradecimentos

OBRIGADO A DAVID FUGATE, DA LAUNCHBOOKS LITErary Agency, que me ajudou a fazer este livro desencantar (depois de ter ficado fermentando durante quase dez anos), e a Keith Wallman, editor da Lyons Press, por seu excelente auxílio editorial, paciência, comentários detalhados e por ir muito além das linhas inimigas para ajudar com as aquisições de direitos.

EM TÓQUIO, SINCEROS AGRADECIMENTOS A EDO-SAN, da Pink Tentacle, por seus conselhos, muitas fotos e ajuda na caçada aos robôs. A Mariko Aoki, Hiro Hirukawa e Kazuhito Yokoi do AIST, por suas múltiplas demonstrações, pela gentileza, boa vontade e generosa atenção. A Hiroshi Ishiguro, pela turnê por seu Projeto Geminoide, seu tempo, fotos e ideias maravilhosas. Obrigado por permitir que eu atirasse o livro em você. Obrigado a Ilona Straub, da ATR (especialmente por ter me esperado na estação de trem), e a Masako Hayakawa e Masae Nakamura, por ajudarem a organizar tudo isso. Obrigado a R. Steven Rainwater, por suas referências e grandes conselhos; a Craig Mod, por horas de discussões úteis e por me ajudar a ser encontrado novamente, em Tóquio; a Nami Katagiri, por suas muitas indicações felizes e amplas pesquisas sobre o cenário da informação em Tóquio. Obrigado a Jack Sagara, Kazu Okabe e toda a equipe Motoman; a David Marx do neomarxisme.com, por *insights* sobre Tóquio em Piss Alley (devo-lhe uma bebida, David); a Nemer Velazquez e Faisal Yazadi, pela ajuda incansável na preparação da turnê na Cyberglove; a Yoshiyuki Sankai e Fumi Takeuchi da Cyberdyne, por sua primorosa apresentação, paciência, fotos e diligência; e a Gen Kanai do Mozilla, por seus conselhos maravilhosos, compreensão da máquina e turnê de sushi.

EM PARIS, *GRANDS REMERCIEMENTS* À ETIENNE AMATO, por sua ajuda nas pesquisas e perspectivas gerais (*en voilà, un autre pour ton étagère*). *Merci à* Bruno Maisonnier, Bastien Parent, Natanel Dukan e Catherine Cebe *pour le bonheur à* Aldebaran; a Stéphane Doncieux, por sua turnê por comportamentos de rebanho virtuais; a Peter Ford Dominey, por seu tempo generoso ao telefone. *Merci à* Véronique Perdereau e Pierre-Yves Oudeyer, Jean-Arcady Meyer e outros na região de Paris por seus importantes conselhos, contribuições e um ocasional *verre de rouge*; a Thierry Chaminade, por suas excelentes notas sobre o Vale da Estranheza e maravilhosos pontos de vista; e a Marie-Françoise, pelo espaço na mesa quando era mais necessário! *En fin*, um grande obrigado a Amélie por sua ajuda com a pesquisa, horários e, acima de tudo, suas valiosas reflexões sobre as questões acerca de moralidade, tecnologia, segurança e qualidade de vida.

EM LOS ANGELES, OBRIGADO A A. J. PERALTA PELO tempo mágico no Reino Mágico, e por se tornar um dos maiores fãs de ASIMO junto comigo. Anne Balsamo, a Boa Doutora e autora de *Technologies of the Gendered Body: Reading Cyborg Women*, por sua colaboração, leituras do original e referências contextuais. Obrigado a Julian Bleecker (*designer* da Nokia e do nearfuturelaboratory.com), por suas poderosas notas iniciais; a Souris Hong-Porretta, do hustlerofculture.com, por me sintonizar com realidades alternativas e me deixar brincar com seu Roomba; e a Carlos Battilana, pelo alojamento temporário e bifes para me manter na estrada (e por me deixar passar o Roomba da Souris embaixo de seu sofá).

NA INTERNET, OBRIGADO A KIRSTY BOYLE DO KArakuri.info, que me deu uma ajuda imensurável, numa quantidade imensurável de temas e de uma maneira imensuravelmente gentil, e a David Levy por seu *feedback*, diálogo permanente e opiniões sobre nosso futuro. Obrigado a todo o pessoal da Fried DNA Crew, por seu incentivo contínuo e pela indicação de ótimos robôs; a Rich Walker, Jean-Baptiste Moreau, e Marina Levina da Boston Dynamics, por fotos, entrevistas e consultas. Obrigado a Karl F. MacDorman, pelas muitas horas de trabalho juntos e por ser gentil o bastante para responder minhas questões beligerantes; Dom Savage, pelo livro e horas de tentativas de ressurreição; Phil Hall, por entrevistas com seus *chatbots*; e Sandro Mussa-Ivaldi, por obter informações sobre *hybrots* e pesquisa emergente. Obrigado a John Nolan e Kevin Warwick, pelos *insights*, fotos e referências; a William Kowalski, pelos conselhos estruturais; a James Auger, pela turnê por seu zoológico de robôs carnívoros; e às muitas dezenas de outras pessoas que eu, inadvertidamente, esqueci de listar aqui.

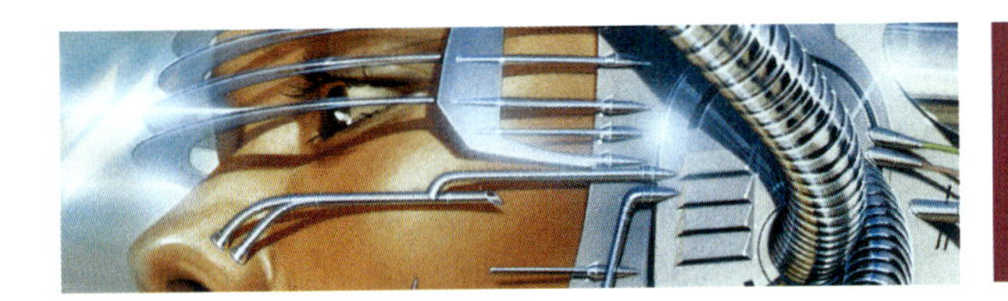

Índice remissivo

A

abelhas, robô, 69
Adams, Douglas, 47
Adknowledge, 164
Affective Computing (Picard), 155
Aibo, 15, 50, 51-2
Aldebaran Robotics. *Veja também* Nao, 195, 196, 198
algoritmo gaussiano de cópula, 98
androides, 16, 25, 47, 49, 133, 135, 137, 144-9, 159, 173, 189, 217, 222, 238
 e avatares, 238
 First Androids, 189
 geminoide de Ishiguro, 223, 235, 239
 HRP-4C, 137-43, 202, 217-8
 medo de, 47-9
 Paro, 150-52
 tamanho de, 147
Angle, Colin, 36
animais de estimação, robôs. *Veja também* Aibo; Paro, 15
Apple, 44
Arkin, Ronald, 33-4
"Armadura corporal biônica", 116
Artificial Solutions, 82
Artificial Technology GmbH, 82
Ashihara, Jun, 114
ASIMO (*Advanced Step in Innovative Mobility*), 15, 124, 127, 176-89, 191-6, 201, 217-9, 254
Asimov, Isaac, 25, 30, 31, 35, 54, 97
 Três Leis da Robótica, 43
aspiradores de pó, robôs, 15, 36, 66, 200
assistência robótica em shoppings, 70-2, 77, 91
Associação Japonesa de Robôs, 18
Auger, James, 29
automação, tendência a, 14
Avatar, 26, 223-4, 227, 237, 239-41, 243
avatares, 17, 46, 138, 193, 200-1, 213-4, 217-9, 224, 233, 238, 240-2

B

Baba Iron Works, 63
banqueiros, e riscos. *Veja* algoritmo gaussiano de cópula
Battlestar Galactica, 19, 24, 204-6
Biehn, Michael, 31
Blade Runner, o Caçador de Androides, 15, 19,24, 54, 131, 132, 133, 135, 149, 165, 170, 211, 234
blogs, 167
Blomkamp, Neill, 26
Breazeal, Cynthia, 156
Brooks, Rodney, 36

C

C-3PO. *Veja também Guerra nas Estrelas*, 173-5, 188, 189, 191

Calculador da Virgínia. *Veja* Fuller, Thomas

calculadores. *Veja também* Fuller, Thomas, 11

Cameron, James, 26, 31, 51, 53, 146, 223

Canamero, Lola, 158

Čapek, Karel, 25

Caprica, 204

carros autônomos, 118

Casmobot, 69

CB2 (Robô Infantil com Corpo Biométrico), 156

célula de combustível microbiológica, 29

Chiarelli, Pete, 115

ciberespaço, 26

ciborgues, 16, 24, 73, 109, 127-9

- exoesqueletos, 101, 103-4, 111-5, 120, 124-7
- sistemas de interface cérebro-máquina (BMI), 108, 118-9

Clarke, Arthur C., 80, 84

Clynes, Manfred, 127

Coates, Samuel, 11, 12

ConnectR, 68, 168

Conselho de Promoção de Negócios Relativos a Robôs, 77

contas de usuários, 169

Cormorant, 37

corvídeos. *Veja* corvos

Coxe, Elizabeth, 11, 12

corvos, inteligência dos, 94

crise financeira, 2009. *Veja* algoritmo gaussiano de cópula

Cyberdyne, 32, 100-8, 114, 120, 124, 224, 253

- sistemas de interface cérebro-máquina (BMI), 108
- traje HAL, 103, 106, 108-9, 114

CyberTwin, 82

D

Daden Limited, 82

Daimler-Chrysler, 118

DC06 (Dyson), 66

Defense Advanced Research Projects Agency (DARPA), 117, 120-1, 156, 225

Dick, Philip K., 131, 133, 148

Dickmanns, Ernst, 117

Diretório de Ciência da Computação e Informação do Departamento de Pesquisa do Exército, 34

Distrito 9, 26

Do Androids Dream of Electric Sheep? (Dick), 131-2

2001: Uma Odisseia no Espaço, 24, 84, 95, 97, 211

Downie, Martin, 34

Downs, Fred, 120-1, 127

droids de protocolo. *Veja Guerra nas estrelas*

Drucker, Peter, 80

Dukan, Natanel, 200, 202, 253

E

Einstein, Albert, 92-3

Elzware, 83

emoções

- avaliação de, 158
- e análise de texto, 155, 162, 165
- e entretenimento, 146-7

engenharia genética, 25, 204

Estados Unidos, indústria de robôs militares nos, 39

eVac (Sharper Image), 66

Exterminador do Futuro, O, 15, 17, 21, 26, 31, 32, 46, 53, 211

Exterminador do Futuro, O: As Crônicas de Sarah Connor, 31

Exterminador do Futuro, O: A Salvação, 31

exoesqueletos, 103, 120, 124, 125

- HULC, 114-5, 127
- traje HAL, 106-9, 114

F

Feelix Growing, 158
ferramentas de análise semântica, 215
filtragem semântica,164-5
First Androids, 189
formigas, massa cerebral das, 89n18
Forrester Research, 84
Foster-Miller Inc., 36, 37
Fukitorimushi, 68
Fuller, Thomas, 12

G

GåågleBot. *Veja também* Google, 168
geminoides, 16, 233, 237, 238
General Motors, 13, 14
Google, 161-9, 210, 212-5
Gostai, 44
Gottschalk, Louis, 164
Greiner, Helen, 36
Guerra nas estrelas, 19, 121, 171, 173, 188, 211

H

Hagita, Norihiro, 228
HAL 9000. *Veja também 2001: Uma Odisseia no Espaço*, 19, 84, 95, 96, 99
Hamilton, Linda, 31
Harpia, 42
Hartshorne, William, 11, 12
Hawkins, Jeff, 214
Hines, Douglas, 190
Hirose, Masato, 181
Hirukawa, Hiro, 136, 137, 141, 144, 146, 159, 253
  sobre Paro, 151
Homem de Ferro, 19, 110, 112, 113, 116, 211
Honda Research. *Veja também* ASIMO, 124
HP Labs, 87
HRP-4C, 137-43, 202, 217-8
Human Universal Load Carrier (HULC), 114
hybrots, 16, 226, 254

I

I, Avatar: The Culture and Consequences of Having a Second Life (Meadows), 241
IBM. *Veja* "Armadura corporal biônica"
iCub, 157
Ide, Kyoga, 101
"impressão digital do autor", 248
indústria automotiva, 14, 41, 66, 83, 91, 117
  carros autônomos, 118
Innerscope Research, 153
Instituto Internacional de Pesquisa em Telecomunicações Avançadas (ATR), 70, 72, 124, 142, 227, 228
Instituto Nacional de Ciência e Tecnologia Industrial Avançada (AIST), 131, 135, 136, 140, 142-51
  HRP-4C, 138-43, 202, 217, 218
  Paro, 149-53, 169
  série HRP, 137, 144
Intel, 86
Inteligência Artificial Forte (IA Forte), 31, 84, 91, 95, 192
inteligência de máquina, 214-6
"Interactive Social-Emotional Toolkit" (iSET), 155
interface cérebro-máquina (BMI), sistemas de, 108, 118-9
iPhone, dados de 166
I, Robot (Asimov), 25
iRobot, 36, 44, 66, 67, 68, 168
  ConnectR, 68, 168
  Roomba, 36, 66, 67, 68, 158, 168, 254
Ishiguro, Hiroshi. *Veja também* geminoides, 222, 223, 227-9, 232-9, 243, 253

J

Jacobsen, Stephen, 115
Jalava, Jerry, 123
Jameson, Rex, 115
Japão

economia do, 101
regulamentação de robôs e segurança pública, 77-8
Tsukuba, 100
uso de robôs no, 13, 14, 72
jardineiros, robôs, 69
de colheita, 72
J. Craig Venter Institute, 226
Jetsons, Os, 56, 58-62, 79, 186, 211
Júpiter, 77
Jupiter Forrest Research, 164

K

Kamen, Dean, 121
Kato, Naomi, 73
Katsura, Yumi, 140
Kawada Industries, 144
Keeney, Stephen, 183
Kelly, Kevin, 87-8
Kline, Nathan, 127
Komatsu 930E-4, 75
Koolvac (Koolatron), 66
Kubrick, Stanley, 84
Kuiken, Todd, 119
Kurzweil, Ray, 88-9

L

Latour, Bruno, 17
Lei de Moore, 86, 87, 125
Levy, David, 190, 254
Lin, Patrick, 39
Link Grammar, 248
Lockheed Martin, 36, 114
exoesqueleto, 114
Love and Sex with Robots: The Evolution of Human-Robot Relationships (Levy), 190
Lu, Wei, 87

M

MacDorman, Karl F., 49, 254
Maisonnier, Bruno, 196
Mangope, Kwena, 38
Marte, robôs em, 15, 75, 126
MATILDA, 37
Matrix, 24, 116, 204
Mayer, Marissa, 166
McGoran, David, 158
McLuhan, Marshall, 100
Meadows, Mark Stephen, 263
Media Semantics, 82
memristores, 87, 91, 215, 217
método de fixação dinâmica, 225
Microsoft Robotics Developer Studio, 219
MindMentor, 82
Ministério da Informação e Comunicação da Coreia (MIC), 75
Ministério da Informação Sul-coreano, 18
Minnesota Multiphasic Personality Inventory, 164
Moore, Gordon E., 86
Mori, Masahiro, 48
Motoman-SDA10, 62, 63, 64
Munster, Gene, 166
Murata Electronics, 56
Seiko-chan e MURATA Boy, 57
Mussa-Ivaldi, Sandro, 226, 254
Myers-Briggs, 164

N

nanotecnologia, 91, 122, 239
Nao. *Veja também* Aldebaran Robotics, 192-203
Nec Corporation. *Veja* PaPeRo, modelo
neurônios-espelho, 147
Nippon Telegraph and Telephone (NTT), 156
Numenta, 215, 216

O

Oddcast, 82
Oerlikon GDF-005, 37
Okonomiyaki Robô, 62, 63, 64

ontologia, 248, 249
OpenNLP, 249
Oracle, 81, 171, 208
Organização Internacional para
  Padronização (ISO), 78
Osgood, Charles, 164

P

PackBot, 37
PANDA, 37
PaPeRo, modelo, 27, 29, 74
Parent, Bastien, 196, 253
Paro, 149-53
Pascal, Blaise, 131
Pavlidis, Ioannis, 154
Pelley, Scott, 121
Peralta, A. J., 177-9, 185, 188, 191, 254
personalidades virtuais. *Veja também*
  avatares, 207-8, 210, 212-4, 217, 243
Petraeus, David, 40
Petruzziello, Pierpaolo, 121-2, 124, 127
Picard, Rosalind, 155
PikkuBot, 82
Platão, 207
Predator, 42, 45, 126
processamento estocástico, 214
projeto ALICE (*Artificial Linguistic Internet
  Computer Entity*), 82
projeto Hybrid Insect Micro-Electro-
  Mechanical Systems (HIMEMS), 225
Projeto Indect, 216
Projeto Prometheus, 117
próteses, 17, 113, 119-24, 212, 233, 237-9, 243
  e BMIs, 120-4

Q

Quinn, Bob, 37

R

Raytheon, 36, 115
RC3000 (Kärcher), 66
RealDoll, modelos, 190
Reapers, 126
"Retornos acelerados", argumento dos, 88-91
Robô BigDog, 39-42
Robô *Chef*, 15, 63
Roboid, 75
robô que limpa derramamentos de óleo, 73
robôs conversacionais, 83, 208, 243
robôs da indústria madeireira e de
  mineração, 73, 75
robôs de colheita, 72
robôs de guerra. *Veja* robôs militares
robôs de mídia social. *Veja* Nao
robôs de serviços pessoais, 15, 18, 73
  aspiradores de pó, 15, 36, 66, 200
  assistência em *shoppings*, 58, 70, 72,
    77, 91
  babás, 75
  limpeza, 66, 67
  preparação de comida, 63, 146
  Rose de *Os Jetsons*, 56, 60-9
robôs de sexo, 15, 16, 138, 139, 147, 189
robôs domésticos. *Veja* robôs de serviços
  pessoais
robôs militares, 32, 34-53, 105, 205
  UAVs, 40-2, 45, 118, 124, 126, 127, 224
  veículos autônomos, 117, 118
  veículos não tripulados, 40n, 118
"Robôs militares autônomos: risco, ética e
  design" (relatório da Marinha), 34
robôs na indústria madeireira, 73
robôs por controle remoto, 35-7, 39, 66, 68, 168,
  181-3, 201, 217
robôs que preparam comida, 63, 146
robôs. *Veja também* tipos específicos de, 14-9
  autônomo ou controlado à distância, 34-9,
    68, 103, 201
  capacidade de navegação, 64, 146
  definições de, 17n3, 163n18

e emoções, 135-6
medo de, 47-53
número em operação, 18
origem da palavra, 24
relações senhor-escravo, 191
robôs virtuais, 16, 80, 132, 135, 167
Robovie, 70-1, 229
Roomba, 15, 36, 66-9, 158, 168, 254
Rorschach Thematic Apperception, 164
"Runaround" (Asimov), 30
R.U.R. (*Rossum's Universal Robots*), 25, 26
RV-88 (SungTung), 66

S

Sang-rok, Oh, 76
Sankai, Yoshiyuki, 104, 127, 253
Schiffman, Jeff, 115
Schwarzenegger, Arnold, 31-2, 208
Scott, Ridley, 169-70
Second Life, 15, 217, 233, 238, 241
Seiko-chan, 56-8, 62, 64
SGR-A1, 37
Sharkey, Noel, 39
Shimadzu, Corporação, 124
Sigma, 35
símbolos, 248
Sine Wave Actorbots, 82
Singer, Peter, 41
Singularidade, 89, 91,192
sistemas de atendimento ao cliente (CRM). *Veja* robôs conversacionais
sistemas NICE, 154
sistema SWORDS, 36, 37
SitePal, 82
Smith, Jeffrey, 183
software de reconhecimento facial, 154
software FamilySafe, 164
software Sentry, 164
SOTAB 1 (*Spilled Oil Tracking Autonomous Buoy* 1), 73
Stanford Research Institute, 207
Stone, Linda, 80n1, 167n24
Sugiura, Tomio, 69
Substitutos, 223, 233, 239

T

texto, 159-63
e emoções, 136, 147
impressão digital do autor, 209
trabalhadores do conhecimento, 81
traje HAL (*Hybrid Assistive Limb*), 106, 108, 109, 114
TrueCompanion, 190
Tsukuba (Japão), 100-5, 131
Turing, Alan, 92
Turing, Teste de, 135, 234, 235

U

Uchida, Seiji, 101
Unilever, 154
"Unmanned Aerial Vehicles" (UAVs), 40, 118
utopia, 25

V

Vale da Estranheza, 46, 48-52, 142-3, 147-8, 232, 254
VC-RE70V (Samsung), 66
veículos aéreos não tripulados, 40n, 118. *Veja também* "Unmanned Aerial Vehicles" (UAVs)
velocidade do processador. *Veja* Lei de Moore
Verbots, 82
Vinge, Vernor, 89
vinhos, análise de. *Veja* modelo PaPeRo
vírus de computador, 26
Vision Robotics Corporation, 72
V-R5806KL (LG), 66
VSR8000 (Siemens), 66

W

Wallace, Richard, 82
Warwick, Kevin, 119, 120, 127, 254
Wasp, 37
Whalley, Ben, 225
Wikipédia, 185n11, 248n2, 249
Wilde, Oscar, 171, 220
Willow Garage, 44, 63
Wired for War: The Robotics Revolution and Conflict in the 21st Century (Singer), 41
WordNet, 249

X

Xerox PARC, 207
XOS (exoesqueleto), 115
X700, 37

Y

Yaskawa, 62
Yokoi, Kazuhito, 137, 253

Z

Zachery, Randy, 34
Zipf, George Kingsley, 209

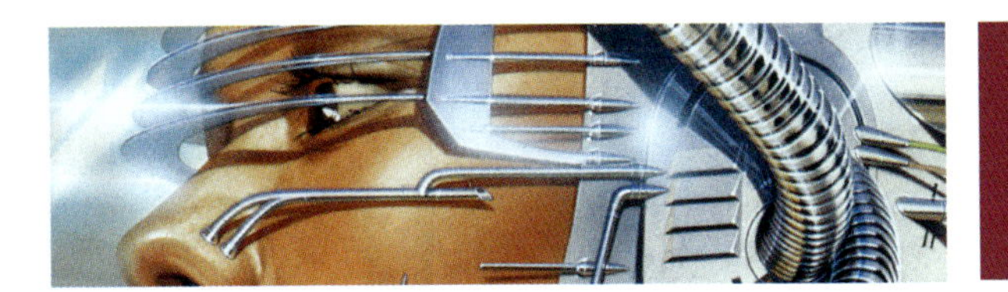

Sobre o Autor

Amélie Meadows

MARK STEPHEN MEADOWS É UM ILUSTRADOR, INVENTOR, escritor e palestrante norte-americano. Ele também criou seres humanos digitais, construiu mundos virtuais, fundou três empresas relacionadas a inteligência artificial ou mundos virtuais, e é o coinventor de mais de uma dezena de aplicativos ou patentes relacionados a essas tecnologias.

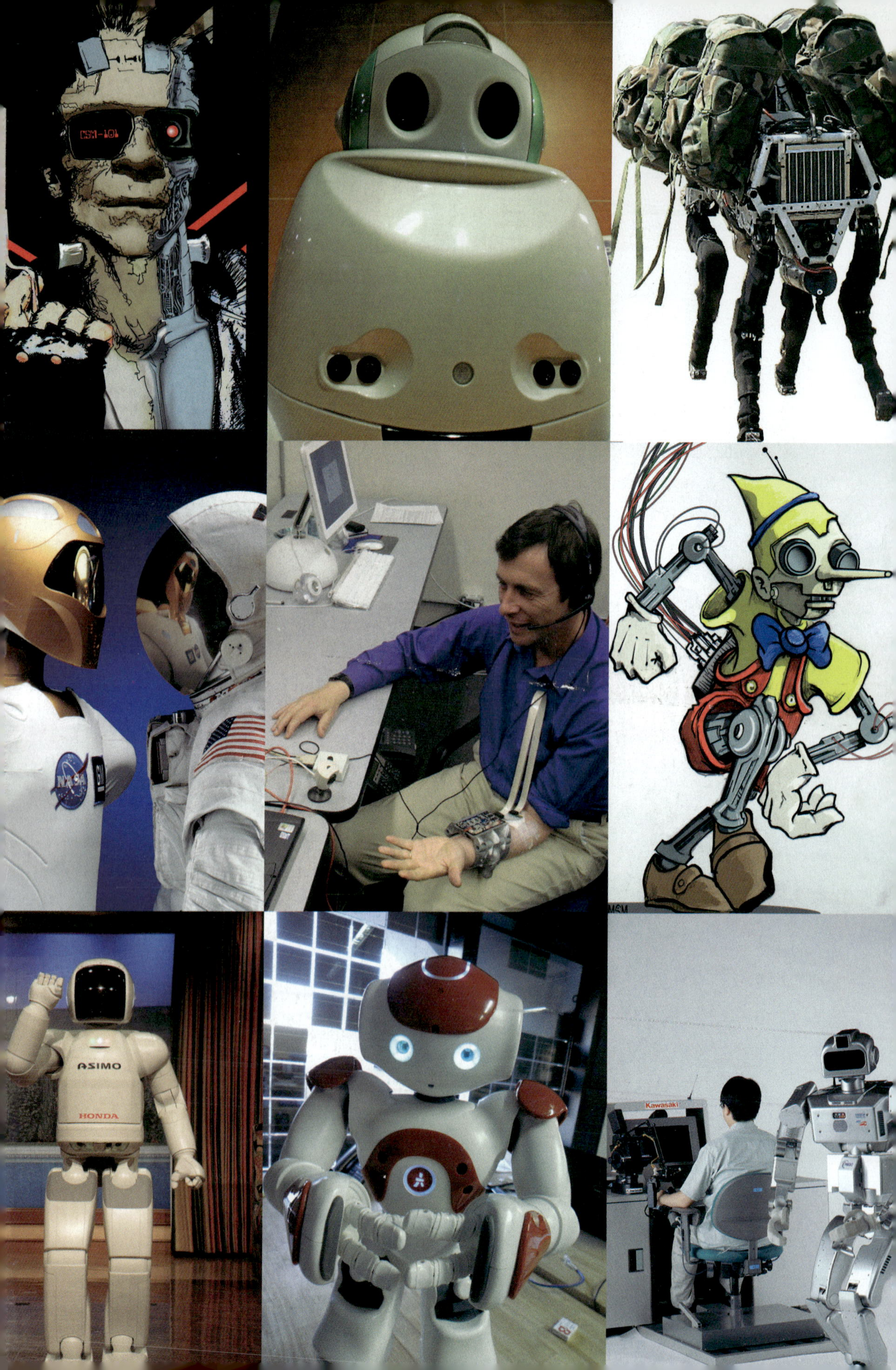

CSM-101
NASA
ASIMO
HONDA
Kawasaki